古典文獻研究輯刊

十七編

潘美月・杜潔祥 主編

第 2 冊

皇甫謐《高士傳》注釋全譯

雷恩海 著

國家圖書館出版品預行編目資料

皇甫謐《高士傳》注釋全譯／雷恩海 著 — 初版 — 新北市：
花木蘭文化出版社，2013〔民102〕
目 4+260 面；19×26 公分
（古典文獻研究輯刊 十七編；第2冊）
ISBN：978-986-322-427-3（精裝）
1. 高士傳 2. 注釋
011.08   102014842

ISBN-978-986-322-427-3

9 789863 224273

古典文獻研究輯刊
十七編 第 二 冊   ISBN：978-986-322-427-3

皇甫謐《高士傳》注釋全譯

作　　者　雷恩海
主　　編　潘美月　杜潔祥
總 編 輯　杜潔祥
企劃出版　北京大學文化資源研究中心
出　　版　花木蘭文化出版社
發 行 所　花木蘭文化出版社
發 行 人　高小娟
聯絡地址　235 新北市中和區中安街七二號十三樓
　　　　　電話：02-2923-1455／傳眞：02-2923-1452
網　　址　http://www.huamulan.tw 信箱 sut81518@gmail.com
印　　刷　普羅文化出版廣告事業
初　　版　2013 年 9 月
定　　價　十七編 20 冊（精裝）新台幣 31,000 元

皇甫謐《高士傳》注釋全譯

雷恩海　著

作者簡介

雷恩海，1969 年生，1996 年考入復旦大學中國文學系，師從蔣凡教授，攻讀中國文學批評史，1999 年畢業，獲文學博士學位；同年，入蘇州大學博士後流動站，在嚴迪昌教授的指導下，研治中國詩學，2001 年出站。現為蘭州大學教授，博士生導師，主要從事中國文學批評史、中國古代文學、思想史的教學與研究。

提　　要

　　皇甫謐乃魏晉之際著名隱士、學者、文學家，一生勤學不怠，博綜典籍，無不通曉，勤於著述；精通醫學，乃中華針灸學的奠基者，有《針灸甲乙經》等傳世。皇甫謐篤於道義，守道自持，不徼聲名，不慕勢利，淡泊從容，謙退廉讓，希慕隱逸高士，認為高讓之士，王政所先，承擔著厲濁揚貪之務，故而收拾前代遺文，採錄近世，作《高士傳》，期望影響於社會風尚。

　　《高士傳》版本流傳，情況較為複雜，在流傳過程中屢有分合竄亂，已不可詳究。此次整理，以《叢書集成初編》本所收吳琯《古今逸史》本為底本，參考眾本，擇善而從。清人錢熙祚及近人王仁俊、羅振玉等皆曾輯其佚文，此次亦重新訂正，並按時代次序排列，以與正文條目一致。注釋，重在解釋典章名物、地名，以及一些重要的語辭。注重將《高士傳》的文獻來源摘要錄出，以見其淵源所自。同時，迻錄散見於《藝文類聚》、《太平御覽》之嵇康《聖賢高士傳贊》的佚文，列於相關條目之下，並參考戴明揚《嵇康集校注》所附佚文，以期見出其時特殊的社會風尚。翻譯，則力求簡明，也注意古代漢語一些特殊的表達方式和語言習慣，以便於對原文的理解，而一般不採用意譯。之所以這樣做，目的則在於能夠提供一個有一定學術性、便於普及的本子。

目　次

前　言

　　皇甫謐，字士安，幼名靜，自號玄晏先生，魏晉之際著名隱士、學者、散文家。生於漢獻帝建安二十年（215 年），漢太尉皇甫嵩之曾孫，安定朝那（今甘肅省靈臺縣朝那鎮）人，徒居新安（今河南澠池縣）。皇甫氏累世富貴而其家貧。皇甫謐出嗣其叔父，少年時游蕩無度，不好學，與中表梁柳等作兵家兒戲，或以爲癡。《晉書・皇甫謐傳》曰：

　　　　年二十，不好學，游蕩無度，或以爲癡。嘗得瓜果，輒進所後叔母任氏。任氏曰：「《孝經》云：『三牲之養，猶爲不孝。』汝今年餘二十，目不存教，心不入道，無以慰我。」因歎曰：「昔孟母三徙以成仁，曾父烹豕以存教，豈我居不卜鄰，教有所闕，何爾魯鈍之甚也！修身篤學，自汝得之，於我何有！」因對之流涕。謐乃感激，就鄉人席坦受書，勤力不怠。居貧，躬自稼穡，帶經而農，遂博綜典籍百家之言。沈靜寡欲，始有高尚之志，以著述爲務，自號玄晏先生。

　　魏齊王曹芳正始末，得風痹之疾，猶手不輟卷，耽玩典籍，廢寢忘食，時人謂之「書淫」。有人勸誡過於勤奮，將損耗精神，皇甫謐說：「朝聞道，夕死可矣，況命之修短分定懸天乎！」遂不改其初衷。皇甫謐四十歲時，歸還本宗。魏末，郡召上計掾，舉孝廉，相國司馬昭徵辟，皆不就應命。司馬炎代魏，屢下詔徵辟之，又舉賢良方正，鄉親勸其應命，皇甫謐作《釋勸論》，又上疏自陳，言辭切至，晉武帝不奪其志。皇甫謐一生勤學不怠，《晉書》本傳說：「自表就帝借書，帝送一車書與之。謐雖羸疾，而披閱不怠。初服寒食散，而性與之忤，每委頓不倫，嘗悲恚，叩刃欲自殺，叔母諫之而止。」皇

甫謐聲名甚高，謙退廉讓，持身有道，「咸寧初，又詔曰：『男子皇甫謐沉靜履素，守學好古，與流俗異趣，其以謐爲太子中庶子。』謐固辭篤疾。帝初雖不奪其志，尋復發詔徵爲議郎，又召補著作郎。司隸校尉劉毅請爲功曹，並不應。」守志以終，卒於太康三年（公元 282 年），時年六十八。

皇甫謐力學不怠，博綜典籍，無不通曉，且勤於著述，《晉書》本傳說：「謐所著詩、賦、誄、頌、論、難甚多，又撰《帝王世紀》、《年曆》、《高士》、《逸士》、《列女》等傳、《玄晏春秋》，並重於世。門人摯虞、張軌、牛綜、席純，皆爲晉名臣。」有集二卷，已佚，今存文十三篇，見嚴可均《全上古三代秦漢三國六朝文》，詩殘篇二，見逯欽立《先秦漢魏晉南北朝詩》。

皇甫謐爲一代名士，其爲人篤於道義，守道自持，不徼聲名，不慕勢利，淡泊從容，謙退廉讓。或勸皇甫謐廣修聲名，廣事交遊，以「時譽」而入仕宦，皇甫謐清節自守，以爲「非聖人孰能兼存出處，居田里之中亦可以樂堯舜之道，何必崇接世利，事官鞅掌，然後爲名乎」，並做《玄守論》以答之。其中表兄梁柳乃幼時夥伴，梁柳出任城陽太守，或勸皇甫謐餞之，皇甫謐說：「柳爲布衣時過吾，吾送迎不出門，食不過鹽菜，貧者不以酒肉爲禮。今作郡而送之，是貴城陽太守而賤梁柳，豈中古人之道，是非吾心所安也。」（《晉書·皇甫謐傳》）沈靜寡欲，玄默自守，其行事大抵如此。而《玄守論》則可以視爲皇甫謐守道隱居的直接表白，有曰：「吾聞食人之祿者懷人之憂，形強猶不堪，況吾之弱疾乎！且貧者士之常，賤者道之實，處常得實，沒齒不憂，孰與富貴擾神耗精者乎！又生爲人所不知，死爲人所不惜，至矣！……夫唯無損，則至堅矣；夫唯無益，則至厚矣。堅故終不損，厚故終不薄。苟能體堅厚之實，居不薄之眞，立乎損益之外，游乎形骸之表，則我道全矣。」主張玄默自守，遺棄物質、聲名之累，而游心於太玄，獲得精神的自由。在《釋勸論》中，更直接表示了對隱逸高士的仰慕之情：

> 故上有勞謙之愛，下有不名之臣；朝有聘賢之禮，野有遁竄之人。是以支伯以幽疾距唐，李老寄迹於西鄰，顏氏安陋以成名，原思娛道於至貧，榮期以三樂感尼父，黔婁定諡於布衾；干木偃息以存魏，荊萊志邁於江岑，君平因著以道著，四皓潛德於洛濱，鄭眞躬耕以致譽，幼安發令乎今人。皆持難奪之節，執不迴之意，遭拔俗之主，全彼人之志。

因自身的玄默自守、謙退廉讓，希慕隱逸高士，皇甫謐遂收拾前代遺文，

採錄近世，作《高士傳》，以期傳之久遠。可謂性之所近，有爲而作。皇甫謐《高士傳序》說「孔子稱『舉逸民，天下之民歸心焉』」，且進而陳述儒家的「束帛之義」、「玄纁之制」，認爲「高讓之士，王政所先」，承擔著「厲濁揚貪之務」，期望影響於社會風氣，形成良好的社會風尚。因此，皇甫謐對高讓之士，傾注了深厚的情感——「夫思其人，猶愛其樹，況稱其德而贊其事哉」；在傳述高讓之士時，表達了皇甫氏自身玄默自守的思想和高潔情操。

其實，玄默自持、守道不改的高士，在魏晉之際深受讚賞，是有著深刻的現實背景的。西漢末年以來，政權的更叠、官場的傾軋以及社會風氣的卑濁，致使奔競趨勢之徒夤緣際會，僥倖仕進，如：

> 陽球奏罷鴻都文學畫像疏曰：「鴻都文學樂松、江覽等三十二人，皆出於微賤，附托權豪，或獻賦一篇，或鳥篆盈簡，而位升郎中，形圖丹青，亦有筆不點牘，辭不辨心，假手請字，妖僞百品，是以有識掩口。臣聞圖像之設，以昭勸誡，未有豎子小人，詐作文頌，而妄竊天官，垂像圖素者也。」可見曳白之徒，倩買文字，僥倖仕進，漢時已然，毋怪後世士風之愈趨愈下也。（趙翼《廿二史箚記》卷五）

在此情形下，一些正直之士遂產生了逃避仕宦、全身遠害的思想，同時也有意識地採取了與世俗社會相對立的態度和行爲，其積極者則期望以自己的處世態度、風節操守而影響於世。兩漢時期，對士人影響甚大者乃黨錮之禍。《後漢書·黨錮列傳》說：「至王莽專僞，終於篡國，忠義之流，恥見纓紼，遂乃榮華丘壑，甘足枯槁。雖中興在運，漢德重開，而保身懷方，彌相慕襲，去就之節，重於時矣。逮桓、靈之間，主荒政繆，國命委於閹寺，士子羞與爲伍，故匹夫抗憤，處士橫議，遂乃激揚名聲，互相題拂，品覈公卿，裁量執政，婞直之風，於斯行矣。」而士人以清議而譏評時政，針砭當權者，其議論所及，傾動一時，「自公卿以下，莫不畏其貶議，屣履到門」，就其實質，乃外廷士大夫與內閣宦寺的鬥爭，勢同水火，最終導致了權倖、宦寺的迫害而禍及士林。黨人之名，書於王府，正直放廢，邪枉熾結，「自此諸爲怨隙者，因相陷害，睚眥之忿，濫入黨中。又州郡承旨，或有未嘗交關，亦離禍毒。其死徙廢禁者，六七百人」（《後漢書·黨錮列傳》）。對當時社會風氣的影響甚大，而黨錮之禍，實乃釀成東漢敗亡之一重要原因。

處此動輒得咎、不可爲之時，士人各以其性之所近，選擇出處進退之方

——「或隱居以求其志，或迴避以全其道，或靜己以鎮其躁，或去危以圖其安，或垢俗以動其概，或疵物以激其清。然觀其甘心畎畝之中，憔悴江海之上，豈必親魚鳥樂林草哉，亦云性分所至而已。故蒙恥之賓，屢黜不去其國；蹈海之節，千乘莫移其情。」此一行為，或以為近於沽名釣譽，其實有著根本的區別，「蟬蛻囂埃之中，自致寰區之外，異夫飾智巧以逐浮利者乎！」（《後漢書‧逸民列傳》）黜勢力而崇節義，對社會風氣的淨化，起到了一定的積極作用。及至漢末魏晉之際，尚詐力而貶節義，士人之無行者，朝秦而暮楚，依附於勢要，致使士風日益衰頹。而一些入於仕途的名士，守道自持，往往死於權力紛爭之中。

從思想領域而言，漢初重黃老之學，主張清靜不擾，使民得以各安其生；武帝以後重儒學，儒學篤於君臣之義，而儒家又曰「不事王侯，高尚其事」，以樸素的原始民本思想，頗為重視士人的個體精神的獨立；自魏晉始，宗奉老、莊，其宗旨為委心任運。這一背景，有利於玄默自守、謙退廉讓思想的生成，因此高讓之士大得時譽，為時人所稱賞。

此外，自漢武帝獨尊儒學以來，經過歷代君主的提倡，儒學已經深入世人的心靈深處，所倡導的君臣之義，對世風有著深遠的影響。《後漢書‧儒林列傳》論曰：

> 自光武中年以後，干戈稍戢，專事經學，自是其風世篤焉。其服儒衣，稱先王，遊庠序，聚橫塾者，蓋布之於邦域矣。……然所談者仁義，所傳者聖法也。故人識君臣父子之綱，家知違邪歸正之路。

即使至於衰頹之時，豪強並起，亦能秉大義而識進退之宜，所謂

> 自桓、靈之間，君道秕僻，朝綱日陵，國隙屢啓，自中智以下，靡不審其崩離；而權彊之臣，息其闚盜之謀，豪俊之夫，屈於鄙生之議者，人誦先王言也，下畏逆順埶也。至如張溫、皇甫嵩之徒，功定天下之半，聲馳四海之表，俯仰顧眄，則天業可移，猶鞠躬昏主之下，狼狽折札之命，散成兵，就繩約，而無悔心。

甚至如曹操功蓋天下，雖挾天子以令諸侯，而不敢公然行叛逆之事。「迹衰敝之所由致，而能多歷年所者，斯豈非學之效乎？故先師垂典文，襃勵學者之功，篤矣切矣。」兩漢數百年作為意識形態主流的儒學教育，形成了士人篤於君臣之義的思維、心理定勢，當政治形勢發生變化、君臣之義遭到破

壞之時，世風丕轉，遭遇了新一輪的「禮崩樂壞」，新舊道德並存，士人面臨著新的道德價值取向、出處抉擇，而固有的操守節義就易於成為評判士人的一個重要標準，也是療救奔競之風的一劑良藥。

在政治權力角逐中，曹操以法術治世，而倡導「唯才是舉」，賤守節而籠絡人才，培植勢力，這一舉措對社會風氣之影響甚大且甚為深遠。當西晉立國之初，為改變一時風氣，創建一新的道德風尚，傅玄倡言舉薦「清遠有禮之臣」，而探討社會風氣敗亂之源，不得不歸於曹魏肇基之時，《晉書‧傅玄傳》曰：

> 先王之臨天下也，明其大教，長其義節，道化隆於上，清議行於下，上下相奉，人懷義心。亡秦蕩滅先王之制，以法術相御，而義心亡矣。近者魏武好法術，而天下貴刑名；魏文慕通達，而天下賤守節。其後綱維不攝，而虛無放誕之論，盈於朝野，使天下無復清議，而亡秦之病復發於今。

傅玄所論，止於曹魏，而司馬氏之詭詐、粗鄙，過之而無不及，對固有社會風氣之摧敗更甚。至魏之中朝，司馬氏以武人之粗豪、鄙陋、狡黠，而不顧義理，破壞君臣之義，以詐力而謀取天下，且往往不擇手段。《世說新語‧尤悔》曰：

> 王導、溫嶠俱見明帝，帝問溫前世所以得天下之由，溫未答。頃，王曰：「溫嶠年少未諳，臣為陛下陳之。」王迺具敘宣王（司馬懿）創業之始，誅夷名族，寵樹同己，及文王（司馬昭）之末，高貴鄉公事。明帝聞之，覆面著床曰：「若如公言，祚安得長？」

唐修《晉書》，將此條採入《宣帝紀》，作為信史流傳：「明帝時，王導侍坐，帝問前世所以得天下，導乃陳帝創業之始，及文帝末高貴鄉公事。明帝以面覆床曰：『若如公言，晉祚復安得長遠？』」士人處此風雲際會之時，奔競之徒以為康莊，利欲熏心者志在必得，這一行徑對社會風氣影響甚大，形成了浮躁趨勢的奔競之風。此一趨勢、阿容之風，延續至於有晉，且有愈演愈烈之勢。性靜退不競的潘尼作《安身論》，論述士風之頹敗曰：

> 蓋崇德莫大乎安身，安身莫尚乎存正，存正莫重乎無私，無私莫深乎寡欲。是以君子安其身而後動，易其心而後語，定其交而後求，篤其志而後行。然則動者，吉凶之端也；語者，榮辱之主也；求者，利病之幾也；行者，安危之決也。故君子不妄動也，動必適其道；不徒語也，語必經於理；不苟求也，求必造於義；不虛行也，

行必由於正。……故身不安則殆，言不從則悖，交不審則惑，行不篤則危。四者行乎中，則憂患接於外矣。憂患之接，必生於自私，而興於有欲。自私者不能成其私，有欲者不能濟其欲，理之至也。欲苟不濟，能無爭乎？私苟不從，能無伐乎？人人自私，家家有欲，眾欲並爭，群私交伐，爭則亂之萌也，伐則怨之府也。怨亂既構，危害及之，得不懼乎？然棄本要末之徒，知進忘退之士，莫不飾才銳智，抽鋒擢穎，傾側乎勢利之交，馳騁乎當塗之務。朝有彈冠之朋，野有結綬之友，黨與熾於前，榮名扇其後。握權，則赴者鱗集；失寵，則散者瓦解；求利，則託刎頸之歡；爭路，則構刻骨之隙。於是浮偽波騰，曲辯雲沸，寒暑殊聲，朝夕異價。駑蹇希奔放之迹，鉛刀競一割之用。至於愛惡相攻，與奪交戰，誹謗噂沓，毀譽縱橫，君子務能，小人伐技，風頹於上，俗弊於下，禍結而恨爭也不強，患至而悔伐之未辯。大者傾國喪家，次則覆身滅祀，其故何邪？豈不始於私欲，而終於爭伐哉！（《晉書·潘尼傳》）

並且歸結於漢末以來士風的頹衰，而愈演愈烈。故而潘尼要求「今之士人」釋自私之心，塞有欲之求，杜交爭之原，去矜伐之態，以名位為糟粕，勢利為埃塵，「忠肅以奉上，愛敬以事親」（《晉書·潘尼傳》），如此才能安身立命。於是，潘尼遂倡導謙退廉讓、玄默自守處世之道。雖然如此，西晉之風氣並未改變，干寶《晉紀總論》曰：

晉之興也，功烈於百王，事捷於三代，蓋有為以為之矣。宣、景（司馬懿、司馬師）遭多難之時，務伐英雄誅庶桀以便事，不及脩公劉、太王之仁也。受遺輔政，屢遇廢置，故齊王（曹芳）不明，不獲思庸於亳，高貴（曹髦）沖人，不得復子明辟。二祖逼禪代之期，不暇待叄分八百之會也。是其創基立本，異於先代者也。又加之以朝寡純德之士，鄉乏不二之老。風俗淫僻，恥尚失所。學者以莊、老為宗而黜《六經》，談者以虛薄為辯而賤名檢，行身者以放濁為通而狹節信，進仕者以苟得為貴而鄙居正，當官者以望空為高而笑勤恪。（《文選》卷四九）

可以說，有晉之社會風氣之頹敗達於極致，其肇亂之源實在於司馬氏以詐力篡奪天下，任用趨勢奔競之徒，而導致的士風的衰敗。

士人處此道義崩頹、動盪戰亂之時，倡導玄默自守、謙退廉讓，而希慕

隱逸高士，遂有了針砭現實、重新建樹道德風尚的意義。因此，西州高士皇甫謐守道自持，謙退廉讓，作《高士傳》，顯揚逸民、高士的處世態度、風操節概，實有其現實意義。其實，與皇甫謐同時的嵇康也作有《高士傳》。《三國志・魏書・王粲傳》裴松之注引嵇喜《嵇康傳》曰：

> 知自厚者所以喪其所生，其求益得志必失其性，超然獨達，遂放世事，縱意於塵埃之表。撰錄上古以來聖賢、隱逸、遁心、遺名者，集爲傳贊，自混沌至於管寧，凡百一十有九人，蓋求之於宇宙之內，而發之乎千載之外者矣。故世人莫得而名焉。

《晉書・嵇康傳》亦曰：「康善談理，又能屬文，其高情遠趣，率然玄遠。撰上古以來高士爲之傳贊，欲友其人於千載也。」嵇康率然玄遠的高情遠趣，除其性之所秉而外，更多地與曹魏之時尖銳的政治鬥爭相關。《晉書》本傳曰：「康早孤，有奇才，遠邁不群。身長七尺八寸，美詞氣，有風儀，而土木形骸，不自藻飾，人以爲龍章鳳姿，天質自然。恬靜寡欲，含垢匿瑕，寬簡有大量。學不師受，博覽無不該通，長好《老》《莊》。」爲曹操之孫曹林婿。時司馬氏與曹氏爭奪政權，嵇康性烈而才俊，以宗室姻親，心向皇室，拒絕與司馬氏的合作，每非湯武而薄周孔，被司馬昭尋釁所殺。嵇康作《養生論》，暢論其「任自然」的思想：

> 君子知形恃神以立，神須形以存。悟生理之易失，知一過之害生，故修性以保神，安心以全身。愛憎不棲於情，憂喜不留於意。泊然無感，而體氣和平。……使形神相親，表裏俱濟也。

此乃「和理日濟，同乎大順」，反之，「仁義務於禮僞，非眞之要術；廉謙生於爭奪，非自然之所出」。在《釋私論》中暢論曰：

> 夫稱君子者，心無措乎是非，而行不違乎道者也。何以言之？夫氣靜神虛者，心不存於矜尚；體亮心達者，情不繫於所欲。矜尚不存乎心，故能越名教而任自然；情不繫於所欲，故能審貴賤而通物情。物情順通，故大道無違；越名任心，故是非無措也。是故言君子則以無措爲主，以通物爲美；言小人則以匿情爲非，以違道爲關。何者？匿情矜吝，小人之至惡；虛心無措，君子之篤行也。是以大道言「及吾無身，吾又何患」。無以生爲貴者，是賢於貴生也。由斯而言，夫至人之用心，固不存有措矣。

嵇康公然宣稱「君子行道，忘其身矣」，因爲，「君子之行賢也，不察於

有度而後行也；任心無邪，不議於善而後正也；顯情無措，不論於是而後爲也。是故傲然忘賢，而賢與度會；忽然任心，而心與善遇；倘然無措，而事與是俱也。」嵇康主張率性任眞，以思想的鋒芒來反對司馬氏的專制，針鋒相對地以「自然」來對抗司馬氏的「名教」，主張「越名教而任自然」。而歷史上的隱逸之人、高讓之士，遁心逸名，實乃「任自然」之傑出代表，故闡揚之，表彰他們「上不臣天子，下不事王侯，輕時傲世，不爲物用」的玄默自守的風節，以此來批判向風趨勢者的無節操、媚世取容，從而形成對司馬氏集團的離心力。對此，司馬氏的理論家鍾會是有著深刻的認識的，《世說新語・雅量》劉孝標注引《文士傳》曰：

> 鍾會庭論康曰：「今皇道開明，四海風靡，邊鄙無詭隨之民，街巷無異口之議。而康上不臣天子，下不事王侯，輕時傲世，不爲物用，無益於今，有敗於俗。昔太公誅華士，孔子戮少正卯，以其負才亂群惑眾也。今不誅康，無以清潔王道。」於是錄康閉獄。

《晉書》鍾會本傳亦說：「適司隸校尉，雖在外司，時政損益，當世與奪，無不綜與。嵇康等見誅，皆會謀也。」鍾會認識到了嵇康「越名教而任自然」、崇尚高讓之士，其本質在於輕時傲世，不爲物用，顯揚高士的處世態度、風操節概，建樹士人獨立的人格品性，而不趨避、依附於勢要權力；在曹魏與司馬氏鬥爭尖銳之時，這一主張是有著強勁的離心力的，揭穿了司馬氏所倡導的「名教」的虛僞。嵇康《高士傳》「自混沌至於管寧，凡百一十有九人，蓋求之於宇宙之內，而發之乎千載之外者矣。故世人莫得而名焉」，表彰隱逸高士的特立獨行，闡揚其不事王侯、輕時傲世的獨立人格，是有著積極的現實意義的。

身處魏晉易代之際，無論是嵇康還是皇甫謐，其《高士傳》都有著針砭現實、建樹道德風尚的積極作用〔註 1〕。張宗泰所作皇甫謐《高士傳》跋文

〔註 1〕皇甫謐《高士傳》似作于入晉以後。嵇康生於魏文帝黃初五年（224 年），卒于元帝景元四年（263 年），時年四十，而兩年後（即泰始元年，265 年），司馬炎代魏，建立晉朝。而皇甫謐生於漢獻帝建安二十年（215 年），年長於嵇康九歲，卒于太康三年（282 年），于嵇康被殺二十年後方辭世。皇甫謐《高士傳序》說「自堯至魏，凡九十餘人」，而傳中最後一個人物焦先，「或言生漢末」，「後百餘歲卒」，則皇甫謐親聞焦先之卒。焦先「少避白波」，而靈帝劉宏中平五年（188 年）二月，黃巾余部郭泰在白波谷起義。焦先縱未至百歲，然必高壽，自漢末至晉，方足百齡。可證皇甫謐作《高士傳》在入晉以後。此其一。其二，《三國志・魏書・管寧傳》附《胡昭傳》裴松之注引《高士傳》

曰：「其書大旨薄視富貴，崇獎節義，喜言恬退，不尙進取，雖不盡合於聖賢中正之道，然以救人世奔競之風，則一副清涼散也。惟是堯讓天下於舜，舜讓天下於禹，此夫人而知之者，乃云堯讓天下於許由，又讓於子州支父，舜讓天下於善卷，又讓於子州支父，又讓於石戶之農及蒲衣子，何多讓也，將毋藉以寫高士襟期，故曼延其說歟？」（胡玉縉《四庫全書總目提要補正》卷一九引）「寫高士襟懷」、「薄視富貴，崇獎節義」、「救人世奔競之風」，張宗泰窺見了此書的本質所在。

　　如此看來，高讓之士在魏晉之際受到重視，也就不是偶然的。而《高士傳》的撰述，是當時社會現實的必然產物，反映了一部份士人建樹道德風尙的努力。皇甫謐《高士傳序》說：「謐採古今八代之士，身不屈於王公，名不耗於終始，自堯至魏，凡九十餘人。雖執節若夷、齊，去就若兩龔，皆不錄也。」此書自產生之後，就受到了世人的重視。擬作者甚多，《隋書・經籍志》著錄嵇康撰、周續之注《聖賢高士傳》三卷，皇甫謐《高士傳》六卷、《逸士傳》一卷外，尙有：

　　　　《逸民傳》七卷，張顯撰。《高士傳》二卷，虞盤佐撰。《至人高士傳贊》二卷，晉廷尉卿孫綽撰。《高隱傳》十卷，阮孝緒撰。《高隱傳》十卷，虞孝敬撰……《續高士傳》七卷，周弘讓撰。

　　而《舊唐書・經籍志》又著錄袁淑《眞隱傳》二卷。自魏晉至南朝，撰述高隱，成爲一時盛事。此後作者代不乏人，其有高名者，如明皇甫濂《逸民傳》二卷，「是編採歷代逸民事迹，人各爲傳，起晉孫登，訖宋林逋，凡百人。」潘京南撰《衡門晤語》六卷，「是編摘錄古今隱逸閒適之事，分前、後、續、別四集。前集廣成子而下七十五人，自上古逮魏；後集孫登而下七十五人，自晉逮元；續集伯成子高而下百五十人；別集則撫其議論及所作詩

曰：「初，晉宣帝爲布衣時，與昭有舊。同郡周生等謀害帝，昭聞而步陟險，邀生於崤、澠之間。」胡昭卒于嘉平初年，嘉平凡六年，則胡昭卒當在嘉平二年（250 年）前後。又引《高士傳》「焦先」條曰：「司馬景王聞而使安定太守董經因事過視，又不肯語，經以爲大賢。」稱宣帝、景帝，必爲入晉後。其三，《晉書・皇甫謐傳》說「其後武帝頻下詔敦逼不已，謐上疏稱草莽臣」，堅守不仕，「謐辭切言至，遂見聽許。歲余，又舉賢良方正，並不起。」朝廷屢屢征舉，皇甫謐篤志不仕，很可能於此時作《高士傳》以自娛、明志，且顯揚玄默自守、謙退廉讓的清節，以期影響于世風。綜上可證，《高士傳》乃皇甫謐入晉以後所作，爲其晚年著作。

賦。亦皇甫謐《高士傳》之支流。其曰晤語，則千載一堂之意云爾。」清王士禛《古懽錄》八卷，「是編皆述上古至明林泉樂志之人。蓋皇甫謐《高士傳》之意。」又有高兆《續高士傳》五卷，「據卷首陶澂序，稱其始晉皇甫士安，斷於有明之穆廟，中間千餘年，共得一百四十三人，微顯闡幽，循名責實。」（《四庫全書總目提要》）可見，自皇甫謐之後，對形成了一個撰述、顯揚高讓之士的傳統。

　　皇甫謐《高士傳》的版本流傳，情況較爲複雜。此書《隋書·經籍志》著錄爲六卷，《舊唐書·經籍志》爲七卷，《新唐書·藝文志》及宋《中興書目》皆爲十卷。《郡齋讀書志》與《直齋書錄解題》皆作十卷。《古今逸史·逸記》、《廣漢魏叢書·別史》（萬曆本、嘉慶本）、《秘書廿一種》（康熙本、嘉慶本）、《四庫全書·史部傳記類》、《增訂漢魏叢書》（乾隆本、紅杏山房本、三餘堂本、大通書局石印本）皆作三卷。至於所錄人數，皇甫謐《高士傳序》說「自堯至魏，凡九十餘人」，晁公武《郡齋讀書志後志》卷一則曰：「纂自陶唐至魏八代二千四百餘載，世士高節者，其或以身狥名，雖如夷齊、兩龔皆不錄。凡九十六人，而東漢之士居三之一。自古名節之盛，議者獨推焉，觀此尤信。」而陳振孫《直齋書錄解題》卷七則說：「序稱自堯至魏咸熙二千四百餘載，得九十餘人。今自被衣至管寧，惟八十七人。」可見，此書至宋已非完帙，《四庫全書總目》有所考證：

　　　　《高士傳》三卷，晉皇甫謐撰……案南宋李石《續博物志》曰：「劉向傳列仙七十二人，皇甫謐傳高士亦七十二人。」知謐書本數僅七十二人。此本所載乃多至九十六人。然《太平御覽》五百六卷至五百九卷，全收此書，凡七十一人，其七十人與此本相同。又東郭先生一人，此本無而《御覽》有，合之得七十一人，與李石所言之數僅佚其一耳。蓋《御覽》久無善本，傳刊偶脫也。此外子州支父、石戶之農、小臣稷、商容、榮啓期、長沮桀溺、荷蓧丈人、漢陰丈人、顏斶十人，皆《御覽》所引嵇康《高士傳》之文；閔貢、王霸、嚴光、梁鴻、臺佟、韓康、矯愼、法眞、漢濱老父、龐公十人，則《御覽》所引《後漢書》之文；惟被衣、老聃、庚桑楚、林類、老商氏、莊周六人爲《御覽》此部所未載，當由後人雜取《御覽》，又稍摭他書附益之耳。考《讀書志》亦作九十六人，而《書錄解題》稱「今自被衣至管寧惟八十七人」，是宋時已有二本竄亂，非

其舊矣。流傳既久，未敢輕爲刪削，然其非七十二人之舊，則不可以不知也。

《四庫全書簡明目錄》卷六亦曰：「原書本載七十二人，見《續博物志》。此本乃九十六人，蓋原書散佚，後人摭《太平御覽》所引，鈔合成編，而益以所引嵇康《高士傳》十條、《後漢書·隱逸傳》十條，故眞僞參半，人數轉多於原本也。」胡玉縉《四庫全書總目提要補正》卷一九引張宗泰《所學集》是書跋文，曰：「《高士傳》上、中、下三卷，共七十八人，與《書錄解題》合，而《解題》謂終於管寧，此本則終於焦先也。」各家著錄不同，意見各異，則是書版本流傳實不易詳考。

不僅如此，諸本所錄之人，亦有出入。皇甫謐自序謂九十餘人，吳琯《古今逸史》本、文淵閣《四庫全書》本皆收錄九十一條，其中有合傳者，如長沮桀溺、四皓、魯二徵士，凡九十六人，合於皇甫謐所說九十餘人，則南宋李石《續博物志》所說七十二人，乃竄亂之本，非皇甫謐舊本也，張宗泰所說七十八人，亦誤。可見，是書在流傳過程中屢有分合竄亂，已不可詳究。明人吳琯、黃省曾等分別將此書刻入叢書，流傳遂廣。

此次整理，即以《叢書集成初編》本所收吳琯《古今逸史》本爲底本，參考眾本，擇善而從。清人錢熙祚及近人王仁俊、羅振玉等皆曾輯其佚文，此次亦重新訂正，並按時代次序排列，以與正文條目一致。佚文「太守王朗令爲功曹，平機正維，措千里，風化肅穆，郡內大治」一條，原注錄自《北堂書鈔》卷七七，翻檢此書，未見；《太平御覽》卷二四六引《陸績別傳》曰：「績字公紀，吳郡人也，太守王朗命爲功曹，風化肅穆，郡內大治。」將陸績事誤爲法眞，故刪之。又，輯錄「夫蚌含珠而不剖，則不能發耀幽之明」，原注出自《北堂書鈔》卷一六○，亦未見，故刪之。又從《三國志·魏書·管寧傳》裴松之注引皇甫謐《高士傳》補輯佚文三條。

注釋，重在解釋典章名物、地名，同時，一些重要的詞語亦作簡要注解，並引用一二例句，以便於理解文意。因爲皇甫謐採錄前代文獻而撰述高讓之士，故將其文獻來源摘要錄出，以見其淵源所自。嵇康是皇甫謐同時代人，乃魏晉之際思想領域的魁首，有高名於世，撰述《聖賢高士傳贊》更有著深刻的思想文化背景，所選人物，亦時同於皇甫謐《高士傳》，有助於對皇甫謐《高士傳》的理解，故而將收於《藝文類聚》、《太平御覽》的嵇氏佚文錄入，並參照戴明揚先生《嵇康集校注》所附佚文，以期見出魏晉之際這一特殊時

代的社會風尚。

　　翻譯，則力求簡明，並且翻譯時也注意古代漢語一些特殊的表達方式和語言習慣，以便於對原文的理解，而一般不採用意譯。之所以這樣做，目的則在於能夠提供一個有一定學術性、便於普及的本子。

　　由於筆者的孤陋，未曾見到《高士傳》的注譯本，此次注譯，儘管盡量搜求相關文獻，指出其材料來源，予以介紹。但限於學力，體例或有不純，搜求或有不盡，取捨或有不妥，注釋或有不全，譯文或有不順，懇請讀者的指正。

雷恩海

癸巳初春於蘭州大學

高士傳序

　　孔子稱「舉逸民，天下之民歸心焉。」〔1〕洪崖先生創高道於上皇之代〔2〕，許由、善卷不降節於唐、虞之朝。自三代秦漢，達乎魏興受命，中賢之主，未嘗不聘巖穴之隱，追遁世之民①，是以《易》有束帛之義〔3〕，禮有玄纁之制〔4〕。詩人發《白駒》之歌〔5〕，《春秋》顯子臧之節〔6〕，《明堂》、《月令》，以季春聘名士、禮賢者〔7〕。然則高讓之士，王政所先，厲濁激貪之務也。史、班之載〔8〕，多所闕略，梁鴻頌逸民〔9〕，蘇順科高士〔10〕，或錄屈節，雜而不純，又近取秦、漢，不及遠古。夫思其人〔11〕，猶愛其樹，況稱其德而贊其事哉！謐探古今八代之士〔12〕，身不屈於王公，名不耗於終始，自堯至魏，凡九十餘人。雖執節若夷、齊〔13〕，去就若兩龔〔14〕，皆不錄也。

【注釋】

〔1〕逸民：指有德而遁世隱居之人。《論語·堯曰》：「興滅國，繼絕世，舉逸民，天下之民歸心焉。」《論語·微子》：「逸民：伯夷、叔齊、虞仲、夷逸、朱張、柳下惠、少連。」何晏集解：「逸民者，節行超逸也。」《漢書·律曆志》：「舉逸民，四方之政行矣。」顏師古注：「逸民，謂有德而隱處者。」

〔2〕洪崖先生：傳說中的仙人，乃黃帝臣子伶倫的仙號，相傳堯時已三千歲。江西新建之西山有仙壇井，爲洪崖先生煉丹處。　上皇：太古的帝皇。鄭玄《詩譜序》：「詩之興也，諒不於上皇之世。」孔穎達疏：「上皇，謂伏羲，三皇之最先者。」

〔3〕束帛：捆爲一束的五匹帛。古代用爲聘問、饋贈的禮物。《易·賁》：「束帛

戔戔。」《周禮·春官·大宗伯》「孤執皮帛」賈公彥疏:「束者十端,每端
丈八尺,皆兩端合卷,總爲五匹,故云束帛也。」

〔4〕玄纁(xūn):黑色和淺紅色的布帛。《尚書·禹貢》:「厥篚玄纁璣組。」
《左傳·哀公十一年》:「公使大史固歸國子之元,寘之新篋,裹之以玄
纁,加組帶焉。」楊伯峻注:「此謂以紅黑色與淺紅色之帛作贄。」後世
帝王用作延聘賢士的禮品。

〔5〕白駒:《詩經·小雅》篇名,詩曰:「皎皎白駒,食我場苗。縶之維之,
以永今朝。所謂伊人,于焉逍遙。皎皎白駒,食我場藿。縶之維之,以
永今夕。所謂伊人,于焉嘉客。皎皎白駒,賁然來思。爾公爾侯,逸豫
無期。慎爾優遊,勉爾遁思。皎皎白駒,在彼空谷。生芻一束,其人如
玉。毋金玉爾音,而有遐心。」《毛詩序》曰:「《白駒》,大夫刺宣王也。」
周宣王之世,賢者不得其志而離去,君子歌白駒以挽留。因此,朱熹《詩
集傳》曰:「宣王之世,賢者有不得其志而去者。君子思之,曰:白駒人
之所願乘也,苟其肯食於我場,我將縶維而留之。今賢者既已仕矣,而
莫或留之,何哉?故於其去也,猶欲其於是逍遙,逍遙不事事也,雖逍
遙猶愈於去耳。」

〔6〕子臧:曹宣公庶子,名欣時。《左傳·成公十三年》:五月丁亥,曹宣公
卒於師,「曹人使公子負芻守,使公子欣時逆曹伯之喪。秋,負芻殺其大
子而自立也。諸侯乃請討之。晉人以其役之勞,請俟他年。冬,葬曹宣
公。既葬,子臧將亡,國人皆將從之。成公(即負芻)乃懼,告罪,且
請焉,乃反,而致其邑。」十五年春,「會於戚,討曹成公也。執而歸諸
京師,書曰『晉侯執曹伯』,不及其民也。凡君不道於其民,諸侯討而執
之。則曰『某人執某侯』,不然則否。諸侯將見子臧於王而立之。子臧辭
曰:『《前志》有之曰:聖達節,次守節,下失節。爲君,非吾節也,雖
不能聖,敢失守乎!』遂逃,奔宋。」

〔7〕明堂、月令:《禮記》的兩個篇名。明堂,古代天子宣明政教的地方。凡
朝會、祭祀、慶賞、選士、養老、教學等大典,均在此舉行。《禮記·名
堂》曰:「昔者周公朝諸侯於明堂之位……明堂也者,明諸侯之尊卑也。」
《禮記·月令》:「立春之日,天子親帥三公、九卿、諸侯、大夫以迎春
於東郊,還反賞公、卿、諸侯、大夫於朝。」季春,「勉諸侯聘名士,禮
賢者。」

〔8〕史、班：指司馬遷《史記》、班固《漢書》。

〔9〕梁鴻：梁鴻，字伯鸞，東漢扶風平陵人。范曄《後漢書·梁鴻傳》：梁鴻與妻孟光，「共入霸陵山中，以耕織爲業，詠詩書、彈琴以自娛。仰慕前世高士，而爲四皓以來二十四人作頌。」

〔10〕蘇順：字孝山，京兆霸陵人。後漢和帝、安帝時以才學見稱。好養生術，隱居求道。晚年入仕，拜郎中，卒於官。著賦論誄哀辭雜文凡十六篇。

〔11〕思其人：《左傳·定公九年》：「思其人，猶愛其樹，況用其道，而不恤其人乎？」《詩·召南》有《甘棠》篇，朱熹《詩集傳》：「召伯巡行南國，以布文王之政，或舍甘棠之下。其後人思其德，故愛其樹而不忍傷也。」

〔12〕八代：指五帝三王之世。

〔13〕執節：堅守節操。　夷齊：伯夷、叔齊。商朝孤竹君的兩個兒子。相傳其父遺命要立次子叔齊爲繼承人。孤竹君死後，叔齊讓位給伯夷，伯夷不受，叔齊也不願登位，先後都逃到周國。周武王伐紂，兩人曾叩馬諫阻。武王滅商後，他們恥食周粟，逃到首陽山，採薇而食，餓死在山裏。見《孟子·萬章下》、《史記·伯夷列傳》。

〔14〕兩龔：指龔勝、龔舍。龔勝（公元前68年至前11年），字君賓，漢朝彭城人。三舉孝廉，哀帝時，徵爲諫議大夫。勝居諫官，數上書，論議朝政。後出爲勃海太守。王莽秉政，歸隱鄉里，王莽數次遣使徵之，拜上卿，不受，語門人高暉等曰：「且暮入地，豈以一身仕二姓！」絕食十四日死。　龔舍（公元前62年至公元6年），字君倩，與龔勝名節並著，世稱楚兩龔。少好學，通五經，以《魯詩》教授。哀帝時，以龔勝薦，徵爲諫大夫，累拜太山太守、光祿大夫。上書辭官，乃遣歸。龔舍、龔勝既歸鄉里，郡二千石長吏初到官，皆至其家，如師弟子之禮。《漢書·龔勝傳》：「兩龔皆楚人也。勝，字君賓；舍，字君倩。二人相友，並著名節，故世謂之楚兩龔。少皆好學明經。」

【譯文】

　　孔子說：「拔舉任用有德而遁世隱居之人，天下百姓就會心向朝廷。」所以洪崖先生在帝皇伏羲時代就創立了高妙之道，許由、善卷在唐虞王朝並未改變自己的操守。自夏商周秦漢，至曹魏興起而受天命，無論中等或賢明之主，未嘗不延聘隱居巖穴之士，追慕避世之人。因此，《周易》闡釋「束帛」禮聘之義，《周禮》記載有以玄纁禮聘的制度，《詩三百》的作者高唱挽

留賢士的《白駒》之歌，《春秋》中顯揚子藏守道不屈的氣節，《禮記》有《明堂》、《月令》，認為三月應當聘請天下名士，禮遇賢能人才。如此則禮遇高蹈謙讓之士，是國家政治首先所要重視的，以便勉勵高潔、抑制貪濁。司馬遷《史記》和班固《漢書》對這些守節高蹈之士很少記載。梁鴻撰文而稱頌逸民，蘇順品評選錄高士，但他們有時卻收錄了一些屈節投身的人物，駁雜而不純粹，而且只就近收錄了秦漢時代的高士，沒有包括遠古時代的逸民。思念其人，尚且愛惜他所種植的樹木，何況稱道他高尚的品德，讚美他的彪炳千秋的事迹呢！我收錄了從古到今共八代的高士逸民，他們不屈節投身於王侯公族，能夠始終保持自己的名節，從唐堯到曹魏總共九十多人。即使執志不移如伯夷、叔齊，去就不定如龔勝、龔舍那樣的人，都不收入本書。

卷　上

被　衣

　　被衣者〔1〕，堯時人也。堯之師曰許由，許由之師曰齧缺，齧缺之師曰王倪，王倪之師曰被衣。齧缺問道乎被衣，被衣曰：「若正汝形〔2〕，一汝視，天和將至〔3〕。攝汝知，一汝度〔4〕，神將來舍。德將爲汝美，道將爲汝居。汝瞳焉如新生之犢〔5〕，而無求其故。」言未卒，齧缺睡寐。被衣大悅。行歌而去之，曰：「形若槁骸，心若死灰。眞其實知，不以故自持。媒媒晦晦〔6〕，無心而不可與謀。彼何人哉！」

　　大道不鑿〔7〕，至人秀世〔8〕。被衣冠出，超然釋智〔9〕。

　　齧公聆教〔10〕，無言相契〔11〕。暢懌長歌，冥筌排去〔12〕。

【譯文】

〔1〕被（pī）衣：相傳爲堯時高士。

　　《莊子・天地》：「堯之師曰許由，許由之師曰齧缺，齧缺之師曰王倪，王倪之師曰被衣。」又作蒲衣。《莊子・應帝王》：「齧缺問於王倪，四問而四不知，齧缺因躍而大喜，行以告蒲衣子。」《漢書・古今人表》：「被衣。」顏師古注：「被，音披。」

〔2〕若：代詞，你。《史記・陳涉世家》：「若爲傭耕，何富貴爲？」柳宗元《捕蛇者說》：「更若役，復若賦。」

〔3〕天和：謂自然和順之理，天地之和氣。《莊子・庚桑楚》：「故敬之而不喜，

侮之而不怒者，唯同乎天和者為然。」

《莊子・知北遊》：「齧缺問道乎被衣，被衣曰：『若正汝形，一汝視，天和將至；攝汝知，一汝度，神將來舍。德將為汝美，道將為汝居，汝瞳焉如新生之犢，而無求其故。』言未卒，齧缺睡寐，被衣大說，行歌而去之，曰：『形若槁骸，心若死灰，真其實知，不以故自持。媒媒晦晦，無心而不可與謀，彼何人哉？』」成玄英疏：「汝形容端雅，勿為邪僻，視聽純一，勿多取境，自然和理歸至汝身。」

〔4〕度：意度，考慮、計劃、思慮。范曄《後漢書・隗囂傳》：「且當置此兩子於度外耳。」王安石《答司馬諫議書》：「不為怨者改其度。」

〔5〕瞳：無知直視的樣子。

〔6〕媒媒晦晦：昏暗不明貌。《淮南子・道應訓》作「墨墨恢恢」，意謂混沌無知。

〔7〕大道：高妙之道。

〔8〕至人：道德修養達到最高境界之人。秀世：秀異超世。

〔9〕冠出：傑出。釋智：離棄智慧。

〔10〕聆教：聆聽高言妙道的教誨。常用於書簡。清代顏光敏輯《顏氏家藏尺牘・郗惟訥》：「曩獲朝夕聆教，幸寡愆尤。」《紅樓夢》第一〇三回：「倘荷不棄，京寓甚近，學生當得供奉，得以朝夕聆教。」

〔11〕契：契合，投合。相契，相合；相交深厚。唐代南卓《羯鼓錄》：「（王皇）命取食桿，自選其極平者，遂置二桿於桿心，以油注之桿中，桿滿而油不浸漏，蓋相契無際也。」宋代陳灌《滿庭芳》詞：「君知我，平生心事，相契古來希。」《老殘遊記》第九回：「這個人也是個不衫不履的人，與家父最為相契。」馬敍倫《古書疑義舉例校錄・古書傳述亦有異同例》：「三機正當三止三觀，其意亦與南嶽智者所說相契。」

〔12〕懌（yì）：喜歡，快樂。筌（quán）：也作「荃」，竹製捕魚器具。《莊子・外物》：「荃者所以在魚，得魚而忘荃；蹄者所以在兔，得兔而忘蹄。」成玄英疏：「筌，魚笱也，以竹為之，故字從竹。亦有從草者，蓀荃也，香草也，可以餌魚，置香於柴木蘆葦之中以取魚也。蹄，兔罝也，亦兔弶也，以系繫兔腳，故謂之蹄。此二事，譬也。」三國魏嵇康《兄秀才公穆入軍贈詩》之十四：「嘉彼釣叟，得魚忘筌。」 冥筌，謂無形的拘束。《文選・江淹〈雜體詩・效許詢自序〉》：「張子闇內機，單生蔽外像。一時排冥筌，

泠然空中賞。」李善注：「筌，捕魚之器。言魚之在筌，猶人之處塵俗。」
也指道中的微妙之處。唐代李白《下途歸石門舊居》詩：「余嘗學道窮冥筌，
夢中往往遊仙山。」王琦注：「冥筌，道中幽冥之跡也。」

【譯文】

　　被衣，是唐堯時代的人。唐堯的老師是許由，許由的老師是齧缺，齧缺
的老師是王倪，王倪的老師是被衣。齧缺向被衣問道，被衣回答說：「你要端
正你的形體，純一你的視覺，自然的和氣便歸於你自身。統攝、收斂你的智
慧，集中專一你的思慮，你的精神將會集中到你的心靈中。德要為你而顯示
完美，道要作為你的居所，你純真無邪如同初生的牛犢，無知無欲，而不追
究事故。」話還沒有說完，齧缺已經睡著了。被衣十分高興，便唱著歌兒離
去，歌兒唱道：「形體靜定如同枯槁的枝木，內心沉靜如同已息滅的灰燼，他
確實了悟了道的真實，不再矜持自己的成見，混沌無知的樣子，沒有心機而
不可與其謀議。那是什麼樣的人呀！」

　　至高無上的大道未被揭示出來時，至人傑出於當世。而被衣優異出眾，
超然物外，離棄智慧，不為物累所拘束。齧缺親受其教誨，雖無言說而與大
道相契合。歡心愉快，縱聲高歌，擺脫了無形的拘束而超然世外。

王　倪

　　王倪者，堯時賢人也，師被衣。齧缺又學於王倪〔1〕，問道焉。齧
缺曰：「子知物之所同是乎〔2〕？」曰：「吾惡乎知之？」「子知子之所不
知邪〔3〕？」曰：「吾惡乎知之？」「然則物無知邪？」曰：「吾惡乎知之？
雖然，嘗試言之：庸詎知吾所謂知之非不知邪〔4〕？庸詎知吾所謂不知
之非知邪？且吾嘗試問乎汝：民濕寢則腰疾偏死〔5〕，鰌然乎哉〔6〕？木
處則惴慄恂懼〔7〕，猨猴然乎哉〔8〕？三者孰知正處〔9〕？民食芻豢〔10〕，
麋鹿食薦〔11〕，蝍且甘帶〔12〕，鴟鴉耆鼠〔13〕，四者孰知正味〔14〕①？猨
猵狙以為雌〔15〕，麋與鹿交，鰌與魚遊。毛嬙、麗姬〔16〕，人之所美也，
魚見之深入，鳥見之高飛，麋鹿見之決驟〔17〕，四者孰知天下之正色哉
〔18〕？自我觀之，仁義之端，是非之塗〔19〕，樊然殽亂〔20〕。吾惡能知
其辯？」齧缺曰：「子不知利害，則至人固不知利害乎〔21〕？」王倪曰：
「至人神矣！大澤焚而不能熱，河漢冱而不能寒〔22〕，疾雷破山、風振

海而不能驚〔23〕。若然者，乘雲氣、騎日月而遊乎四海之外，死生無變於己，而況利害之端乎？」

　　王倪天士〔24〕，齧也問道。育艾爾神〔25〕，一綿虛抱〔26〕。

　　寒暑何侵，風雷弗眊〔27〕。大準玄黃〔28〕，權輿上教〔29〕。

【注釋】

〔1〕王倪：林希逸《莊子口義》卷一：王倪、齧缺，撰造名字。《莊子‧天地篇》：「齧缺之師王倪。」王元澤《南華真經新傳》：「『齧缺』者，道之不全也。『王倪』者，道之端也。莊子欲明道全與不全而與端本，所以寓言於二子也。」

《莊子‧齊物論》：「齧缺問乎王倪曰：『子知物之所同是乎？』曰：『吾惡乎知之！』『子知子之所不知邪？』曰：『吾惡乎知之！』曰：『然則物無知邪？』曰：『吾惡乎知之！雖然，嘗試言之。庸詎知吾所謂知之非不知邪？庸詎知吾所謂不知之非知邪？且吾嘗試問乎女：民濕寢則腰疾偏死，鰍然乎哉？木處則惴慄恂懼，猨猴然乎哉？三者孰知正處？民食芻豢，麋鹿食薦，蝍且甘帶，鴟鴉耆鼠，四者孰知正味？猨猵狙以為雌，麋與鹿交，鰍與魚遊。毛嬙、麗姬，人之所美也；魚見之深入，鳥見之高飛，麋鹿見之決驟。四者孰知天下之正色哉？自我觀之，仁義之端，是非之塗，樊然殽亂，吾惡能知其辯！』齧缺曰：『子不知利害，則至人固不知利害乎？』王倪曰：『至人神矣！大澤焚而不能熱，河漢沍而不能寒，疾雷破山而不能傷，飄風振海而不能驚。若然者，乘雲氣，騎日月，而遊乎四海之外。死生無變於己，而況利害之端乎！』」

〔2〕同是：共同所認可的，共同標準。

〔3〕邪（yé）：表示疑問或反詰，相當於嗎、呢。

〔4〕庸詎（yōng jù）知：安知，何知。庸，表反詰，豈，難道。《三國志‧魏武帝紀》：「士有偏短，庸可廢乎？」詎，豈。

〔5〕偏死：半身不遂。

〔6〕鰍（qiū）：「鰍」的異體字，泥鰍。

〔7〕惴慄（zhuì lì）：亦作「惴慄」，恐懼而戰慄。《詩經‧秦風‧黃鳥》：「臨其穴，惴惴其慄。」唐代柳宗元《始得西山宴遊記》：「自余為僇人，居是州，恒惴慄。」清代朱仕琇《溪音序》：「（谿水）轟豗日夜，或作霹靂聲。人立

谿上，恒惴慄。」　恂（xún）：恐懼的樣子。

〔8〕猨：「猿」的異體字。

〔9〕正處：正確的居住之所，即好的住所。《莊子・齊物論》：「民溼寢則腰疾偏死，鰌然乎哉？木處則惴慄恂懼，猨猴然乎哉？三者誰知正處？」成玄英疏：「舉此三者，以明萬物誰知正定處所乎？」

〔10〕芻豢（chú huàn）：草食曰芻，指牛羊；穀食曰豢，指家畜。司馬彪說：「牛羊曰芻，犬豕曰豢，以所食得名。」泛指肉類食品。《孟子・告子上》：「故義理之悅我心，猶芻豢之悅我口。」朱熹集注：「草食曰芻，牛羊是也；穀食曰豢，犬豕是也。」《史記・貨殖列傳序》：「至若《詩》、《書》所述虞夏以來，耳目欲極聲色之好，口欲窮芻豢之味。」宋代蘇軾《答畢仲舉》：「而既飽之餘，芻豢滿前，惟恐其不持去也。」清代趙翼《楊桐山具精饌招飲》詩：「但從芻豢選肥美，昔人烹飪有絕技。」

〔11〕麋（mí）鹿：獸名。欲稱四不像。《墨子・非樂上》：「今人固與禽獸麋鹿、蜚鳥、貞蟲異者也。」也指麋與鹿。《孟子・梁惠王上》：「樂其有麋鹿魚鱉。」唐代孟郊《隱士》詩：「虎豹忌當道，麋鹿知藏身。」唐崔道融《元日有題》詩：「自量麋鹿分，只合在山林。」清孫枝蔚《送陸粲石之金陵省令兄繡聞時歸自關外》詩：「東頭重聚因麋鹿，原上相關有鶺鴒。」薦：美草。

〔12〕蝍且（jié jū）：亦作蝍蛆，蜈蚣。《爾雅・釋蟲》：「蒺藜，蝍蛆。」郭璞注：「似蝗而大腹長角，能食蛇腦。」《廣雅・釋蟲》：「蝍蛆，吳公也。」王念孫疏證：「吳公，一作蜈蚣。」　甘：以……爲甘，喜歡吃食。帶：小蛇。

〔13〕鴟（chī）：貓頭鷹的一種。《莊子・徐無鬼》：「鴟目有所適，鶴脛有所節。」成玄英疏：「鴟目晝闇而夜開，則適夜不適晝。」《淮南子・主術訓》：「鴟夜撮蚤蚊，察分秋豪，晝日顛越，不能見邱山，形性詭也。」清蒲松齡《聊齋誌異・辛十四娘》：「夜色迷悶，悮入澗谷，狼奔鴟叫，豎毛寒心。」耆（shì）：通「嗜」，喜好。

〔14〕正味：正確的味道，即美好的味道，合乎標準的味道。

〔15〕猵狙（biān jū）：一名葛羊，頭似狗而體似猿，與猿同形而類別，喜與雌猿交配。

〔16〕毛嬙：古美女名，一云趙王美姬。麗姬：即驪姬（？～前651），春秋時驪戎之女。晉獻公攻克驪戎，被奪歸，立爲夫人，生奚齊。她爲獻公所

寵，欲立奚齊爲太子，於是譖殺太子申生，並逐群公子。獻公死。奚齊
繼立，爲大臣里克所殺，驪姬亦被殺。朱桂曜《莊子內篇證補》說：「古
書多言『毛嬙西施』，鮮有言『毛嬙麗姬』者。《管子·小稱》第三十三
『毛嬙西施，天下之美人也』；《韓非子·顯學篇》『故善毛嬙西施之美』；
《淮南·本經訓》『雖有毛嬙西施之色不知悅也』；又《脩務訓》『今夫毛
嬙西施天下美人』；《齊俗訓》『待西施毛嬙而爲配，則終身不家矣』，注
『西施毛嬙古好女也』；《說苑·尊賢篇》『古者有毛嬙西施今無有』；《文
選·神女賦》注引《慎子》『毛嬙先施天下之姣也』，注『先施，西施一
也，嬙音牆』；《御覽》七十七引《尸子》『人之欲見毛嬙西施，美其面也』，
此言毛嬙麗姬者，蓋因下又『麗之姬，艾封人之子』而誤改耳。」朱說
可從。

〔17〕決驟：快速奔走。決，疾走不顧。

〔18〕正色：美色。《莊子·齊物論》：「毛嬙、麗姬，人之所美也；魚見之深入，
　　　鳥見之高飛，麋鹿見之決驟，四者孰知天下之正色哉！」唐白居易《議婚》
　　　詩：「天下無正色，悅目即爲姝。」清王夫之《讀四書大全說·論語·季氏
　　　篇十二》：「乃揀美麗者斥爲女戎，而取醜陋者以爲正色。」

〔19〕塗：通「途」。

〔20〕樊然殽（xiáo）亂：紛然錯亂。《莊子·齊物論》：「自我觀之，仁義之端，
　　　是非之塗，樊然殽亂。」成玄英疏：「樊亂糾紛，若殽饌之雜亂。」

〔21〕至人：道家指超凡脫俗，達到無我境界的人。《莊子·齊物論》：「至人神
　　　矣！大澤焚而不能熱，河漢沍而不能寒，疾雷破山、風振海而不能驚。」
　　　《莊子·外物》：「唯至人乃能遊於世而不僻，順人而不失己。」

〔22〕沍（hù）：凍結。

〔23〕疾雷破山、風振海而不能驚：有脫文，當作「疾雷破山而不能傷，飄風振
　　　海而不能驚」。飄風，大風。奚侗《莊子補注》：「案『風』上挩『飄』字，
　　　當據《闕誤》引江南李氏本補之。『疾雷破山』『飄風振海』，耦語也。成
　　　疏：『雷霆奮發而破山，飄風濤蕩而振海。』是成本亦作『飄風』。」王
　　　叔岷《莊子校釋》：「《淮南·精神篇》：『大澤焚而不能熱，河漢涸而不能
　　　寒也，大雷毀山而不能驚也，大風晦日而不能傷也。』即襲用此文，上
　　　下二句，文各成對，則此文『疾雷破山』下，尚有挩文，疑原作『疾雷
　　　破山而不能傷，飄風振海而不能驚』。今本挩『而不能傷飄』五字，下二

句遂不成對矣。」

〔24〕天士：通曉天文陰陽術數的人。漢武帝封方士欒大爲天士將軍，參見《史記‧封禪書》。《漢書‧李尋傳》：「宜急博求幽隱，拔擢天士，任以大職。」顏師古注引李奇曰：「天士，知天道者也。」

〔25〕育艾：養育、養護。艾，養護。《詩經‧小雅‧南山有臺》：「保艾而後。」

〔26〕一綿：持久而且專一。綿，連續不斷。

〔27〕眊（mào）：眼睛失神，看不清楚，引申爲昏憒，惑亂。《孟子‧離婁上》：「胸中正，則眸子瞭焉；胸中不正，則眸子眊焉。」

〔28〕玄黃：黑色與黃色。《易‧坤》：「夫玄黃者，天地之雜也，天玄而地黃。」後因以玄黃指天地。

〔29〕權輿：草木萌芽的狀態。引申爲起始、初生。《詩經‧秦風‧權輿》：「今也每食無餘，於嗟乎！不承權輿。」朱熹集傳：「權輿，始也。」《大戴禮記‧誥志》：「於時冰泮發蟄，百草權輿。」范曄《後漢書‧魯恭傳》：「今始夏，百穀權輿，陽氣胎養之時。」

【譯文】

　　王倪，是唐堯時的賢能之人，師從被衣。齧缺又拜王倪爲師而學習，問道於王倪。齧缺說：「先生，你知道事物共有的標準嗎？」王倪說：「我怎麼知道呢！」齧缺又問：「你知道你所不明白的東西嗎？」王倪說：「我怎麼知道呢！」齧缺又問：「那麼世間萬物就無法知道了嗎？」王倪說：「我怎麼知道呢！雖然如此，我姑且說說看。怎麼知道我所說的『知』不是『不知』呢？怎麼知道我所說的『不知』不是『知』呢？我姑且問問你：人如果睡在潮濕的地方，就會腰痛或半身不遂，泥鰍也會這樣嗎？人如果住在樹上就會驚懼不安，猿猴也會這樣嗎？這三者究竟誰的生活習慣才是標準呢？人吃肉類，麋鹿吃草，蜈蚣喜歡吃小蛇，貓頭鷹和烏鴉卻喜歡吃老鼠，這四者究竟誰的口味是標準的美味呢？猵狙和雌猿爲配偶，麋和鹿相交合，泥鰍和魚相交遊。毛嬙和西施是世人認爲最美的，可是魚見了她們就要深入水底，鳥兒見了就要飛向高空，麋鹿見了就會急速奔跑到遠處，這四者究竟那一種美色才算是合乎最好最高的標準的呢？依我看來，仁義的觀點、是非的途徑，紛然錯亂。我哪裏能夠有辦法來區別其界限呢？」齧缺說：「你不知道利害，那麼至人難道也不知道利害嗎？」王倪說：「至人神妙極了！山林焚燒而不能使他感到炎熱，江河凍結而不能使他感受到寒冷，雷霆萬鈞、擊破

山嶽也不能使他受到傷害，狂風激起驚天波濤而不能使他感受到驚恐。這樣的至人，駕著雲氣、騎著日月，而遊於四海之外。生死的變化都不能使他有所改變，何況利害的觀念呢？」

王倪乃通曉天地陰陽術數之人，齧缺從其問道。王倪教導齧缺：要培養你的精神，長久而專一地寧靜心靈，即使大寒大暑也無法侵入你的身心，疾雷烈風也不能使你眨動眼睫毛，以天地爲準則來效法，如此才能使至高無上的大道產生。

齧　缺

齧缺者，堯時人也。許由師事齧缺〔1〕。堯問於由曰：「齧缺可以配天乎〔2〕？吾藉王倪以要之〔3〕。」許由曰：「殆哉〔4〕，圾乎天下〔5〕。齧缺之爲人也，聰明睿知〔6〕，給數以敏〔7〕，其性過人而又乃以人受天〔8〕。彼審乎禁過而不知過之所由生〔9〕。與之配天乎？彼且乘人而無天〔10〕。方且本身而異形〔11〕，方且尊知而火馳〔12〕，方且爲緒使〔13〕，方且爲物絯〔14〕，方且四顧而物應〔15〕，方且應衆宜〔16〕，方且與物化而未始有恒〔17〕，夫何足以配天乎？」

齧缺由師，蘊含上智。至道相延，宗王祖被〔18〕。

遐言未卒〔19〕，哂然睡寐〔20〕。滅影山隅〔21〕，弗求天配。

【注釋】

〔1〕許由師事齧缺：《莊子・天地》：「堯之師曰許由，許由之師曰齧缺，齧缺之師曰王倪，王倪之師曰被衣。堯問於許由曰：『齧缺可以配天乎？吾藉王倪以要之。』許由曰：『殆哉，圾乎天下！齧缺之爲人也，聰明睿知，給數以敏，其性過人，而又乃以人受天。彼審乎禁過，而不知過之所由生。與之配天乎？彼且乘人而無天，方且本身而異形，方且尊知而火馳，方且爲緒使，方且爲物絯，方且四顧而物應，方且應眾宜，方且與物化而未始有恒。夫何足以配天乎？」

〔2〕配天：謂受天命爲天子。《莊子・天地》：「齧缺可以配天乎？」郭象注：「謂爲天子。」

〔3〕藉：憑藉。要：邀請。

〔4〕殆：危險，不安。《左傳‧宣公十二年》：「此師殆哉！」

〔5〕圾：同「岌」，危險。

〔6〕睿（ruì）：通達、明智。《尚書‧洪範》：「視曰明，聽曰聰，思曰睿。」張衡《東京賦》：「睿哲玄覽，都茲洛宮。」

〔7〕給數以敏：機警敏捷。給，捷也。數，通「速」。給數，捷速。

〔8〕又乃以人受天：又能以人事來應對自然。乃，猶「能」。

〔9〕審乎禁過：明于禁阻過失。審，明辨。

〔10〕乘人而無天：依憑人爲（人的作爲）而摒棄自然。

〔11〕方且：將會，將要。《莊子‧天地》：「彼且乘人而無天，方且尊知而火馳，方且爲緒使。」陸德明釋文：「凡言方且者，言方將有所爲也。」本身而異形：以己爲本身，以天下爲異形；即以自身爲本位來區分人（物）我。

〔12〕尊知而火馳：尊尚知識而急於謀取。林希逸《莊子口義‧天地》：「『火馳』，如火之馳，言其急也。自尊尚其知而急用之。」

〔13〕緒使：爲細事所役使。緒，絲頭，引申爲瑣細、瑣屑之事。于省吾《莊子新證》：「按《爾雅‧釋詁》：『緒，事也。』『方且爲緒使』，言方且爲事使也。下句『方且爲物絯』，『事』、『物』對文。」

〔14〕物絯：爲外物所拘束。絯（gāi），拘束。《莊子‧天地》：「方且爲緒使，方且爲物絯。」郭象注：「將遂使後世拘牽而制物。」元代劉壎《隱居通議‧文章八》：「天且爲物絯，爲氣化，爲形驅，子焉能違世而與道俱。」

〔15〕四顧而物應：顧盼四方而應接外物。

〔16〕應眾宜：應對外物而事事求合宜。

〔17〕與物化而未始有恒：受外物影響而未嘗有定則。物化，指一種泯除物我差別、彼我同化的境界。

〔18〕宗王祖被：宗王，聖王，指堯。被，及，到達，加於……之上。《尚書‧堯典》：「光被四表。」蔡沈《集傳》：「被，及。」《荀子‧不苟》：「去亂而被之以治。」

〔19〕邃言：深妙微言。

〔20〕呬（xì）：喘息，噓氣。《爾雅‧釋詁下》：「呬，息也。」郭璞注：「氣息貌。」謂疲極而喘息。

〔21〕滅影：隱匿形迹，指隱遁。

【譯文】

齧缺是唐堯時代的人。許由拜齧缺爲師而學習。堯問許由說：「齧缺可以做天子嗎？我想通過王倪來邀請他。」許由說：「危險啊！那將危及天下。齧缺的爲人，聰明睿智，機警敏捷，天性過人，而又要用人事來應對自然。他精于禁阻過失，卻又不知道過失之所以產生的根由。讓齧缺做天子嗎？他要依憑人的作爲而要摒棄自然，他將會以自身爲本位而區分物我的界限，他將尊尚智慧巧思而急於謀取，他將會爲瑣事所役使，將會爲外物所拘束，將會酬應四方、應接外物，將會事事求合宜，將會受外物之影響而沒有定則。齧缺怎麼可以做天子呢？」

齧缺是許由的老師，蘊含著無上的智慧。至高無上的大道因師徒傳授，得以綿延傳續，並且受到聖王的尊崇，教澤廣被。講論至道的深妙微言尚未完結，聽道者已悄然進入夢鄉。齧缺避唐堯而隱居於深山，不願意即天子之位。

巢　父

巢父者，堯時隱人也。山居不營世利〔1〕，年老，以樹爲巢而寢其上，故時人號曰巢父。堯之讓許由也〔2〕，由以告巢父，巢父曰：「汝何不隱汝形、藏汝光〔3〕？若〔4〕，非吾友也。」擊其膺而下之〔5〕。由悵然不自得〔6〕，乃過清泠之水，洗其耳〔7〕，拭其目〔8〕，曰：「向聞貪言，負吾之友矣。」遂去，終身不相見。

巢父鳥棲，弗營棟宇。由進塵言〔9〕，嚴揮不與。

乃臨其清，乃洗其耳。箕潁高風〔10〕，千齡無已。

【注釋】

〔1〕山居：隱居於深山。世利：塵世（人世間）的利祿功名。《晉書·潘岳傳》：「岳性輕躁，趨世利，與石崇等諂事賈謐。」宋王禹偁《擬封田千秋爲富民侯制》：「競世利於錙銖，並家人如鳥獸；務農者蓋鮮，遊食者良多。」《藝文類聚》卷三六引嵇康《高士傳》：「巢父，堯時隱人，年老以樹爲巢，而寢其上，故人號爲巢父。堯之讓許由也，由以告巢父，巢父曰：『汝何不隱汝形，藏汝光？非吾友也！』乃擊其膺而下之。許由悵然不自得，乃遇

（當作『過』）清泠之水，洗其耳，拭其目，曰：『向者聞言，負吾友。』遂去，終身不相見。」

〔2〕堯之讓許由：堯讓天子之位與許由。

〔3〕隱汝形：隱去你的形體，指隱居。藏汝光：收斂你的光芒。

〔4〕若：指示代詞，你。

〔5〕膺（yíng）：胸。下之：使之下。

〔6〕悵然：失意，不稱心，不痛快。《史記·陳涉世家》：「輟耕之壟上，悵恨久之。」《三國志·吳主傳》：「聞此悵然。」

〔7〕洗其耳：洗耳，謂世俗之言玷污了他的耳朵。比喻不願聽，不願聞世事。

〔8〕拭其目：揩眼睛，意謂要明辨是非。

〔9〕塵言：世俗之言，謂功名利祿之論。宋代曾鞏《洪州謝到任表》：「玩思詩書，無出倫之異見；遊心翰墨，多涉俗之塵言。」

〔10〕箕潁：箕山和潁水。箕山和潁水在今河南登封縣東南。相傳，堯時巢父、許由隱於箕山之下、潁水之陽。司馬遷曾登箕山，上有許由冢，見《史記·伯夷列傳》。後人因謂隱者所居之地曰箕潁。南朝宋謝靈運《擬魏太子「鄴中集」詩·徐幹》詩序：「少無宦情，有箕潁之心事，故仕世多素辭。」唐代元稹《表夏》詩之二：「心到物自閒，何勞遠箕潁。」

【譯文】

　　巢父是唐堯時期的隱士。巢父居住在深山之中，而不追求人世間的利祿功名，年老以後，以樹木為巢穴而居住其上，因此當時人把他叫做「巢父」。唐堯準備讓天子之位於許由，許由將這件事告訴了巢父。巢父說：「你為什麼不隱藏自己的身形，收斂自己的光芒，不避世隱居而張揚自己。你呀，並不是我的同道之友。」於是，巢父敲擊許由的胸膛，將他趕下樹巢。許由心中悵然若失，於是來到清清的河水邊，用清泠的河水洗滌耳朵、擦亮眼睛，說：「從前誤聽他人的貪婪之言，而有負於我的好友巢父。」於是離去而避世隱居，終身不再見巢父。

　　巢父像鳥兒一樣棲息於樹木之上，並不需要營造房屋。許由將唐堯讓天子之位一事告知巢父，巢父認為以這樣的卑下塵言弄髒了自己的耳朵，嚴厲地揮手驅趕許由，不再與許由做朋友。許由乃到清泠的河水邊，以清泠之水洗其耳朵，滌除塵污。巢父、許由這種箕山之下、潁水之陽洗耳的高風亮節，千載以來，令人神往。

許　由

　　許由，字武仲，陽城槐里人也〔1〕。為人據義履方〔2〕，邪席不坐〔3〕，邪膳不食〔4〕，後隱於沛澤之中〔5〕。堯讓天下於許由〔6〕，曰：「日月出矣，而爝火不息〔7〕，其於光也，不亦難乎？時雨降矣，而猶浸灌〔8〕，其於澤也，不亦勞乎？夫子立而天下治〔9〕，而我猶尸之〔10〕，吾自視缺然〔11〕，請致天下〔12〕。」許由曰：「子治天下，天下既已治矣，而我猶代子，吾將為名乎？名者實之賓也〔13〕，吾將為賓乎②？鷦鷯巢於深林〔14〕，不過一枝。偃鼠飲河〔15〕，不過滿腹。歸休乎君，予無所用天下為。庖人雖不治庖〔16〕，尸祝不越樽俎而代之矣〔17〕。」不受而逃去。齧缺遇許由〔18〕，曰：「子將奚之？」曰：「將逃堯。」曰：「奚謂邪？」曰：「夫堯知賢人之利天下也，而不知其賊天下也〔19〕。夫唯外乎賢者知之矣。」由於是遁耕於中嶽潁水之陽、箕山之下，終身無經天下色。堯又召為九州長〔20〕，由不欲聞之，洗耳於潁水濱。時其友巢父牽犢欲飲之，見由洗耳，問其故，對曰：「堯欲召我為九州長，惡聞其聲，是故洗耳。」巢父曰：「子若處高岸深谷，人道不通，誰能見子？子故浮游欲聞〔21〕，求其名譽。污吾犢口。」牽犢上流飲之。許由沒，葬箕山之巔，亦名許由山，在陽城之南十餘里。堯因就其墓，號曰箕山公神。以配食五嶽，世世奉祀，至今不絕也。

　　武仲潔修，毫邪不處。黃屋將歸〔22〕，紫芳高舉〔23〕。

　　潁汲箕田，羞顙汗鄙。俎豆公神〔24〕，綿綿無已。

【注釋】

〔1〕陽城：古地名，春秋鄭邑。秦置縣，治所在今河南登封東南告成鎮。西晉後廢，北魏正光中復置。唐登封初年改名告成縣，神龍元年（705）復名陳城縣，二年又改告成縣。

　　《藝文類聚》卷三六引嵇康《高士傳》：「許由，字武仲，堯舜皆師之。與齧缺論堯而去，隱乎沛澤之中，堯舜乃致天下而讓焉。曰：『十日並出，而爝火不息，其光也不亦難乎？夫子為天子，則天下治，我由尸之，吾自視缺然。』許由曰：『吾將為名乎？名者實之賓，吾將為賓乎？』乃去，宿於逆旅之家，且而遺其皮冠。巢父聞由為堯所讓，以為污，乃臨池水而洗其耳。池主怒曰：『何以污我水。』由乃退而遁耕於中嶽，潁水之陽、

箕山之下。」

《太平御覽》卷五六引嵇康《聖賢高士傳贊》：「許由養神，宅於箕阿。德眞體全，擇日登遐。」

〔2〕據義履方：依據義而爲人處事且行爲端正。

〔3〕邪席：不規正的坐席，謂坐席鋪得不端正。

〔4〕邪膳：不合標準的膳食。

〔5〕沛澤：沼澤，水草茂密的低窪地。《管子・揆度》：「燒山林，破增藪，焚沛澤，逐禽獸。」《公羊傳・僖公四年》：「（桓公）於是還師濱海而東，大陷於沛澤之中。」《孟子・滕文公下》：「邪說暴行又作，園囿、污池、沛澤多而禽獸至。」

〔6〕堯讓天下於許由：《莊子・逍遙遊》：「堯讓天下於許由，曰：『日月出矣，而爝火不息，其於光也，不亦難乎！時雨降矣，而猶浸灌，其於澤也，不亦勞乎！夫子立而天下治，而我猶尸之，吾自視缺然，請致天下。』許由曰：『子治天下，天下既已治。而我猶代子，吾將爲名乎？名者實之賓也。吾將爲賓乎？鷦鷯巢於深林，不過一枝；偃鼠飲河，不過滿腹。歸休乎君，予無所用天下爲！庖人雖不治庖，尸祝不越樽俎而代之矣。」

〔7〕爝（jué）火：小火。《莊子・逍遙遊》：「日月出矣，而爝火不息；其於光也，不亦難乎！」成玄英疏：「爝火，猶炬火也，亦小火也。」唐杜牧《又謝賜告身鞍馬狀》：「螢光爝火，何裨日月之明；弱質孤根，但荷乾坤之德。」宋梅堯臣《送梵才吉上人歸天台》詩：「我言亦爝火，豈使萬木灰？」

〔8〕浸（jìn）灌：浸潤漸漬，即灌溉。

〔9〕立：通「位」，此處指爲天子。

〔10〕尸：主。代表死者受祭的活人。《詩・小雅・楚茨》：「神具醉止，皇尸載起。」《儀禮・士虞禮》：「祝迎尸。」鄭玄注：「尸，主也。孝子之祭，不見親之形象，心无所繫，立尸而主意焉。」

〔11〕缺然：猶歉然，慚愧。有所不足。《莊子・逍遙遊》：「吾自視缺然，請致天下。」成玄英疏：「自視缺然不足，請將帝位讓與賢人。」唐司空圖《與李生論詩書》：「愚幼常自負，既久而逾覺缺然。」宋王安石《除參知政事謝表》：「承弼之任，賢智所難；顧惟缺然，何以堪此？」清代方苞《漢文帝論》：「世徒見其奉身之儉，接下之恭，臨民之簡，以爲黃老之學則然，不知正自視缺然之心之所發耳。」

〔12〕致天下：把天下讓還給你。

〔13〕名者實之賓也：名是實的賓位，意謂名與實是密切相連的，得名而必得其實。

〔14〕鷦鷯（jiāo liáo）：小鳥，形體小，體長約三寸。羽毛赤褐色，略有黑褐色斑點。尾羽短，略上翹，以昆蟲爲主要食物。常取茅葦毛毳爲巢，大如雞卵，繫以麻髮，於一側開孔出入，甚精巧，俗稱「巧婦鳥」。張華《鷦鷯賦序》：「鷦鷯，小鳥也，生於蒿萊之間，長於藩籬之下，翔集尋常之內，而生生之理足矣。」

〔15〕偃（yàn）鼠：鼹鼠，一名隱鼠。體矮胖，外形似鼠，長十餘釐米。偃，「鼹」的古字。《說文解字·鼠部》：「鼴，地中行鼠，伯勞所化也。一曰偃鼠。」段玉裁注：「偃之言隱也。」偃鼠飲河，比喻器量小或欲望有限。

〔16〕庖人：廚師。。《墨子·尚賢中》：「伊摯，有莘氏女之私臣，親爲庖人，湯得之，舉以爲己相。」《文選·嵇康〈與山巨源絕交書〉》：「恐足下羞庖人之獨割，引尸祝以自助。」呂向注：「庖人，割牲體之人也。」

〔17〕尸祝：古代祭祀時對神主掌祝的人，即主祭的人。《莊子·逍遙遊》：「庖人雖不治庖，尸祝不越樽俎而代之矣。」郭象注：「庖人尸祝，各安其所。」成玄英疏：「尸者，太廟之神主也；祝者，則今太常太祝是也；執祭版對尸而祝之，故謂之尸祝也。」　樽（zūn）俎（zǔ）：樽，酒器；俎，肉器。樽俎，指廚房之事。晉葛洪《抱朴子·暢玄》：「越樽俎以代無知之庖，舍繩墨而助傷手之工。」

〔18〕齧缺遇許由：《莊子·徐敘鬼》：「齧缺遇許由，曰：『子將奚之？』曰：『將逃堯。』曰：『奚謂邪？』曰：『夫堯畜畜然仁，吾恐其爲天下笑。後世其人與人相食與！夫民，不難聚也；愛之則親，利之則至，譽之則勸，致其所惡則散。愛利出乎仁義，捐仁義者寡，利仁義者眾。夫仁義之行，唯且無誠，且假夫禽貪者器。是以一人之斷制利天下，譬之猶一覕也。夫堯知賢人之利天下也，而不知其賊天下也，夫唯外乎賢者知之矣！』

〔19〕賊：害。《孟子·離婁》：「賊其民者也。」

〔20〕九州：古代分中國爲九州，說法不一。《尚書·禹貢》作冀、兗、青、徐、揚、荊、豫、梁、雍；《爾雅·釋地》有幽、營而無青、梁州；《周禮·夏官·職方》有幽、并州而無徐、梁二州。後以「九州」泛指天下，全中國。《楚辭·離騷》：「思九州之博大兮，豈惟是其有女？」

〔21〕故：故意，特地。《論衡・物勢》：「夫天不能故生人。」浮游：漫遊，
　　　遨遊。《莊子・在宥》：「浮游，不知所求；猖狂，不知所往。」班固《西
　　　都賦》：「若乃觀其四郊，浮游近縣。」

〔22〕黃屋：古代帝王所專用的黃繒車蓋，亦指帝王之車。此處指天子之位。《史
　　　記・秦始皇本紀》：「子嬰度次得嗣，冠玉冠，佩華紱，車黃屋。」裴駰集
　　　解引蔡邕：「黃屋者，蓋以黃爲裏。」

〔23〕紫芳：即紫芝。眞菌的一種，也稱木芝。似靈芝。菌蓋半圓形，上面赤
　　　褐色，有光澤及雲紋；下面淡黃色，有細孔。菌柄長，有光澤。生長於
　　　山地枯樹根上。可入藥，性溫味甘，能益精氣，堅筋骨。古人以爲瑞草，
　　　道教以爲仙草。《論衡・驗符》：「建初三年，零陵泉陵女子傅寧宅，土中
　　　忽生芝草五本，長者尺四五寸，短者七八寸，莖葉紫色，蓋紫芝也。」
　　　此處謂隱逸修道。

〔24〕俎豆：俎和豆。古代祭祀、宴饗時盛食物用的兩種禮器。謂祭禮、奉祀。
　　　《論語・衛靈公》：「俎豆之事則嘗聞之矣，軍旅之事未之學也。」《莊子・
　　　庚桑楚》：「今以畏壘之細民而竊竊焉欲俎豆予於賢人之間，我其杓之人
　　　邪！」

【譯文】

　　許由，字武仲，是陽城槐里人。許由依據道義而爲人處事且行爲端方，
不規整的席子不坐，不合標準的膳食不吃。後來，許由隱居在大澤之中。唐
堯把天下讓給許由，說：「日月都出來了，而燭火還不熄滅，要和日月比光，
不是很難嘛！及時雨都降落了，而仍然在挑水澆灌，對於潤澤禾苗來說，不
是勞而無功嘛！先生即天子位而成帝王，天下便可以安定，而我還占著這個
位子，我自己都覺得非常慚愧，請容許我把天下讓給你。」許由說：「你治理
天下，天下已經安定了，而我還要來代替你，我是爲了聲名嗎？名是實的賓
位，是相連結在一起而不可分的。我難道是爲求賓位嗎？鷦鷯在深林中築巢，
所需要的不過是一條樹枝；偃鼠到河邊飲水，所需要的不過是喝飽一肚子水。
你回去吧，不要再說了。我要天下做什麼呢？廚師雖然不下廚房，主祭祀的
人也不會越位去代替他來烹調。」許由不接受天子之位而逃遁了。齧缺遇見
了許由，說：「你要到哪裏去？」許由說：「我要逃避唐堯。」齧缺說：「爲什
麼呢？」許由說：「唐堯只知道賢人有利於天下，而不知道賢人的賊害天下，
只有揚棄賢人的人才懂得這個道理啊。」許由於是隱居而躬耕於潁水之陽、

箕山之下，終身沒有經營天下的任何意思。唐堯又召許由，任其爲九州長，許由不願意聽到這個話語，到穎水岸邊清洗自己的耳朵。正在此時，他的好友巢父牽著牛犢來到河邊，準備給牛犢飲水，看到許由清洗耳朵，便詢問緣故，許由回答說：「堯想任命我爲九州長，我不願聽到這個話語，所以清洗耳朵。」巢父說：「你如果隱居在高山深谷，與世人斷絕來往，誰能見到你呢？而你特意游蕩在世俗中想聽這樣的話語，而追求名譽。你洗耳而弄髒了水，不要污染了我的牛犢的口。」於是巢父牽著牛犢到河水上游飲水。許由去世後，埋葬在箕山之巔，箕山又叫做許由山，在陽城縣南十多里。唐堯於是前往拜謁許由之墓，稱許由是「箕山公神」，以與五嶽相配，世世代代供奉祭祀，至今不絕。

許由高潔，即使有絲毫的偏邪不正亦不處其中。當天子之位將要歸於許由時，許由卻隱居避世。許由認爲自己受了侮辱而羞愧汗顏，遂躬耕於箕山之下、穎水之濱，汲引穎水以灌田。死後受封爲箕山公神，享受祭祀，世代不絕。

善　卷

善卷者，古之賢人也。堯聞得道，乃北面師之[1]。及堯受終之後[2]，舜又以天下讓卷[3]，卷曰：「昔唐氏之有天下[4]，不教而民從之，不賞而民勸之[5]。天下均平，百姓安靜。不知怨，不知喜。今子盛爲衣裳之服以眩民目[6]，繁調五音之聲以亂民耳，丕作皇韶之樂以愚民心[7]，天下之亂，從此始矣。吾雖爲之，其何益乎？予立於宇宙之中，冬衣皮毛，夏衣絺葛[8]。春耕種，形足以勞動；秋收斂，身足以休食；日出而作，日入而息，逍遙於天地之間而心意自得，吾何以天下爲哉？悲夫，子之不知余也！」遂不受，去入深山，莫知其處[9]。

遏矣善卷[10]，君堯北面。鹿衣牧世[11]，自臻從勸[12]。

虞欽玄德[13]，讓之赤縣[43]。貴適心神，永棲荒爐。

【注釋】

〔1〕北面：面向北。古代君主面南背北而坐，臣子朝見君主則面北，因謂稱臣於人爲北面。臣拜君，卑幼拜尊長，皆面向北行禮，因而居臣下、晚輩之位曰「北面」。《周禮・夏官・司士》：「正朝儀之位，辨其貴賤之等。王南

向，三公北面東上。」《韓非子·功名》：「此堯之所以南面而守名，舜之所以北面而効功也。」《新唐書·張士衡傳》：「幽州都督燕王靈夔以禮邀聘，北面事之。」清杭世駿《經史質疑·禮記》：「父，北面而事之，所以明子事父之道。」

《藝文類聚》卷三六引嵇康《高士傳》：「善卷者，舜以天下讓之，卷曰：『予立宇宙之中，多衣皮毛，夏衣絺葛，日出而作，日入而息。逍遙天地之間，何以爲天下哉！』逐入深山，莫知其所終。」（《太平御覽》卷二六亦引此條，文字略有出入。）

〔2〕受：通「壽」。《敦煌曲子詞·菩薩蠻》：「再安社稷垂衣理，受同山嶽長江水。」《敦煌曲子詞·感皇恩》：「當今聖受被南山。」

〔3〕舜又以天下讓卷：《莊子·讓王》：「舜以天下讓善卷，善卷曰：『余立於宇宙之中，多日衣皮毛，夏日衣葛絺；春耕種，形足以勞動；秋收斂，身足以休食；日出而作，日入而息，逍遙於天地之間而心意自得。吾何以天下爲哉！悲夫，子之不知余也。』逐不受。於是去而入深山，莫知其處。」

〔4〕唐氏：陶唐氏，即唐堯。帝嚳之子，姓伊祁，名放勳。初封於陶，後徙於唐。《尚書·五子之歌》：「惟彼陶唐，有此冀方。今失厥道，亂其紀綱，乃底而亡。」《孔子家語·五帝德》：「宰我曰：『請問帝堯。』孔子曰：『高辛氏之子，曰陶唐氏，其仁如天，其智如神，就之如日，望之如雲。』」

〔5〕勸：努力。《管子·輕重乙》：「田野大辟，而農夫勸其事矣。」

《太平御覽》卷五〇九引嵇康《高士傳》：「伯成子高，不知何許人也。唐虞時爲諸侯，至禹，復去而耕。禹往趨而問曰：『堯舜治天下，吾子立爲諸侯，堯授舜，舜授予，吾子去而耕。敢問其故何耶？』子商曰：『昔堯治天下，至公無私，不賞而民勸，不罰而民畏。今子賞而不勸，罰而不畏，德自此衰，刑自此作。夫子盍行，無留吾事。』俋俋然，逐耕而不顧。」

〔6〕眩：眼睛昏花。《國語·周語》：「觀美而眩。」

〔7〕丕：大。《尚書·大禹謨》：「嘉乃丕績。」皇韶：大韶。韶，虞舜樂舞名。班固《幽通賦》：「虞韶美而儀鳳兮。」

〔8〕絺（chī）葛：葛，多年生的蔓草，莖纖維可以織布；此處指精布。絺，細的葛布。絺葛，乃暑服。《周禮·地官·泉府》「凡民之貸者……以國服爲之息」鄭玄注引漢鄭司農曰：「假令其國出絲絮，則以絲絮償，其國出絺葛，則以絺葛償。」《禮記·月令》：孟夏之月：「是月也，天子始絺葛。」唐柳

宗元《饒娥碑》：「治絺葛，供女事修整，鄉閭敬式。」

〔9〕去入深山莫知其處：《莊子・讓王》作「於是去而入深山，莫知其處」，謂離開塵世隱遁而入深山，不知其隱居之處。唐賈島《尋隱者不遇》：「只在此山中，雲深不知處。」意思與此相同。

〔10〕邌（tí）：同「迡」，遠。

〔11〕鹿衣：鹿皮，謂以獸皮爲衣服。與上文舜之「盛爲衣裳之服以眩民目」相對。牧世：統治百姓。

〔12〕臻：致，達到。從勸：即上文唐堯之「不教而民從之，不賞而民勸之」。

〔13〕玄德：潛蓄而不著於外的德性。《尚書・舜典》：「玄德升聞，乃命以位。」孔安國傳：「玄謂幽潛，潛行道德。」又指自然無爲的德性。《老子》：「生而不有，爲而不恃，長而不宰，是謂玄德。」王弼注：「凡言玄德，皆有德而不知其主，出乎幽冥。」

〔14〕赤縣：指天下。「赤縣神州」的省稱。戰國齊人騶衍（一作鄒衍）創立「大九州」學說，謂「中國名曰赤縣神州。赤縣神州內自有九州，禹之序九州是也，不得爲州數。中國外如赤縣神州者九，乃所謂九州也。」見《史記・孟子荀卿列傳》。後以借指中原或中國。南朝梁沈約《答陶華陽》：「故鄒子以爲赤縣，於宇內止是九州中之一耳。」唐楊巨源《寄昭應王丞》詩：「瑞靄朝朝猶望幸，天教赤縣有詩人。」清朱彝尊《岳忠武王墓》詩：「赤縣期全復，黃河渡幾灣。」

【譯文】

　　善卷，是古代賢能之人。唐堯聽說善卷得道了，拜他爲老師來學習。唐堯去世以後，虞舜又要將天子的位子讓給他。善卷說：「從前唐堯統治天下時，不行教化之令而百姓紛紛跟隨他，不行獎賞之令而百姓努力勞作。社會上分配平均，百姓安居樂業，不知道有哀怨，也不知道有歡喜。現在你卻隆重地製作華麗的服飾使百姓眼花繚亂，很複雜地彈奏五音以擾亂人們的耳目，盛大地創作《韶》樂以愚昧人們的心智，天下之亂，將從此開始。我即使做了天子，哪又有什麼用處呢？我立於宇宙之中，冬天穿著皮毛衣服以禦寒，夏天穿著絺葛衣服以納涼；春天耕種，形體足夠勞動；秋天收穫，身體足夠安養；太陽出來開始勞作，太陽下山便休息，逍遙自在於天地之間而心意自得，我要天下的位子幹什麼呢！可悲啊！你不瞭解我。」就這樣不肯接受舜之讓位。於是離開塵世而入深山隱居，沒有人知道善卷住在什麼地方。

悠遠啊善卷，偉大的君王唐堯都以你爲師。你主張應該穿著儉樸的獸皮衣來統治世人，無爲而治，自然會達到不行教化之令而百姓從之、不行獎賞之令而百姓努力勞作的境地。虞舜欽佩你的自然無爲的德性，寧願將天下讓與你，而你以自適心神爲貴，不願意以天下而勞形累心，遂永久地隱居於深山之中。

子州支父

子州支父者〔1〕，堯時人也。堯以天下讓許由〔2〕，許由不受。又讓於子州支父，子州支父曰：「以我爲天子，猶之可也。雖然〔3〕，我適有幽憂之病〔4〕，方且治之，未暇治天下也。」舜又讓之，亦對之曰：「予適有幽憂之病，方且治之，未暇治天下也。」

休休支父〔5〕，道重八埏〔6〕。陰寢陽覺，神寂而恬。

巍巍二帝，大器告傳〔7〕。不遑長謝，繕性自全〔8〕。

【注釋】

〔1〕子州支父：姓子，名州，字支父，懷道隱居之人。

《太平御覽》卷五〇九引嵇康《高士傳》曰：「子州友父者，堯舜各以天下讓友父，友父曰：『我適有勞憂之病，方治之，未暇在天下也。』遂不知所之。」《藝文類聚》卷三六引《高士傳》：「子支伯者，舜以天下讓支伯，支伯曰：『予適有幽憂之病，方且治之，未暇治天下也，遂不知所之。」

〔2〕堯以天下讓許由：《莊子·讓王》：「堯以天下讓許由，許由不受。又讓於子州支父，子州支父曰：『以我爲天子，猶之可也。雖然，我適有幽憂之病，方且治之，未暇治天下也。』夫天下至重也，而不以害其生，又況他物乎！唯無以天下爲者，可以託天下也。舜讓天下於子州支伯。子州支伯曰：『予適有幽憂之病，方且治之，未暇治天下也。』故天下，大器也，而不以易生，此有道者之所以異乎俗者也。」成玄英《莊子疏》說「支伯」猶「支父」，俞樾《莊子平議》以爲支父、支伯是一人。

〔3〕雖然：即使這樣然而。

〔4〕幽憂：過度憂勞；憂傷。幽憂之病，謂其病深固。《莊子·讓王》：「我適有幽憂之病，方且治之，未暇治天下也。」成玄英疏：「幽，深也；憂，

勞也。」李勉《莊子分篇評注》:「『幽憂』即隱憂,憂天下之人皆不能恬淡無為,而竟重視榮位,爭取天下,故下文云:『唯無以天下為者,可以託天下。』……又『幽憂之病』,亦可解為深憂之病。」

〔5〕休休:安閒自得、樂而有禮的樣子。《詩經・唐風・蟋蟀》:「好樂無荒,良士休休。」《後漢書・吳蓋陳臧傳贊》:「宮俊休休,是亦鷹揚。」北魏酈道元《水經注・淮水》:「聞其上有仙士石室也……見一道人,獨處休休然。」宋蘇軾《答錢濟明書》之一:「去歲,海南得所寄異士大彤清中丹一丸,即時服之,下田休休焉。」宋楊萬里《竹枝歌》:「愁殺人事關月事,得休休處且休休。」

〔6〕埏(yán):邊際;邊遠之地。八埏,指地之八際。《漢書・司馬相如傳下》:「上暢九垓,下泝八埏。」顏師古注引孟康曰:「埏,地之八際也。言德上達於九重之天,下流於地之八際。」唐柳宗元《代裴行立謝移鎮表》:「道暢八埏,威加九域。」宋范成大《桂林中秋賦》:「矧吾生之飄泊兮,寄蘧廬於八埏。」

〔7〕大器:指天下之位。《莊子・讓王》:「故天下,大器也,而不以易生,此有道者之所以異乎俗者也。」成玄英疏:「夫帝王之位,重大之器也,而不以此貴易奪其生,自非有道,孰能如是。」因以大器比喻國家、帝位。

〔8〕繕性:涵養本性。《莊子・繕性》:「繕性於俗。」成玄英疏:「繕,治也;性,生也。」

【譯文】

子州支父,是唐堯時代的人。唐堯將天下讓給許由,許由沒有接受。唐堯又要將天下讓給子州支父,子州支父說:「讓我作為天子,還是可以的。雖然如此,不過我恰好患有深固之病,正在治療疾病,沒有時間去治理天下。」虞舜又要將天下讓給他,子州支父也回答說:「我正好患有深固之病,正在治療疾病,沒有時間去治理天下。」

安閒自在的子州支父啊,至高無上的大道廣覆於八極。順應自然,夜晚寢息白天勞作,保持精神的寧靜,恬然處於世間。偉大的唐堯和虞舜,都想把天下之位讓於子州支父。子州支父很快推辭了,能夠涵養自己的天性。

壤　父

　　壤父者〔1〕，堯時人也。帝堯之世，天下太和〔2〕，百姓無事〔3〕。壤父年八十餘而擊壤於道中，觀者曰：「大哉，帝之德也！」壤父曰：「吾日出而作，日入而息。鑿井而飲，耕田而食。帝何德於我哉！」

　　老父皤髮〔4〕，愉愉壤戲〔5〕。吐厥鳴歌〔6〕，朝興夕憩。

　　盧渴咸充〔7〕，帝焉何利。醇和未斫〔8〕，陶哉寓世〔9〕。

【注釋】

〔1〕壤父：壤，古代一種遊戲用具。王應麟《困學紀聞・雜識下》：「擊壤，《風土記》云：以木爲之，前廣後銳，長尺三寸，其形如履。先側一壤於地，遙於三四十步以手中壤擊之，中者爲上。」曹植《名都篇》：「連翩擊鞠壤，巧捷惟萬端。」父，對老年男子的尊稱。壤父，即擊壤的老漢。

　　《藝文類聚》卷三六引嵇康《高士傳》：「壤父者，堯時人，年八十而擊壤於道中。觀者曰：『大哉，帝之德也。』壤父曰：『吾日出而作，日入而息，鑿井而飲，耕地而食，帝何德於我哉！』」

〔2〕太和：天地間沖和之氣。《周易・乾》：「保合大和，乃利貞。」大，一本作「太」。朱熹《周易本義》：「太和，陰陽會合沖和之氣也。」也指太平。曹植《七啓》：「吾子爲太和之民，不欲仕陶唐之世乎？」《文選・顏延之〈宋文皇帝元皇后哀策文〉》：「太和既融，收革委世。」李善注：「太和，謂太平也。」

〔3〕百姓無事：皇甫謐《帝王世紀》卷二：「帝堯陶唐氏，伊祁姓也。母曰慶都，孕十四月而生堯於丹陵，名曰放勳……年十五而佐帝摯，受封於唐，爲諸侯。身長十尺。嘗夢攀天而上之，故年二十而登帝位。以火承木，都平陽。置敢諫之鼓，天下大和。命羲和四子羲仲、羲叔、和仲、和叔分掌四嶽。諸侯有苗氏處南蠻而不服，堯征而克之於丹水之浦，乃以尹壽、許由爲師，命伯夔放山川溪谷之音，作樂大章。天下大和，百姓無事。有八十老人擊壤於道，觀者歎曰：『大哉，帝之德也。』老人曰：『吾日出而作，日入而息，鑿井而飲，耕田而食，帝何力於我哉！』於是景星曜於天，甘露降於地，朱草生於郊，鳳皇止於庭，嘉禾孳於畝，澧泉湧於山。」

〔4〕皤髮：白髮。皤皤，白髮貌，形容年老。《漢書・敘傳下》：「營平皤皤，

立功立論。」顏師古注：「皤皤，白髮貌也。」晉陸機《漢高祖功臣頌》：「皤皤董叟，謀我平陰，三軍縞素，天下歸心。」

〔4〕愉愉：和順貌；和悅的樣子。《禮記·祭義》：「齊齊乎其敬也，愉愉乎其忠也。」孫希旦集解：「『愉愉乎其忠』者，言其和順之發於誠也。」《論語·鄉黨》：「私覿，愉愉如也。」何晏集解引鄭玄曰：「愉愉，顏色和。」唐韓愈《復志賦》：「時乘閒以獲進兮，顏垂歡而愉愉。」宋司馬光《答周同年書》：「今陛下慈愛寬仁，與羣臣言，愉愉和顏色，如接賓友。」清戴名世《撫盜論》：「而一二腐儒懦夫親見其禍如此其大，而以招撫為名，呴呴愉愉奉之。」

〔5〕厥：代詞，他的，那個。賈誼《弔屈原賦》：「乃殞厥身。」

〔6〕虛渴：饑渴。虛，飢餓。《墨子·節用》：「制為飽食之法，曰：足以充虛繼氣，強股肱，耳目聰明則止。」《韓非子·解老》：「食足以充虛，則不憂矣。」張華《博物志》卷七：「體欲長勞，食欲長少；勞無過極，少不至虛。」

〔7〕醇和：即大和，純正平和。漢蔡邕《釋誨》：「夫子生清穆之世，稟醇和之靈。」三國魏嵇康《琴賦》：「含天地之醇和兮，吸日月之休光。」

〔8〕陶哉寓世：謂壤父在世而化育萬民。陶，化育。《廣韻·豪韻》：「陶，化也。」揚雄《太玄·玄告》：「歲歲相蕩，而天地彌陶。」范望注：「陶，化也。」文天祥《玄潭觀和龔宰韻》：「幻成鷗鷺乾坤闊，陶盡魚龍雲水腥。」 寓世：猶在世。活在世上。葛洪《抱朴子·勖學》：「是以賢人悲寓世之倏忽，疾泯沒之無稱，感朝聞之弘訓，悟通微之無類。」

【譯文】

壤父，是唐堯時代的人。帝堯統治天下時，天下太平安寧，百姓生活安閒無事。壤父有八十多歲高齡，在大道邊愉快地玩擊壤的遊戲，旁觀者感歎說：「帝堯的品德多麼偉大啊！」壤父說：「我太陽出來而勞作，太陽落山就休息；開鑿水井而飲水，耕種田地以吃飯，帝堯於我有什麼相干的呢！」

壤父白髮皤皤，很歡快地玩著擊壤遊戲，唱出了愉快的歌聲：早晨起床勞作，晚上休息安養，渴則飲，饑則食，順應自然而已，帝堯與我有什麼關係呢？壤父仍然葆有醇和的天性，壤父在世而化育萬民。

石戶之農

　　石戶之農〔1〕，不知何許人也。與舜爲友，舜以天下讓之石戶之農，石戶之農曰：「卷卷乎后之爲人〔2〕，葆力之士也〔3〕。」於是夫負妻戴〔4〕，攜子以入於海，終身不反也。

　　虞皇御世，虛諮禪者〔5〕。石戶之農，至人在野。

　　天位以干〔6〕，棄如屣舍。滅迹滄溟〔7〕，清蹤莫寫。

【譯文】

〔1〕石戶之農：石戶，地名；農，農人。

　　《莊子・讓王》：「舜以天下讓其友石戶之農，石戶之農曰：『卷卷乎后之爲人，葆力之士也！』以舜之德爲未至也，於是夫負妻戴，攜子以入於海，終身不反也。」

　　《太平御覽》卷五〇九引嵇康《高士傳》：「石戶之農，不知何許人，與舜爲友，舜以天下讓之，石戶夫負妻戴，攜子以入海，終身不反。」

〔2〕卷卷（quán）：忠誠貌；懇切貌。謂自我勞累。《漢書・賈捐之傳》：「臣幸得遭明盛之朝，蒙危言之策，無忌諱之患，敢昧死竭卷卷。」顏師古注：「卷，讀與『拳』同。」宋王安石《上富相公書》：「近聞以旌纛出撫近鎮，而尙以衰麻故，不得參問動止，卷卷之情，何可以勝！」宋沈遘《壁社湖》詩：「卷卷何所感，似泛吳江水。」　后：帝，指帝堯。

〔3〕葆力：恃其勤苦。葆，通「保」。《莊子・讓王》：「捲捲乎后之爲人，葆力之士也！」鍾泰《發微》：「葆亦作『保』。保力猶恃力。力謂其勤，非勇力之力也。」

〔4〕夫負妻戴：丈夫背負、妻子頭頂著行李。戴，頭頂著。《莊子・讓王》此句前有「以舜之德爲未至也」。

〔5〕禪（shàn）者：謂接受禪讓的人。禪，禪讓。

〔6〕干：煩擾。

〔7〕滄溟：大海。《漢武帝內傳》：「諸仙玉女，聚居滄溟。」

【譯文】

　　石戶的農夫，不知是什麼地方人，他和虞舜是好朋友。虞舜準備將天下讓給他，石戶之農說：「勤苦呀，國君的爲人，他是個勞碌之人啊！」於是丈

夫背負行囊、妻子頭戴用具，帶著子女入於大海而隱於海島，終身再沒有回來。

　　虞舜統治天下之時，虛心地尋訪可以禪位之人。石戶的農夫是一個品德高尚的至人，而為貧人，身處郊野。虞舜以禪讓天子之尊位來煩擾石戶之農，石戶之農拋棄天子之尊位如同弊屣，最後隱居於大海，他高潔的行蹤再也無法找到。

蒲衣子

　　蒲衣子者〔1〕，舜時賢人也。年八歲而舜師之。齧缺問於王倪〔2〕，四問而四不知〔3〕。齧缺因躍而大喜，行以告蒲衣子，蒲衣子曰：「而乃今知之乎〔4〕？有虞氏不及泰氏〔5〕。有虞氏，其猶藏仁以要人〔6〕；亦得人矣，而未始出於非人〔7〕。泰氏，其臥徐徐〔8〕，其覺於於〔9〕。一以己為馬，一以己為牛。其知情信，其德甚真，而未始入於非人也〔10〕。」後舜讓天下於蒲衣子，蒲衣子不受而去，莫知所終。

　　蒲衣妙紀〔11〕，德與天侔〔12〕。大舜虛襟，模範是求。

　　發評虞泰，致一馬牛〔13〕。擾勞民宰〔14〕，胡可縈留〔15〕。

【注釋】

〔1〕蒲衣子：郭象《莊子注》卷七：「蒲衣子，《尸子》云：『蒲衣八歲，舜讓以天下。』即被衣，王倪之師也。《淮南子》曰：『齧缺問道於被衣。』」林希逸《莊子口義》卷三：「蒲衣或曰即被衣。莊子所言人物名字，多是虛言，即烏有、亡是公之類，不必致辨。」

〔2〕齧缺問於王倪：《莊子・應帝王》曰：「齧缺問於王倪，四問而四不知。齧缺因躍而大喜，行以告蒲衣子。蒲衣子曰：『而乃今知之乎？有虞氏不及泰氏。有虞氏，其猶藏仁以要人；亦得人矣，而未始出於非人。泰氏，其臥徐徐，其覺於於，一以己為馬，一以己為牛；其知情信，其德甚真，而未始入於非人。』」

〔3〕四問而四不知：問了四個問題而四個問題都不知道。《莊子・齊物論》曰：「齧缺問乎王倪曰：『子知物之所同是乎？』曰：『吾惡乎知之！』『子知子之所不知邪？』曰：『吾惡乎知之！』『然則物無知邪？』曰：『吾惡

乎知之……』齧缺曰：『子不知利害，則至人固不知利害乎？』」

〔4〕而乃今知之乎：現在你才明白吧。而，通「爾」，你。林希逸《莊子口義》
　　卷三：「齧缺悟其不言之意，故喜以告蒲衣。蒲衣曰『而乃今知之』者，言
　　汝於今方悟也。而，汝也。」

〔5〕有虞氏不及泰氏：有虞氏，即虞舜。泰氏，上古帝王。意謂舜比不上前代
　　帝王。這是古人「今不如古」的觀念的反映。林希逸《莊子口義》卷三：「泰
　　氏，古帝王也，即大庭氏之類。」呂惠卿《莊子義》說：「『有虞』，亦訓憂
　　虞。『泰氏』，亦泰定之義，謂有知有虞，不若無知而泰定。」

〔6〕要：通「邀」，要結，結交。

〔7〕非人：指「物」。宣穎《南華經解》卷五：「非人者，物也。有心要人，則
　　猶繫於物，是未能超然出於物之外也。」

〔8〕徐徐：安閒舒緩的樣子。《莊子‧應帝王》「泰氏，其臥徐徐」陸德明釋文
　　引司馬彪云：「徐徐，安穩貌。」成玄英疏：「徐徐，寬緩之貌。」唐蕭穎
　　士《江有楓》詩之五：「君子居焉，惟以宴醑，其樂徐徐。」

〔9〕於於：通「迂迂」，安閒自得的樣子。《莊子‧應帝王》「其覺於於」成玄英
　　疏：「於於，自得之貌。」唐白居易《和朝回與王煉師遊南山下》詩：「興
　　酣頭兀兀，睡覺心於於。」宋代沈遼《走筆酬亨甫所示二篇次韻和之》之
　　一：「始來齊山秋正肅，山間於於太古俗。」覺：睡醒。

〔10〕未始入於非人：即從來沒有受到外物的牽累。宣穎《南華經解》卷五：「渾
　　同自然毫無物累，是未始陷入於物之中。」

〔11〕妙紀：猶「妙齡」，青春年少。妙，年少，幼小。王符《潛夫論‧思賢》：
　　「皇后兄弟，主婿外孫，年雖童妙，未脫桎梏。」

〔12〕侔（móu）：等同、齊一。《莊子‧大宗師》：「畸人者，畸於人而侔於天。」

〔13〕致一馬牛：視馬、牛與人一樣。

〔14〕民宰：此處指天子。

〔15〕縷留：纏繞留連。

【譯文】
　　蒲衣子，是虞舜時代的賢能之人。蒲衣子八歲時，虞舜就拜他為老師。
齧缺問王倪，問了四次而四次都回答說不知道。齧缺喜歡得跳躍起來，趕快
跑去將這事告訴了蒲衣子。蒲衣子說：「你現在知道了嗎？有虞氏（即舜）不

如泰氏。有虞氏（舜）尚且標榜仁義以要結人心，雖然也能夠得人心，但還沒有超脫外物的牽累。泰氏睡臥時安閒舒緩，睡醒時亦能逍遙自在；任憑別人或稱他為馬，或稱他為牛，都不在意。他的知見真實可信，他的德性非常真實，從來沒有受外物的牽累。」後來，虞舜將天下要讓給蒲衣子，蒲衣子沒有接受而離去，沒有人知道他的行蹤。

蒲衣子年紀很小時，德性就可與上天相匹配。偉大的舜虛懷若谷，將蒲衣子作為學習的榜樣。蒲衣子評論有虞氏和泰氏，頗為恰切中肯。或稱為馬或稱為牛，都不受外物的牽累，貴在得其天性。天子之位，實乃煩擾勞苦，哪能留心於此呢？

披裘公

披裘公者〔1〕，吳人也。延陵季子出遊〔2〕，見道中有遺金〔3〕，顧披裘公曰〔4〕：「取彼金。」公投鎌瞋目拂手而言曰〔5〕：「何子處之高而視人之卑？五月披裘而負薪，豈取金者哉？」季子大驚，既謝〔6〕，而問姓名，公曰：「吾子皮相之士〔7〕，何足語姓名也。」

負薪炎暑，吳有一翁。粗絺弗御，冒彼蒙茸〔8〕。

季札相迕〔9〕，遺拾不從。姓名終秘，空仰高風。

【注釋】

〔1〕披裘公：亦作「被裘公」。《太平御覽》卷二二引嵇康《高士傳》：「被裘公者，吳人。延陵季子出遊，見道中有遺金，顧而謂公曰：『取彼金。』公投鎌瞋目拂手而言曰：『何子之高而視之卑，五月被裘而負薪，豈取金者哉！』季子大驚，既謝，而問姓名，公曰：『吾子皮相之士，而安足語姓名也。』」

《藝文類聚》卷三六引《高士傳》：「被裘公者，吳人也。延陵季子出遊，見道中遺金，顧而覩之，謂公曰：『取彼金公。』投鎌瞋目拂手而言曰：『何子居之高，視之卑。吾被裘而負薪，豈取遺金者哉？』季子大驚，既謝而問其姓名，曰：『吾子皮相之士，何足語姓名哉！』」

〔2〕延陵季子：指春秋時吳公子季札。相傳吳王壽夢有四子：諸樊（或稱謁）、餘祭、餘昧（一作夷昧）、季札。季札賢，壽夢欲廢長立少，季札讓不可。壽夢卒，諸樊立，與餘祭、餘昧相約，傳弟而不傳子，弟兄依次作國君，

想最終傳國於季札。季札離吳國而赴延陵，終身不入吳國，故世稱延陵季子。事見《公羊傳・襄公二十九年》、《史記・吳太伯世家》。《禮記・檀弓下》：「延陵季子，吳之習於禮者也。」　延陵：春秋吳邑，公子季札因讓國避居（一說受封）於此，故址在今江蘇常州市。

《太平御覽》卷五〇九引嵇康《高士傳》：「延陵季子，名札，吳王之子，最少而賢。使上國還，會闔閭使專諸刺殺王僚，致國於札，札不受，去之延陵，終身不入吳國。初適魯，聽樂，論眾國之風。及過徐，徐君欲其劍，札心許之，及還，徐君已死，即解帶掛樹而去。」

〔3〕遺金：丟失的黃金。

〔4〕顧：回頭看，亦泛指視、看。《楚辭・離騷》：「瞻前而顧後兮。」

〔5〕鎌：鐮，鐮刀，用於收割。　瞋：瞪大眼睛。《史記・刺客列傳》：「士皆瞋目，髮盡上指冠。」　拂手：揮手，搖手。

〔6〕謝：道歉。

〔7〕皮相：只從外面上看；不深入。《韓詩外傳》卷一〇：「延陵子知其為賢者，請問姓字。牧者曰：『子用皮相之士也，何足語姓字哉！』」《史記・酈生陸賈列傳》：「夫足下欲與天下之事而成天下之大功，而以目皮相，恐失天下之能士。」

〔8〕冒：穿戴著。　蒙茸：雜亂的樣子。《史記・晉世家》：「狐裘蒙茸，一國三公，吾誰適從。」裴駰集解引服虔曰：「蒙茸以言亂貌。」此處指獸皮。

〔9〕逅：邂逅，不期而遇。

【譯文】

　　披裘公，是吳國人。延陵季子出遊，看到道路上有遺失的黃金，回頭看著披裘公說；「把那黃金撿起來吧。」披裘公將鐮刀投擲地上，瞪大眼睛，搖著手說：「為什麼你把自己看得很高，卻把別人看得很卑賤呢？五月份穿著獸皮、背著柴禾的人，難道是拾取黃金的人嗎？」延陵季子一聽，大吃一驚，謝罪之後，便詢問其尊姓大名，披裘公說：「你是一個只看重外表的人，沒有必要告訴你我的姓名。」

　　吳國有一老翁，在炎熱的暑天背負柴薪而行，並未穿涼爽的粗葛衣，而是穿著襤褸的獸皮衣。季札和他不期而遇，讓他拾撿遺失在路的黃金，而披裘公並不遵從。他的姓名最終不得而知，千載之下只能仰慕他的高風亮節了。

江上丈人

江上丈人者，楚人也。楚平王以費無忌之讒殺伍奢〔1〕，奢子員亡，將奔吳〔2〕，至江上，欲渡無舟，而楚人購員甚急〔3〕，自恐不脫，見丈人得渡，因解所佩劍以與丈人，曰：「此千金之劍也，願獻之。」丈人不受，曰：「楚國之法，得伍胥者爵執珪、金千鎰〔4〕，吾尚不取，何用劍爲？」不受而別，莫知其誰。員至吳，爲相〔5〕，求丈人不能得，每食輒祭之，曰：「名可得聞而不可得見，其唯江上丈人乎？」

丈人遺俗，鼓枻江隈〔6〕。楚胥求濟，夜亂蘆漪〔7〕。

笑辭星劍，意進鮑魚〔8〕。匆匆戒別〔9〕，何用名爲。

【注釋】

〔1〕楚平王：原名棄疾，即位後改名熊居。楚共王之子，康王、靈王之弟。子圍弒其兄康王（名召）而立，是爲靈王。楚靈王十二年，棄疾用計殺靈王太子祿，立靈王弟子比爲王，子皙爲令尹，棄疾自爲司馬，而靈王自殺。《史記・楚世家》曰：「（棄疾）又使曼成然告初王（子比）及令尹子皙曰：『王至矣！國人將殺君，司馬將至矣！君蚤自圖，無取辱焉。眾怒如水火，不可救也。』初王及子皙遂自殺。丙辰，棄疾即位爲王，改名熊居，是爲平王。平王以詐弒兩王而自立，恐國人及諸侯叛之，乃施惠百姓。復陳、蔡之地而立其後如故，歸鄭之侵地。存恤國中，修政教。」以費無忌之讒殺伍奢：楚平王二年，使太子少傅費無忌入秦爲太子建娶妻，貌美，無忌勸平王自娶之，生熊珍。無忌無寵於太子建，遂讒惡之，太子太傅伍奢亦受牽累。《史記・楚世家》：「平王召其傅伍奢責之。伍奢知無忌讒，乃曰：『王奈何以小臣疏骨肉。』無忌曰：『今不制，後悔也。』於是王遂囚伍奢……乃令司馬奮揚召太子建，欲誅之。太子聞之，亡奔宋。無忌曰：『伍奢有二子，不殺者爲楚國患。盍以免其父召之，必至。』於是王使使謂奢：『能致二子則生，不能將死。』奢曰：『尚至，胥不至。』王曰：『何也？』奢曰：『尚之爲人，廉，死節，慈孝而仁，聞召而免父，必至，不顧其死。胥之爲人，智而好謀，勇而矜功，知來必死，必不來。然爲楚國憂者必此子。』於是王使人召之，曰：『來，吾免爾父。』伍尚謂伍胥曰：『聞父免而莫奔，不孝也；父戮莫報，無謀也；度能任事，智也。子其行矣，我其歸死。』伍尚遂歸。伍胥彎弓屬矢，出見使者，曰：

『父有何罪，以召其子爲？』將射，使者還走，遂出奔吳。伍奢聞之，曰：『胥亡，楚國危哉！』楚人遂殺伍奢及尚。」《史記・伍子胥列傳》略同。其事亦見《左傳・昭公二十年》。

〔2〕奢子員亡將奔吳：《史記・伍子胥列傳》：「伍子胥者，楚人也，名員。員父曰伍奢。員兄曰伍尚。其先曰伍舉，以直諫事楚莊王，有顯，故其後世有名於楚。」「伍胥既至宋，宋有華氏之亂，乃與太子建俱奔於鄭……鄭定公與子產誅殺太子建。建有子名勝。伍胥懼，乃與勝俱奔於吳。到昭關，昭關欲執之。伍胥遂與勝獨身步走，幾不得脫。追者在後。至江，江上有一漁父乘船，知伍胥之急，乃渡伍胥。伍胥既渡，解其劍曰：『此劍直百金，以與父。』父曰：『楚國之法，得伍胥者賜粟五萬石，爵執珪，豈徒百金劍邪！』不受。」

〔3〕購：懸賞徵求，以重金收買。《戰國策・韓策》：「韓取聶政屍暴於市，縣購之千金。」

〔4〕執珪：一作「執圭」，先秦楚國爵位名。圭以區分爵位等級，使執圭而朝，故名。《呂氏春秋・知分》：「荊王聞之，仕之執圭。」後亦泛指封爵。　鎰（yì）：古代重量單位，二十兩爲鎰，一說二十四兩爲鎰。《呂氏春秋》卷一〇《異寶》：「伍員亡荊，急求之，登太行而望鄭曰：『蓋是國也，地險而民多，知其主俗主也，不足與舉。』去鄭而之許，見許公而問所之，許公不應，東南向而唾，伍員載拜受賜曰：『知所之矣。』因如吳，過於荊，至江上欲涉，見一丈人刺小船方將漁，從而請焉。丈人度之絕江，問其名族，則不肯告，解其劍以予丈人，曰：『此千金之劍也，願獻之丈人。』丈人不肯受，曰：『荊國之法，得伍員者爵執圭、祿萬擔、金千鎰，昔者子胥過，吾猶不取，今我何以子之千金劍爲乎？』伍員過於吳，使人求之江上，則不能得也。每食必祭之，祝曰：『江上之丈人。』」

〔5〕爲相：《史記・伍子胥列傳》：「（吳王）闔廬既立，得志，乃召伍員以爲行人，而與謀國事。」伍員爲行人（職掌朝覲聘問），未爲國相。

〔6〕鼓枻江隈：在江上划船。枻（yì），槳。隈（wēi），山、水的彎曲處。

〔7〕亂：橫渡。《詩經・大雅・公劉》：「涉渭爲亂，取厲取鍛。」孔穎達疏：「水以流爲順，橫渡則絕其流，故爲亂。」朱熹集傳：「亂，舟之截流橫渡者也。」南朝齊謝朓《拜中軍記室辭隨王牋》：「東亂三江，西浮七澤。」宋曾鞏《刑部郎中張府君神道碑》：「府君遂亂江往慮之，二十人者得不

死。」明唐寅《中州覽勝序》：「北亂楊子，歷彭城，漸於淮海，抵大梁之墟。」

〔8〕意進鮑魚：《吳越春秋》卷一曰：「伍員與勝（太子建之子）奔吳，到昭關，關吏欲執之，伍員因詐曰：『上所以索我者，美珠也。今我已亡矣，將去取之。』關吏因舍之。與勝行去，追者在後，幾不得脫。至江，江中有漁父，乘船從下方泝水而上。子胥呼之，謂曰：『漁父渡我！』如是者再。漁父欲渡之，適會旁有人窺之，因而歌曰：『日月昭昭乎寖已馳，與子期乎蘆之漪。』子胥即止蘆之漪。漁父又歌曰：『日已夕兮，予心憂悲。月已馳兮，何不渡爲？事寖急兮，當奈何？』子胥入船，漁父知其意也，乃渡之千潯之津。子胥既渡，漁父乃視之有饑色，乃謂曰：『子俟我此樹下，爲子取餉。』漁父去後，子胥疑之，乃潛身於深葦之中。有頃，父來，持麥飯、鮑魚羹、盎漿，求之樹下，不見，因歌而呼之曰：『蘆中人，蘆中人，豈非窮士乎？』如是至再，子胥乃出蘆中而應。漁父曰：『吾見子有饑色，爲子取餉，子何嫌哉！』子胥曰：『性命屬天，今屬丈人，豈敢有嫌哉？』二人飲食畢，欲去，胥乃解百金之劍以與漁者：『此吾前君之劍，中有七星，價直百金，以此相答。』漁父曰：『吾聞楚之法令，得伍胥者賜粟五萬石，爵執圭，豈圖取百金之劍乎？』遂辭不受，謂子胥曰：『子急去勿留，且爲楚所得。』子胥曰：『請丈人姓字。』漁父曰：『今日凶凶，兩賊相逢。吾所謂渡楚賊也，兩賊相得，得形於默。何用姓字爲？子爲蘆中人，吾爲漁丈人，富貴莫相忘也。』子胥曰：『諾。』既去，誡漁父曰：『掩子之盎漿，無令其露。』漁父諾。子胥行數步，顧視漁者，已覆船自沉於江水之中矣。子胥默然，遂行。至吳，疾於中道，乞食溧陽。適會女子擊綿於瀨水之上，筥中有飯。子胥遇之，謂曰：『夫人可得一餐乎？』女子曰：『妾獨與母居，三十年未嫁，飯不可得。』子胥曰：『夫人賑窮途，少飯亦何嫌哉？』女子知非恒人，遂許之。發其簞筥，飯其盎漿，長跪而與之。子胥再餐而止。女子曰：『君有遠逝之行，何不飽而餐之？』子胥已餐而去，又謂女子曰：『掩夫人之壺漿，無令其露。』女子歎曰：『嗟乎！妾獨與母居三十年，自守貞明，不願從適，何宜？饋飯而與丈夫，越虧禮儀，妾不忍也。子行矣！』子胥行，反顧女子，已自投於瀨水矣。於乎！貞明執操，其丈夫女哉！」

〔9〕戒別：告戒而別。

【譯文】

　　江上丈人，是楚國人。楚平王聽信費無忌的讒言，殺害了太子太傅伍奢。伍奢的兒子伍員（子胥）逃亡將要到吳國，來到長江邊上，想渡江而沒有渡船，當時楚國懸賞而捕捉伍員的風聲很緊。伍員擔心自己很難脫身，遇見江上丈人才得以渡過長江，於是伍員解下自己佩帶的寶劍，贈送給江上丈人，說：「這把寶劍價值千金，我願意獻給丈人作爲報答。」江上丈人不接受，說：「按照楚國的法律，抓捕到伍胥的人，可以賜給執珪的爵位，得到一千鎰黃金，我尚且不要這些東西，要你的劍有什麼用處呢？」江上丈人不接受寶劍而離去，沒有人知道他叫什麼名字。伍員到了吳國，被拜爲國相，他多次尋訪江上丈人而沒有結果。每次吃飯前，伍員都要祭祝，說：「名字可以聽到卻無法親見其人，大概只有江上丈人了！」

　　江上丈人擺脫了世俗的牽累，在長江上划船。楚國的伍子胥奔亡逃命，想要渡江，江上丈人幫助他而得以夜晚在蘆葦蕩中渡過長江。江上丈人微笑著辭謝了伍子胥所贈寶劍，並且誠心誠意地給伍子胥送來麥飯鮑魚羹，以裹腹充饑。當時匆匆告戒分別，哪用得著告知姓名呢。

小臣稷

　　小臣稷者〔1〕，齊人也，抗厲希古〔2〕。桓公凡三往而不得見〔3〕。公歎曰：「吾聞布衣之士不輕爵祿則無以助萬乘之主〔4〕，萬乘之主不好仁義則無以下布衣之士〔5〕。」於是五往乃得見焉。桓公以此能致士〔6〕，爲五霸之長〔7〕。

　　小臣之稷，微爾齊氓〔8〕。巍崖獨拔〔9〕，苦節自貞。

　　君軒數過〔10〕，聊得瞻迎。區區管鮑〔11〕，何足班倫〔12〕。

【注釋】

〔1〕小臣稷：《韓非子》卷一五：「齊桓公時，有處士曰小臣稷。桓公三往而弗得見，桓公曰：『吾聞布衣之士，不輕爵祿無以易萬乘之主。萬乘之主，不好仁義亦無以下布衣之士。』於是五往乃得見之。」又，《呂氏春秋》卷一五所敘較爲周詳，曰：「齊桓公見小臣稷，一日三至弗得見。從者曰：『萬乘之主見布衣之士，一日三至而弗得見，亦可以止矣。』桓公曰：『不然，

士驚祿爵者固輕其主，其主驚霸王者亦輕其士。縱夫子驚祿爵，吾庸敢驚
霸王乎？』遂見之不可止。」

《太平御覽》卷五○九引嵇康《高士傳》：「小臣稷者，齊人，抗厲希古。
桓公三往而不得見，公曰：『吾聞士不輕爵祿，無以易萬乘之主；萬乘之
主不好仁義，無以下布衣之士。』於是五往，乃得見焉。」

〔2〕抗厲：高尚嚴正。《東觀漢記・逢蔭傳》：「少有大節，志意抗厲。」劉劭
《人物志・材理》：「抗厲之人，不能回撓。」　希古：仰慕古人。《文選・
嵇康〈幽憤詩〉》：「抗心希古，任其所尚。」呂延濟注：「希，慕也。言
舉心慕古人之道。」

〔3〕三往：去了三次。《呂氏春秋》卷一五作「一日三至弗得見」。

〔4〕爵祿：官爵祿利。萬乘：周制，天子地方千里，能出兵車萬乘，因以「萬
乘」指天子。古時一車四馬爲一乘。《孟子・梁惠王上》：「萬乘之國，弒其
君者，必千乘之家。」趙岐注：「萬乘，兵車萬乘，謂天子也。」後亦用「萬
乘」指能出兵車萬乘的大國。

〔5〕下：禮賢下士之謂。　布衣：平民，未做官之人。古代平民不能衣錦繡，
故稱。《荀子・大略》：「古之賢人，賤爲布衣，貧爲匹夫。」漢桓寬《鹽鐵
論・散不足》：「古者庶人耆老而後衣絲，其餘則麻枲而已，故命曰布衣。」
宋沈括《夢溪筆談・技藝》：「慶曆中，有布衣畢昇，又爲活板。」

〔6〕致士：招致賢士。《新序》卷五：桓公見小臣稷，「五往而後得見。天下聞
之，皆曰：『桓公猶下布衣之士，而況國君乎？』於是相率而朝，靡有不至。
桓公所以九合諸侯、一匡天下者，遇士於是也。《詩》云：『有覺德行，四
國順之。』桓公其以之矣。」

〔7〕五霸：即五伯，指春秋時的五個霸主。說法不一。一指春秋齊桓公、晉文
公、宋襄公、楚莊公、秦繆公。《呂氏春秋・當務》：「備說非六王五伯。」
高誘注：「齊桓、晉文、宋襄、楚莊、秦繆也。」一指齊桓公、晉文公、楚
莊公、吳王闔閭、越王句踐。《荀子・王霸》：「雖在僻陋之國，威動天下，
五伯是也……故齊桓、晉文、楚莊、吳闔閭、越句踐，是皆僻陋之國也，
威動天下，強殆中國。」一指齊桓公、宋襄公、晉文公、秦穆公、吳王夫
差。《漢書・諸侯王表》：「故盛則周、邵相其治，致刑錯；衰則五伯扶其弱，
與其守。」顏師古注：「伯，讀曰霸。此五霸謂齊桓、宋襄、晉文、秦穆、
吳夫差也。」諸說中，齊桓公皆爲之首。

〔8〕氓：人，平民。

〔9〕巍崖：謂性格孤高。

〔10〕軿（píng）：一種有帷幕的車子，多供婦女乘用。

〔11〕區區：小，少。形容微不足道。《左傳・襄公十七年》：「宋國區區，而有
　　詛有祝，禍之本也。」曹植《與司馬仲達書》：「今賊徒欲保於江表之城，
　　守區區之吳爾，無有爭雄於宇內、角勝於中原之志也。」

　　管鮑：春秋時管仲和鮑叔牙的並稱。兩人相知最深，後常用以比喻交誼深
　　厚的朋友。《史記・管晏列傳》：「管仲夷吾者，潁上人也。少時常與鮑叔牙
　　遊，鮑叔知其賢，管仲貧困，常欺鮑叔，鮑叔終善遇之，不以爲言。已而
　　鮑叔事齊公子小白，管仲事公子糾，及小白立，爲桓公，公子糾死，管仲
　　囚焉。鮑叔遂進管仲。管仲既用，任政於齊，齊桓公以霸，九合諸侯，一
　　匡天下，管仲之謀也。管仲曰：『吾始困時，嘗與鮑叔賈，分財利多自與，
　　鮑叔不以我爲貪，知我貧也。吾嘗爲鮑叔謀事而更窮困，鮑叔不以我爲愚，
　　知時有利不利也。吾嘗三仕三見逐於君，鮑叔不以我爲不肖，知我不遭時
　　也。吾嘗三戰三走，鮑叔不以我爲怯，知我有老母也。公子糾敗，召忽死
　　之，吾幽囚受辱，鮑叔不以我爲無恥，知我不羞小節而恥功名不顯於天下
　　也。生我者父母，知我者鮑子也。』鮑叔既進管仲，以身下之，子孫世祿
　　於齊，有封邑者十餘世，常爲名大夫。天下不多管仲之賢，而多鮑叔能知
　　人也。」又，《管子・小匡》有云：「桓公自莒反於齊，使鮑叔牙爲宰。鮑
　　叔辭曰：『臣，君之庸臣也，君有加惠於其臣，使臣不凍饑，則是君之賜也。
　　若必治國家，則非臣之所能也。其唯管夷吾乎！臣之所不如管夷吾者五：
　　寬惠愛民，臣不如也；治國不失秉，臣不如也；忠信可結於諸侯，臣不如
　　也；制禮義可法於四方，臣不如也；介胄執枹立於軍門，使百姓皆加勇，
　　臣不如也。夫管仲，民之父母也，將欲治其子，不可棄其父母。』公曰：『管
　　夷吾親射寡人，中鉤，殆於死，今乃用之，可乎？』鮑叔曰：『彼爲其君動
　　也，君若宥而反之，其爲君亦猶是也。』」

〔12〕班倫：平等、並列。

【譯文】

　　小臣稷，是齊國人，爲人高尚嚴正，仰慕古人。齊桓公三次前往拜訪都
沒有見到他。桓公歎息說：「我聽說布衣之士如果不輕視爵位和利祿，就無法
輔佐擁有萬乘戰車的君主；萬乘君主如果不講求仁愛和信義，就無法招徠布

衣之士。」因此五次前往拜訪，才得以見到了小臣稷。齊桓公因此能招致賢能之士，遂成爲「春秋五霸」之首。

　　小臣稷是齊國一個普普通通的百姓，卻能夠品行傑特、出眾離倫，又能堅貞自守。齊桓公多次親往，才得以與小臣稷見一面。微不足道的管仲、鮑叔，哪能和小臣稷相提並論呢！

弦　高

　　弦高者，鄭人也。鄭穆公時，高見鄭爲秦、晉所逼，乃隱不仕，爲商人。及晉文公之返國也〔1〕，與秦穆公伐鄭〔2〕，圍其都。鄭人私與秦盟〔3〕，而晉師退。秦又使大夫杞子等三人戍鄭③，居三年。晉文公卒，襄公初立。秦穆公方強，使百里、西乞、白乙帥師襲鄭〔4〕，過周及滑〔5〕④，鄭人不知。時高將市於周〔6〕，遇之，謂其友蹇他曰〔7〕：「師行數千里，又數經諸侯之地，其勢必襲鄭。凡襲國者，以無備也。示以知其情也，必不敢進矣。」於是乃矯鄭伯之命〔8〕，以十二牛犒秦師〔9〕，且使人告鄭爲備。杞子亡奔齊⑤。孟明等返，至都〔10〕，晉人要擊，大破秦師〔11〕。鄭於是賴高而存。鄭穆公以存國之賞賞高〔12〕，而高辭曰：「詐而得賞，則鄭國之政廢矣。爲國而無信，是敗俗也。賞一人而敗國俗，智者不爲也。」遂以其屬徙東夷〔13〕，終身不返。

　　弦公鄭寶，託迹遷賈〔14〕。秦穆揚兵，於周邂迕〔15〕。

　　矯命犒師，陰抒國禍〔16〕。辭賞居夷，飄焉弗顧。

【注釋】

〔1〕晉文公之返國也：晉文公，名重耳，獻公之子。《左傳・莊公二十八年》曰：「晉獻公娶於賈，無子。烝於齊姜，生秦穆夫人及太子申生。又娶二女於戎，大戎狐姬生重耳，小戎子生夷吾。」晉內亂，重耳流亡十九年，至僖公二十四年返國，「壬寅，公子入於晉師。丙午，入於曲沃，丁未，朝於武宮。戊申，使殺懷公於高梁」，即君位，是爲晉文公。事見《左傳》莊公二十八年、僖公二十三年、僖公二十四年，《史記・晉世家》等。

〔2〕與秦穆公伐鄭：《左傳・僖公二十三年》曰：重耳流亡，「及鄭，鄭文公亦不禮焉。叔詹諫曰：『臣聞天之所啓，人弗及也。晉公子有三焉，天其或者將建儲，君其禮焉！男女同姓，其生不蕃。晉公子，姬出也，而至於今，

一也。離外之患，而天不靖晉國，殆將啓之，二也。有三士，足以上人，而從之，三也。晉、鄭同儕，其過，子弟固將禮焉，況天之所啓乎！』弗聽。」重耳復國之後，因鄭之無禮，出兵伐之。同書僖公三十年曰：「九月甲午，晉侯、秦伯圍鄭，以其無禮於晉，且貳於楚也。晉軍函陵，秦軍氾南。」圍攻鄭國。

〔3〕鄭人私與秦盟：鄭伯派遣燭之武縋城而出，夜見秦穆公，說以利害而結盟。事見《左傳・僖公三十年》：「九月甲午，晉侯、秦伯圍鄭，以其無禮於晉，且貳於楚也。晉軍函陵，秦軍氾南。佚之狐言於鄭伯曰：『國危矣，若使燭之武見秦君，師必退。』公從之。辭曰：『臣之壯也，猶不如人，今老矣，無能爲也已。』公曰：『吾不能早用子，今急而求子，是寡人之過也。然鄭亡，子亦有不利焉。』許之。夜縋而出，見秦伯，曰：『秦、晉圍鄭，鄭既知亡矣。若鄭亡而有益於君，敢以煩執事。越國以鄙遠，君知其難也，焉用亡鄭以陪鄰？鄰之厚，君之薄也。若舍鄭以爲東道主，行李之往來，共其乏困，君亦無所害。且君嘗爲晉君賜矣，許君焦、瑕，朝濟而夕設版焉，君之所知也。夫晉何厭之有？既東封鄭，又欲肆其西封，若不闕秦，將焉取之？闕秦以利晉，唯君圖之。』秦伯說，與鄭人盟，使杞子、逢孫、楊孫戍之，乃還。」

〔4〕百里：百里孟明視，百里奚之子。　西乞：西乞術。　白乙：白乙丙。《左傳・僖公三十二年》：「杞子自鄭使告於秦曰：『鄭人使我掌其北門之管，若潛師以來，國可得也。』……召孟明、西乞、白乙，使出師於東門之外。」

〔5〕滑：古國名。姬姓。建都於滑（今河南睢縣西北），後遷都於費（今河南偃師西南）。公元前 627 年滅於秦。

〔6〕市：交易，做買賣。

〔7〕蹇他：與弦高共同經商之人。《淮南子・人間訓》高誘注說「蹇他，弦高之黨」。《淮南子・人間訓》曰：「秦穆公使孟盟舉兵襲鄭。過周以東，鄭之賈人弦高、蹇他相與謀曰：『師行數千里，數絕諸侯之地，其勢必襲鄭。凡襲國者以爲無備也。今示以知其情，必不敢進。』乃矯鄭伯之命，以十二牛勞之。三率相與謀曰：『凡襲人者，以爲弗知。今已知之矣，守備必固，進必無功。』乃還師而反。」

〔8〕矯：假託，詐稱。《墨子・非命》：「夏人矯天命。」

〔9〕以十二牛犒秦師：《左傳‧僖公三十三年》：秦師「及滑，鄭商人弦高將市於周，遇之，以乘韋先，牛十二犒師，曰：『寡君聞吾子將步師出於敝邑，敢犒從者。不腆敝邑，爲從者之淹，居則具一日之積，行則備一夕之衛。』且使遽告於鄭。鄭穆公使視客館，則束載、厲兵、秣馬矣。使皇武子辭焉，曰：『吾子淹久於敝邑，唯是脯資、餼牽竭矣，爲吾子之將行也，鄭之有原圃，猶秦之有具囿也，吾子取其麋鹿，以間敝邑，若何？』杞子奔齊，逢孫、楊孫奔宋。孟明曰：『鄭有備矣，不可冀也。攻之不克，圍之不繼，吾其還也。』滅滑而還。」乘韋，四張熟牛皮。古代致送禮物，均先以輕物爲引，而後致送重物。

〔10〕都：諸侯子弟、卿、大夫設有祖廟、經常居留的城邑。《左傳‧莊公二十八年》：「凡邑有宗廟先君之主曰都。」又，同書僖公三十二年，「召孟明、西乞、白乙，使出師於東門之外。蹇叔哭之，曰：『孟子，吾見師之出而不見其入也。』公使謂之曰：『爾何知？中壽，爾墓之木拱矣。蹇叔之子與師，哭而送之，曰：『晉人禦師必於殽，殽有二陵焉。其南陵，夏后皋之墓也；其北陵，文王之所辟風雨也。必死是間，余收爾骨焉！』」

〔11〕晉人要擊，大破秦師：要，攔截。《左傳‧僖公三十二年》曰：「冬，晉文公卒。庚辰，將殯於曲沃，出絳，柩有聲如牛。卜偃使大夫拜，曰：『君命大事。將有西師過軼我，擊之，必大捷焉。』三十三年，「晉原軫曰：『秦違蹇叔，而以貪勤民，天奉我也。奉不可失，敵不可縱。縱敵患生，違天不祥，必伐秦師。』欒枝曰：『未報秦施而伐其師，其爲死君乎？』先軫曰：『秦不哀吾喪而伐吾同姓，秦則無禮，何施之爲？吾聞之，一日縱敵，數世之患也。謀及子孫，可謂死君乎？』遂發命，遽興姜戎。子墨衰絰，梁弘禦戎，萊駒爲右。夏四月辛巳，敗秦師於殽，獲百里孟明視、西乞術、白乙丙以歸。遂墨以葬文公，晉於是始墨。」《淮南子‧人間訓》曰：「乃還師而反。晉先軫舉兵擊之，大破之殽。」

〔12〕鄭穆公以存國之賞賞高：存國，保存國家。《淮南子‧人間訓》曰：「鄭伯乃以存國之功賞弦高，弦高辭之曰：『誕而得賞，則鄭國之信廢矣。爲國而無信，是敗俗也。賞一人敗國俗，仁者弗爲也。以不信得厚賞，義者弗爲也。』遂以其屬徙東夷，終身不反。」

〔13〕東夷：古代對中國中原以東各族的統稱。《禮記‧曲禮下》：「其在東夷、北狄、西戎、南蠻，雖大曰貢子。」郭沫若《中國古代社會研究》第二編序

說：「河北、山西的北部是所謂北狄，陝西的大部分是所謂西戎，黃河的下游是所謂東夷。」

〔14〕遷賈：商賈。遷，遷移，遷徙。古人有「行商坐賈」一說。

〔15〕邂迕：不期而遇。迕（wǔ），接觸，相遇。

〔16〕陰抒國禍：暗中排解了國家的禍難。抒，通「紓」，解除。

【譯文】

　　弦高，是鄭國人。鄭穆公時，弦高看到鄭國被秦國和晉國經常威脅，於是隱居不仕，做起了商人。等到晉文公回國以後，晉文公遂聯合秦穆公攻打鄭國，包圍了鄭國國都。鄭國私下與秦國結盟，而晉軍只好撤退了。秦國又派其大夫杞子、逢孫、楊孫三人戍守鄭國，居住了三年。晉文公去世後，襄公剛即位。當時，秦穆公統治下的秦國勢力強大，遂派百里孟明視、西乞術、白乙丙三將軍率領秦軍偷襲鄭國，經過周朝和滑國，而鄭國人尚且不知道消息。當時，弦高正好到周朝經商，偶然遇到秦軍，他對友人蹇他說：「行軍幾千里，並且經過幾個諸侯國的地盤，看其來勢一定是偷襲鄭國。凡是偷襲他國者，都乘對方沒有準備。現在如果讓秦軍知道鄭國已經瞭解了這一情況，秦軍就一定不敢再進軍了。」於是假託鄭國國君的命令，用十二頭牛犒勞秦軍，並且暗地裏派人將這一消息告訴鄭國，作好防禦準備。戍守於鄭國的秦大夫杞子逃往齊國，百里孟明視等人遂率軍返回，都達殽時，晉軍攔截伏擊，大敗秦軍。鄭國由於依靠了弦高的愛國行為才得以保全。鄭穆公以保存國家的獎賞而賞賜弦高，弦高推辭說：「因為欺詐敵軍而得到獎賞，則使得鄭國的國政為之廢弛；為了國家利益而不講信義，那就敗壞了風俗。因為獎賞一個人而敗壞了一國的風俗，那是智慧之人不願做的事情。」於是帶著他的手下人遷往東方，終身再沒有回過鄭國。

　　弦高實乃鄭國之瑰寶，作為商人而暫託行迹。當秦穆公發兵襲鄭國之時，弦高在周朝不期而遇秦軍，遂假傳鄭穆公之命而犒勞秦軍，暗中解除了鄭國之難。弦高辭謝鄭伯的賞賜，飄然離去，居於東夷之地，而毫不顧惜。

商　容

　　商容〔1〕，不知何許人也，有疾，老子曰：「先生無遺教以告弟子乎〔2〕？」容曰：「將語子：過故鄉而下車，知之乎？」老子曰：「非

謂不忘故耶？」容曰：「過喬木而趨〔3〕，知之乎？」老子曰：「非謂其敬老耶？」容張口曰：「吾舌存乎？」曰：「存。」「吾齒存乎？」曰：「亡〔4〕。」「知之乎？」老子曰：「非謂其剛亡而弱存乎？」容曰：「嘻！天下事盡矣。」

商容大道，聃也之師。形將蛻化〔5〕，教庶瓊遺〔6〕。

三言甚寡，萬務何餘。喜編後授〔7〕，屢發其規。

【注釋】

〔1〕商容：傳說中殷紂時期的賢人。《淮南鴻烈集解》卷一〇：「故聖人之舉事也，進退不失時。若夏就絺綌，上車授綏之謂也。老子學商容，見舌而知守柔矣。」高誘注：「商容，神人也。商容吐舌，示老子，老子知舌柔齒剛。」《太平御覽》卷五〇九引嵇康《高士傳》：「商容，不知何許人也。有疾，老子曰：『先生無遺教以告弟子？』商容曰：『將語子。過故鄉而下車，知之乎？』老子曰：『非謂不忘故耶？』容曰：『過喬木而趨，知之乎？』老子曰：『非謂其敬老耶？』容張口曰：『吾舌存乎？』曰：『存。』『吾齒存乎？』曰：『亡。』『知之乎？』老子曰：『非爲其剛亡而弱存乎？』容曰：『嘻！天下事盡矣！』」

〔2〕遺教：臨終的教誨，遺命。《說苑‧敬愼》：「常摐有疾，老子往問焉，曰：『先生疾甚矣，無遺教可以語諸弟子者乎？』常摐曰：『子雖不問，吾將語子。』常摐曰：『過故鄉而下車，子知之乎？』老子曰：『過故鄉而下車，非謂其不忘故耶？』常摐曰：『嘻，是已。』常摐曰：『過喬木而趨，子知之乎？』老子曰：『過喬木而趨，非謂敬老耶？』常摐曰：『嘻，是已。』張其口而示老子，曰：『吾舌存乎？』老子曰：『然。』『吾齒存乎？』老子曰：『亡。』常摐曰：『子知之乎？』老子曰：『夫舌之存也，豈非以其柔耶？齒之亡也，豈非以其剛耶？』常摐曰：『嘻，是已。天下之事已盡矣，無以復語子哉！』」

〔3〕喬木：木名。《文選‧任昉〈王文憲集序〉》李善注引《尙書大傳》：「伯禽與康叔朝於成王，見乎周公，三見而三笞之。二子有駭色，乃問於商子曰：『吾二子見於周公，三見而三笞，何也？』商子曰：『南山之陽有木名橋，南山之陰有木名梓，二子盍往觀焉。』於是二子往觀之，見橋木高而仰，見梓木晉而俯。反以告商子。商子曰：『橋者，父道也；梓者，子道也。』」

後因稱父子為「橋梓」。此處喬木指代長者。　趨：指低頭彎腰、小步快走，
表示恭敬的一種行走姿式。《論語·子罕》：「子見齊衰者、冕衣裳者與瞽者，
雖少，必作；過之，必趨。」

〔4〕亡：無，沒有。

〔5〕蛻化：道教謂人死亡解脫成仙，後亦泛指死亡。宋周密《癸辛雜識別集·
楊髡發陵》：「嘗聞有道之士能蛻骨而仙，未聞併骨而蛻化者，蓋天人也。」
明代王寵《旦發胥口經湖中瞻眺》詩：「仙人蛻化處，千載空芙蓉。」

〔6〕教庶：教化百姓。庶，眾庶。　瓊遺：寶貴的遺言。

〔7〕喜編後授：關令尹喜編纂其遺言而傳授於後世。

【譯文】

商容，不知是什麼地方人。商容病重時，老子說：「先生沒有什麼遺言要
告訴弟子嗎敘」商容說：「正準備要告訴你：經過故鄉時一定要下車，知道嗎？」
老子說：「是不是說不要忘記故鄉？」商容說：「經過長者所居之地要小步快
走而過，知道嗎？」老子說：「是不是說要尊敬老人？」商容張開嘴巴，說：
「我的舌頭還在嗎？」老子說：「在」。商容說：「我的牙齒還在嗎？」老子說：
「不在了。」商容說：「你明白了嗎？」老子說：「是不是說剛強容易毀壞，
而柔弱才易保存？」商容說：「好了，天下事物的道理你都明白了。」

商容深知至高無上的大道，是老聃的老師。在他將要去世時，傳下教化
眾生的寶貴遺言。所遺留的三句話雖然很少，但可以囊括天下萬事。後來，
關令尹喜編纂遺言傳授後世，屢屢可以發揮其不變的法則。

老子李耳

老子李耳〔1〕，字伯陽，陳人也〔2〕。生於殷時，為周柱下史〔3〕。好
養精氣，貴接而不施，轉為守藏史〔4〕。積八十餘年，《史記》云「二百
餘年〔5〕」，時稱為隱君子〔6〕，諡曰聃〔7〕。仲尼至周，見老子，知其聖
人，乃師之〔8〕。後，周德衰，乃乘青牛車去，入大秦，過西關〔9〕。關
令尹喜望氣先知焉〔10〕，乃物色遮候之〔11〕。已而老子果至，乃強使著書，
作《道德經》五千餘言，為道家之宗。以其年老，故號其書為《老子》。

伯陽聖老，人貌天行〔12〕。壽經億代，道冠群生。

龍稱禮得〔13〕，牛候書成〔14〕。西關度迹，玄化冥冥。

【注釋】

〔1〕老子李耳：《史記・老莊申韓列傳》：「老子者，楚苦縣厲鄉曲仁里人也。姓李氏，名耳，字伯陽，謚曰聃。」劉向《列仙傳》卷上《老子》曰：「老子，姓李名耳字伯陽，陳人也。生於殷時，為周柱下史。好養精氣，貴接而不施。轉為守藏史，積八十餘年。《史記》云『二百餘年』，時稱為隱君子，謚曰聃。仲尼至周，見老子，知其聖人，乃師之。後周德衰，乃乘青牛車去，入大秦，過西關，關令尹喜待而迎之，知真人也，乃強使著書，作《道德經》上下二卷。」

《史記・老莊申韓列傳》司馬貞《索隱》引嵇康《高士傳》：「良賈深藏，外形若虛；君子盛德，容貌若不足。」

〔2〕陳人：《史記・老莊申韓列傳》裴駰《集解》曰：「案《地理志》曰：苦縣，屬陳國。」司馬貞《索隱》：「《地理志》誤也。苦縣本屬陳，春秋時楚滅陳，而苦又屬楚，故云楚苦縣。至高帝十一年，立淮陽國，陳縣、苦縣皆屬焉。裴氏所引不明。見苦縣在陳縣下，因云苦屬陳。今檢《地理志》，苦縣實屬淮陽郡。苦，音怙。」

〔3〕柱下史：周秦官職。《史記・張丞相列傳》：張蒼「秦時為御史，主柱下方書。」裴駰《集解》說：「秦以上置柱下史，（張）蒼為御史主其事。」司馬貞《索隱》說：「周秦皆有柱下史，為御史也。所掌及侍立，恒在殿柱之下，故老聃為周柱下史，今（張）蒼在秦代亦居斯職。」

〔4〕守藏史：《史記・老莊申韓列傳》：「周守藏室之史也。」司馬貞《索隱》：「按，藏室史，乃周藏書室之史也。又《張湯傳》『老子為柱下史』，即藏室之柱下，因以為官名。」

〔5〕二百餘年：《史記・老莊申韓列傳》：「蓋老子百有六十餘歲，或言二百餘歲。」

〔6〕隱君子：《史記・老莊申韓列傳》：「周太史儋見秦獻公曰：『始秦與周合而離，離五百歲而復合，合七十歲而霸王者出焉。』或曰儋即老子，或曰非也。世莫知其然否。老子，隱君子也。」

〔7〕謚：封建時代在人死後，按其生前事跡評定褒貶所給予的稱號。帝王之謚，由禮官議上；臣下之賜，由朝廷賜予；私謚，由親屬、朋友或門人給予。　聃：耳長。相傳老子耳長七寸，即以其形體特點而為謚。

〔8〕知其聖人乃師之：孔子知道老子為聖人，於是拜老子為師。《史記・老莊申韓列傳》：「孔子適周，將問禮於老子。老子曰：『子所言者，其人與骨皆已

朽矣，獨其言在耳。且君子得其時則駕，不得其時則蓬累而行。吾聞之良賈深藏若虛，君子盛德，容貌若愚。去子之驕氣與多欲，態色與淫志，是皆無益於子之身。吾所以告子若是而已。』孔子去，謂弟子曰：『鳥，吾知其能飛；魚，吾知其能游；獸，吾知其能走。走者可以爲網，遊者可以爲綸，飛者可以爲矰。至於龍，吾不能知，其乘風雲而上天。吾今日見老子，其猶龍邪！』」

〔9〕西關：一說爲函谷關，一說爲散關。《史記・老莊申韓列傳》：「老子修道德，其學以自隱無名爲務。居周久之，見周之衰，乃遂去。至關，關令尹喜曰：『子將隱矣，強爲我著書。』於是老子乃著書上下篇，言道德之意五千餘言而去，莫知其所終。」司馬貞《索隱》：「李尤《函谷關銘》云尹喜要老子留作二篇，而崔浩以尹喜又爲散關令，是也。」張守節《正義》謂：「《抱朴子》云：老子西遊，遇關令尹喜於散關，爲喜著《道德經》一卷。」散關，在岐州陳倉縣東南五十二里。函谷關，在陝州桃林縣西南十二里。

〔10〕關令尹喜：《太平御覽》卷五〇九引嵇康《高士傳》：「關令尹喜，州大夫也。善內學、星辰、服食。老子西遊，喜先見氣，物色遮之，果得老子。老子爲著書。因與老子俱之流沙西，服巨勝實，莫知所終。」　望氣：古代方士的一種占候術。觀察雲氣以預測吉凶。《墨子・迎敵》：「凡望氣，有大將氣，有小將氣，有往氣，有來氣，有敗氣，能得明此者，可知成敗吉凶。」《藝文類聚》卷七八引《關令內傳》：「未至九十日，關令登樓四望，見東極有紫氣西邁，喜曰：『夫陽氣盡，九星宿值，合歲月並王，復九十日之外，法應有聖人經過京邑。』至期乃齋戒，其日果見老子。」

〔11〕物色：訪求，尋找，挑選。遮候：攔路等待。劉向《列仙傳・關令尹》：「關令尹喜者，周大夫也。善內學，常服精華，隱德修行，時人莫知。老子西遊，喜先見其氣，知有眞人當過，物色而遮之，果得見老子。老子亦知其奇，爲著書授之。後與老子俱遊流沙化胡，服苣勝實，莫知其所終。尹喜亦自著書九篇，號曰《關令子》。」又，《太平御覽》卷九〇〇引《關中記》曰：「周元年，老子之度關，令尹喜先勑門吏曰：『有老公從東來，乘青牛薄板車者，勿聽過關。』其日，果見老公乘青牛車求度。關吏入白之，喜曰：『諾！道今來矣，我見聖人矣！』即帶印綬出迎，設弟子之禮。」

〔12〕人貌天行：形體、相貌與天道相應。《藝文類聚》卷七八引《神仙傳》說：
「其母感大星而有娠，雖受氣於天，然生於李家，猶以李爲姓。又云其母
懷之八十一歲，乃生，生時剖其母左腋出，出而白首，故謂之老子云……
老子黃色美眉，廣顙長耳，大目疏齒，方口厚唇，額有參牛達理，日角月
庭，鼻骨雙柱，耳有三門，足蹈三五，手把十文，以周武王時爲柱下史，
時俗見其久壽，故號之老子。」

〔13〕龍稱禮得：孔子問道於老子，稱老子如蒼龍。參見注釋〔8〕。

〔14〕牛候書成：謂老子乘青牛至函谷關，著《道德經》而西去。

【譯文】

老子李耳，字伯陽，陳人。他出生於商朝統治時，在周朝作了柱下史。
老子喜好蓄養精氣，注重接納積蓄而不施放，後來又任守藏史。老子共活了
八十多歲，《史記》說活了二百多歲，當時人們稱他爲「隱君子」，謚號爲
「聃」。孔子來到周朝，見到老子，知道這是一位聖人，便拜爲老師。周朝
衰落後，老子乘坐青牛車離開周朝，來到秦國。經過西關（指函谷關）時，
守關令尹喜占候雲氣而知道老子將西出函谷關，於是派人訪求、攔路守候。
不久，老子果然來到，於是關令尹喜強行請求老子著書立說，老子因而寫作
了五千言《道德經》，成爲道家的經典著作。因爲老子年老，所以把這本書
就叫做《老子》。

李耳是一個具有大聖品德的老者，他的形體和相貌與天道運行相應。千
秋萬代，老子之道仍然裨益人間眾生。孔子稱讚老子如蒼龍能乘風雲而上天。
老子停居函谷關，修《道德經》書成，乘青牛西行而去。函谷關仍有老子出
關的遺迹，他的高深精湛之道冥冥漠漠，牢籠天地。

庚桑楚

庚桑楚者〔1〕，楚人也，老聃弟子，偏得老聃之道〔2〕，以北居畏
壘之山〔3〕。其居三年，畏壘大穰〔4〕⑥。畏壘之民相與言曰：「庚桑子
之始來，吾灑然異之〔5〕。今吾日計之而不足，歲計之而有餘。庶幾其
聖人乎〔6〕？子胡不相與尸而祝之〔7〕、社而稷之乎〔8〕？」庚桑子聞
之，南面而不釋然〔9〕。弟子異之，庚桑子曰：「弟子何異於予？夫春
氣發而百草生，正得秋而萬寶成〔10〕。夫春與秋，豈無得而然哉？天

道已行矣。吾聞至人尸居環堵之室〔11〕，而百姓猖狂不知所如往〔12〕。今以畏壘之細民〔13〕，而竊竊焉欲俎豆予於賢人之間〔14〕，我其杓之人邪〔15〕？吾是以不釋於老聃之言〔16〕。」

　　庚桑耳役〔17〕，畫去絜遠〔18〕。息意三年，風尊翠巘。

　　俎豆不樂，形生自晏〔19〕。賢知明揚，世心何淺。

【注釋】

〔1〕庚桑楚：姓庚桑，名楚。《列子·黃帝篇》作「亢倉子」。
　　《莊子·庚桑楚》曰：「老聃之役，有庚桑楚者，偏得老聃之道。以北居畏壘之山。其臣之畫然知者去之，其妾之絜然仁者遠之；擁腫之與居，鞅掌之爲使。居三年，畏壘大穰。畏壘之民相與言曰：『庚桑子之始來，吾灑然異之。今吾日計之而不足，歲計之而有餘。庶幾其聖人乎？子胡不相與尸而祝之，社而稷之乎？』庚桑子聞之，南面而不釋然。弟子異之，庚桑子曰：『弟子何異於予？夫春氣發而百草生，正得秋而萬寶成。夫春與秋，豈無得而然哉？大道已行矣！吾聞至人尸居環堵之室，而百姓猖狂不知所如往。今以畏壘之細民，而竊竊焉欲俎豆予於賢人之間，我其杓之人邪？吾是以不釋於老聃之言。』」

〔2〕偏得：獨得。謂得之最多。《莊子·庚桑楚》「有庚桑楚者，偏得老聃之道」成玄英疏：「老君大聖，弟子極多，門人之中，庚桑楚最勝，故稱偏得也。」

〔3〕畏壘：疊韻連綿字，不平的樣子。山名，成玄英《莊子疏》說在魯國，亦可能是莊子虛構的山名。

〔4〕大穰：大熟，豐收。穰（ráng）：莊稼豐熟。

〔5〕灑然：形容神氣一下子清爽或病痛頓時消失。明何景明《七述》：「是則何如胎簪子灑然陽氣見於面，病若脫而瘳者。」《二刻拍案驚奇》卷三三：「司理先把符來試掛，果然女病灑然。」

〔6〕庶幾：也許可以，差不多，表示希望或揣測。《孟子·梁惠王下》：「王之好樂甚，則齊國其庶幾乎！」

〔7〕尸而祝之：以其爲尸主而敬奉之。尸，主，祭祀時受祭的人。

〔8〕社而稷之：以其爲社神來祭祀之。社，土地之神。稷，谷神。《左傳·昭公二十九年》：「周棄亦爲稷，自商以來祀之。」

〔9〕南面：古代以坐北朝南爲尊位，故帝王諸侯見群臣，或卿大夫見僚屬，

皆面向南而坐，因以指居帝王、諸侯或卿大夫之位。《周易・說卦》：「聖
人南面而聽天下，向明而治。」《論語・雍也》：「子曰：雍也可使南面。」
釋然：喜悅貌。不釋然：不愉快，耿耿於懷，介蒂於心。《莊子・齊物論》：
「南面而不釋然，其故何也」成玄英疏：「釋然，怡悅貌也。」宋・司馬
光《論財利疏》：「一朝京師得雨，遠方未遍，則君臣釋然相慶，不復以
民食爲念。」

〔10〕正得秋：謂得正秋之時，與「春氣發」相儷對。　萬寶：各種作物的果
實。《莊子・庚桑楚》「正得秋而萬寶成」陸德明釋文：「天地以萬物爲寶，
至秋而成也。」《隋書・音樂志上》：「允茲金德，裁成萬寶。」清姚鼐《渡
淮》詩：「西成未爲惡，苦被飛蝗惱。連村撲未盡，何以實萬寶。」

〔11〕尸居：安居。尸，像屍體一樣。《論語・鄉黨》：「寢不尸。」　環堵之室：
方丈小室。環堵，四周環著每面方丈的土牆，形容居室的隘陋。

〔12〕猖狂：肆意橫行，此處謂隨心所欲。　不知所如往：不知所依歸，謂優遊
自在。如，往，歸依。

〔13〕細民：小民，平民。《晏子春秋・諫下二十》：「遂欲滿求，不顧細民，非存
之道。」

〔14〕俎豆：謂祭祀，奉祀。俎，切肉之几案；豆，盛脯之器具；皆禮器也。《論
語・衛靈公》：「俎豆之事則嘗聞之矣，軍旅之事未之學也。」唐柳宗元《遊
黃溪記》：「以爲有道，死乃俎豆之，爲立祠。」

〔15〕杓：通「的」（dì），標準，準則。

〔16〕不釋：不安心。釋，通「懌」（yì），喜悅，高興。

〔17〕耳：老子李耳。　役：學徒弟子。

〔18〕畫去挈遠：即《莊子・庚桑楚》所說：「其臣之畫然知者去之，其妾之絜然
仁者遠之；擁腫之與居，鞅掌之爲使。」意謂：他的僕人中有炫耀聰明的
被辭去，他的侍女中有矜持仁義的被疏遠；鈍樸的和他一起，勞動的留下
供驅使。

〔19〕晏：安然。

【譯文】

　　庚桑楚，是楚國人，是老子的弟子，獨得老子之道。庚桑楚居住在畏壘
山三年，畏壘山一帶糧食獲得大豐收。畏壘山的百姓互相說：「庚桑楚剛來

的時候，我對他感詫異。現在我以短暫的時日來看他便覺得不足，以長遠的歲月來看他卻認為有餘。庚桑楚差不多是聖人了罷。你為什麼不一起來推舉庚桑楚為主來敬奉，把他當作社神來祭祀呢？」庚桑楚聽說後，將要讓他南面為君，心裏很不高興，弟子們覺得十分驚奇。庚桑楚說：「你們對我有什麼詫異的呢？春氣勃發而百草生長，正逢秋天而萬物成熟。春天和秋天，難道無緣無故就會這樣嗎？乃是自然天道在運行呢！我聽說至人安居於方丈之室，而百姓隨心所欲而優遊自在。而現在畏壘的百姓暗地要都有心要把我置於聖人之間，我難道是引人注目的人嗎？面對老子的教誨，我因此感到很不安心。」

庚桑楚是老耼的弟子，把炫耀聰明的僕人辭去，把矜持仁義的侍女疏遠。在畏壘山居住三年之後，風調雨順，平安祥和。庚桑楚不願意被置於聖賢之間，喜歡平靜安定、身心自適的生活。賢人是知道聲名顯揚於世的弊端的，世人的心智是何等的淺薄啊。

老萊子

老萊子者，楚人也。當時世亂，逃世，耕於蒙山之陽〔1〕。莞葭為牆〔2〕，蓬蒿為室，枝木為床，著艾為席〔3〕，飲水食菽〔4〕，墾山播種。人或言於楚王，王於是駕至萊子之門〔5〕。萊子方織畚〔6〕，王曰：「守國之政，孤願煩先生。」老萊子曰：「諾。」王去。其妻樵還，曰：「子許之乎？老萊曰：「然」。妻曰：「妾聞之：可食以酒肉者〔7〕，可隨而鞭箠〔8〕；可擬以官祿者〔9〕，可隨而鈇鉞〔10〕。妾不能為人所制者。」妻投其畚而去，老萊子亦隨其妻，至於江南而止，曰：「鳥獸之毛，可績而衣〔11〕，其遺粒足食也。」仲尼嘗聞其論，而蹵然改容焉〔12〕。著書十五篇，言道家之用。人莫知其所終也。

楚萊避紛，蒙陽寄耜〔13〕。草宮木榻，水菽怡志〔14〕。

駕屈楚君，經綸將貽〔15〕。內贊遐謀〔16〕，相攜遠逝。

【注釋】

〔1〕蒙山：蒙山有多處，楚之蒙山當在荊州。《明一統志》卷六〇「興都」條：
　　「蒙山，在荊門州治西，兩巒對起，如峨眉。舊名泉子山，山麓有二泉，

即蒙、惠泉。上有澄源閣、信美浴沂、浮香、潛玉、瀨玉五亭，皆遊憩之所。」《大清一統志》卷二六五「安陸府」曰：「蒙山，在荊門州西一里，一名象山，一名硤石山，又名泉子山……《州志》：山半有陸九淵講經臺。」劉向《列女傳・賢明》「楚老萊妻」條：「萊子逃世，耕於蒙山之陽。葭牆蓬室，木床蓍席，衣縕食菽，墾山播種。人或言之楚王曰：『老萊，賢士也。王欲聘以璧帛，恐不來。』楚王駕至老萊之門，老萊方織畚，王曰：『寡人愚陋，獨守宗廟，願先生幸臨之。』老萊子曰：『僕，山野之人，不足守政。』王復曰：『守國之孤，願變先生之志。』老萊子曰：『諾。』王去，其妻戴畚萊，挾薪樵而來，曰：『何車迹之眾也？』老萊子曰：『楚王欲使吾守國之政。』妻曰：『許之乎？』曰：『然。』妻曰：『妾聞之：可食以酒肉者，可隨以鞭捶；可授以官祿者，可隨以鈇鉞。今先生食人酒肉，受人官祿，為人所制也，能免於患乎？妾不能為人所制。』投其畚萊而去。老萊子曰：『子還，吾為子更慮。』遂行不顧。至江南而止，曰：『鳥獸之解毛，可績而衣之；據其遺粒，足以食也。』老萊子乃隨其妻而居之。民從而家者一年成落，三年成聚。君子謂老萊妻果於從善。《詩》曰：『衡門之下，可以棲遲。泌之洋洋，可以療饑。』此之謂也。」

〔2〕莞（guān）：蒲草，莖細，可編席子，俗名席子草。　葭：初生的蘆葦。

〔3〕蓍艾（shī ài）：蓍草，又名鋸齒草，多年生直立草本。艾，又名艾蒿，多年生草本。

〔4〕菽（shū）：大豆，泛指豆類。亦指最平凡的食品。

〔5〕駕至：乘車乘而至。駕，車乘。

〔6〕畚（běn）：用草或竹篾編成的盛器，即畚箕。

〔7〕食（sì）：給人吃，餵養。

〔8〕鞭捶（chuí）：鞭子和木棍，都是古代打人用具。此處謂用鞭子和棍杖打。

〔9〕擬：據《列女傳》「擬」當為「授」之訛。

〔10〕鈇鉞（fuū yuè）：同「斧鉞」。古代軍法用以殺人的斫刀和大斧。腰斬、砍頭的刑具。《荀子・樂論》：「且樂者，先王之所以飾喜也；軍旅鈇鉞者，先王之所以飾怒也。」《漢書・戾太子劉據傳》：「忠臣竭誠不顧鈇鉞之誅以陳其愚，志在匡君安社稷也。」顏師古注：「鈇，所以斫人，如今莝刀也。」宋蘇軾《上韓丞相論災傷手實書》：「疏遠小臣，腰領不足以薦鈇鉞。」亦泛指刑戮。《南史・何尚之傳》：「（范曄）宜出為廣州，若在內釁成，不得

不加以鈇鉞。」

〔11〕績：織，織布。

〔12〕蹙（cù）然：局促不安的樣子。唐韓愈《答殷侍御書》:「辱賜書，周覽累日，竦然增敬，蹙然汗出以懥。」

〔13〕耜（sì）：古代耕地翻土的農具。

〔14〕水菽：喝著清水、吃著大豆，指簡單的飯食。　怡志：怡悅情志。

〔15〕經綸：整理絲縷、理出絲緒和編絲成繩，統稱經綸。引申爲籌劃治理國家大事。《周易‧屯卦》:「雲雷屯，君子以經綸。」孔穎達疏：「經謂經緯，綸謂綱綸，言君子法此《屯》象有爲之時，以經綸天下，約束於物。」《禮記‧中庸》:「唯天下至誠，爲能經綸天下之大經，立天下之大本，知天地之化育。」　貽：贈送。

〔16〕內贊：指老萊子妻輔佐老萊。贊，輔佐。　遐謀：遠謀。

【譯文】

　　老萊子，是楚國人。當時，世事大亂，老萊子爲了逃避亂世，在蒙山之陽耕種而生活。老萊子用席子草和葭草編爲牆壁，用蓬蒿鋪蓋屋頂，用樹木支架爲床，用著艾草編成席子，飲用山間泉水，吃著野生菽豆，墾闢山地，播種糧食。有人將他的情況告訴楚王，楚王乘車駕親自來到老萊子的門口，當時老萊子正在編織畚箕。楚王說：「治理國家之事，我想煩擾先生出謀劃策。」老萊子說：「好的」。楚王離去後，老萊子的妻子砍柴回來，說：「您答應楚王了嗎？」老萊子說：「是的。」他的妻子說：「我聽說了：可以用酒肉來餵養的，就可以隨時鞭撻之；可以用俸祿爵位來授予的，就可以隨時用斧鉞來懲罰。我不願意被他人所控制。」老萊妻扔掉畚箕而轉身離去，老萊子也跟隨妻子，來到江南才定居，並說：「鳥獸的羽毛，可以織成衣裳；田間的遺粟，可以用來充饑。」孔子曾經聽到了老萊子的言論，局促不安，不禁改變了顏容。老萊子寫作了十五篇文章，論述道家思想的用處。沒有人能夠知道老萊子最後的結局。

　　楚國的老萊子逃避亂世，隱居於蒙山之陽，躬耕而生活。居住在茅草屋子，用著木板床榻，吃著水中野生的菽豆，自適其志。楚王親自屈駕來拜訪，老萊子準備以自己的傑出謀略幫助楚王治理國家，他賢明的妻子替老萊子作了長遠的打算，兩人攜手而遠遠地隱遁了。

林　類

　　林類者，魏人也，年且百歲。底春披裘〔1〕，拾遺穗於故畦〔2〕，並歌並進〔3〕。孔子適衛〔4〕，望之於野〔5〕，顧謂弟子曰：「彼叟可與言者，試往訊之。」子貢請行，逆之隴端〔6〕，面之而歎曰〔7〕：「先生曾不悔乎〔8〕，而行歌拾穗？」林類行不留，歌不輟〔9〕。子貢叩之不已，乃仰而應曰〔10〕：「吾何悔邪？」子貢曰：「先生少不勤行，長不競時，老無妻子。死期將至，亦有何樂而拾穗行歌乎？」林類笑曰：「吾之所以爲樂，人皆有之而反以爲憂〔11〕。少不勤行，長不競時〔12〕，故能壽若此。老無妻子〔13〕，死期將至，故能樂若此。」子貢曰：「壽者人之情〔14〕，死者人之惡。子以死爲樂，何也？」林類曰：「死之與生，一往一反〔15〕。故死於是者，安知不生於彼？故吾知其若矣。吾又安知營營而求生非惑乎〔16〕？亦又安知吾今之死不愈昔之生乎〔17〕？」子貢聞之，不喻其意，還以告夫子。夫子曰：「吾知其可與言，果然。」

　　林類鰥遊，取資滯秣〔18〕。踽踽行歌〔19〕，蕭蕭孑影〔20〕。

　　素王載覯〔21〕，令賜乞請〔22〕。果得高言，不虛停軫〔23〕。

【注釋】

〔1〕底春：當春。底，當。　裘：獸皮。

　　《列子》卷一曰：「林類，年且百歲，底春被裘，拾遺穗於故畦，並歌並進。孔子適衛，望之於野，顧謂弟子曰：『彼叟可與言者，試往訊之。』子貢請行。逆之壟端，面之而歎曰：『先生曾不悔乎，而行歌拾穗？』林類行不留，歌不輟。子貢叩之不已，乃仰而應曰：『吾何悔邪？』子貢曰：『先生少不勤行，長不競時，老無妻子，死期將至，亦有何樂而拾穗行歌乎？』林類笑曰：『吾之所以爲樂，人皆有之而反以爲憂。少不勤行，長不競時，故能壽若此。老無妻子，死期將至，故樂若此。』子貢曰：『壽者，人之情；死者，人之惡。子以死爲樂，何也？』林類曰：『死之與生，一往一反。故死於是者，安知不生於彼？故吾知其不相若矣。吾又安知營營而求生非惑乎？亦又安知吾今之死不愈昔之生乎？』子貢聞之，不喻其意，還以告夫子。夫子曰：『吾知其可與言，果然。然彼得之而不盡者也。』」

〔2〕拾遺穗於故畦：在田間撿拾去年的麥穗。故畦，謂去歲耕種之田地。

〔3〕並歌並進：且歌且進。

〔4〕適：往，到……去。《論語・子路》：「子適衛。」　衛：周代諸侯國名，在今河北南部與河南北部一帶。

〔5〕野：郊外曰野，遠郊。泛指田野。

〔6〕逆：迎，迎接。　隴端：田地邊上。隴，通「壟」，田畦，農田。

〔7〕面之：面對著他。面，面向著。

〔8〕曾：竟，乃。《孟子・公孫丑》：「爾何曾比予於管仲？」

〔9〕輟：停止。

〔10〕仰：昂起頭。

〔11〕吾之所以爲樂，人皆有之而反以爲憂：我之所以快樂者，是別人都沒有的；而人人都有的東西，我卻以爲憂慮。意謂能輕視功名利祿、甚至形體，方能獲得最大的快樂。楊伯峻《列子集釋》卷一引盧重玄《解》曰：「仁者不憂，智者不懼，不受形也。生分己隨之，是以君子不戚戚於貧賤，不遑遑於富貴。人不達此，反以爲憂，汝亦何怪於我也？」

〔12〕勤行：勤奮努力。　競時：謂積極進取。楊伯峻《列子集釋》卷一引張湛注：「不勤行，則遺名譽；不競時，則無利欲。二者不存於胸中，則百年之壽不祈而自獲也。」

〔13〕妻子：妻子與兒女。楊伯峻《列子集釋》卷一引盧重玄《解》曰：「妻子適足以勞生苦心，豈能延人壽命？居常待終，心無憂戚，是以能樂若此也。」此所謂樂天知命也。

〔14〕情：人欲謂之情。

〔15〕死之與生，一往一反：死與生是往返輪迴的。反，返。

〔16〕營營：勞而不知休息；忙忙碌碌。《莊子・庚桑楚》：「全汝形，抱汝生，無使汝思慮營營。」鍾泰《莊子發微》：「營營，勞而不知休息貌。」宋范仲淹《與韓魏公書》：「吾輩須日夜營營，以備將來。」

〔17〕安知吾今之死不愈昔之生乎：愈，超過。楊伯峻《列子集釋》卷一引張湛注：「尋此旨，則存亡往復無窮已也。」又引盧重玄《解》曰：「知形有代謝，神無死生，一往一來，猶朝與暮耳，何故營營貪此而懼彼哉！」

〔18〕薉：當爲「穗」字之訛。

〔19〕踽踽（jǔ jǔ）：孤獨的樣子；獨行不進的樣子。《詩經・唐風・杕杜》：「獨行踽踽。」毛傳：「踽踽，無所親也。」宋司馬光《復古詩首句云獨步復靜

坐輒繼二章》之一：「踽踽出東軒，徐徐步小園。」引申爲落落寡合的樣子。宋黃庭堅《放言》之一：「踽踽眾所忌，悠悠誰與歸。」宋王令《寄王介甫》詩：「古人踽踽今何取，天下滔滔昔已非。」

〔20〕蕭蕭：風雨聲。《史記・刺客列傳》：「風蕭蕭兮易水寒，壯士一去兮不復還。」孑影：孤獨的身影。

〔21〕素王：猶空王，謂具有帝王之德而未居帝王之位者。《莊子・天道》：「以此處下，玄聖、素王之道也。」郭象注：「有其道爲天下所歸，而無其爵者，所謂素王自貴也。」漢賈誼《過秦論下》：「諸侯起於匹夫，以利會，非有素王之行也。」晉葛洪《抱朴子・博喻》：「是以能立素王之業者，不必東魯之丘。」後來遂指孔子。漢王充《論衡・定賢》：「孔子不王，素王之業在《春秋》。」《淮南子・主術訓》：「孔子之通，智過於萇宏，勇服於孟賁……然而勇力不聞，伎巧不知，專行教道，以成素王。」南朝梁劉勰《文心雕龍・原道》：「玄聖創典，素王述訓。」　覯（gòu）：同「遘」，遇見。

〔22〕賜：子貢。子貢，姓端木，名賜。孔子弟子。

〔23〕停軫：停車。軫（zhěn），車箱底部後面的橫木，亦借指車。

【譯文】

　　林類，是魏國人，將近一百歲了。到了暮春時，林類仍然穿著獸皮衣服，在田間地頭拾撿去年的麥穗，一邊唱歌，一邊拾穗。孔子到衛國去，在田野中看見了林類，回頭對弟子們說：「那個長者是可以談話的對象，誰試著前往問一問呢？」子貢請允許其前往。子貢迎著林類來到地頭，面向林類而歎息說：「先生，你竟然不後悔嗎，一邊唱歌一邊拾撿麥穗？」林類繼續拾穗，歌聲不斷。子貢不住地詢問，林類便仰起頭回答說：「我有什麼後悔的呢？」子貢說：「先生少年時不勤奮努力，成年時又不積極進取，老年時沒有妻子兒女，眼看臨近死期，現在有什麼可以快樂的，致使你拾著麥穗且唱著歌呢？」林類笑著說：「我之所以快樂者，是別人都沒有的；而人人都有的，我卻以爲憂慮。正因爲少年時不勤奮努力，成年時不積極進取，所以才能長壽百歲；正因爲老年時沒有妻子兒女，死期將至，所以才如此快樂。」子貢說：「長壽是人們都希望的，死亡是人們所厭惡的。你把死亡作爲快樂，這是爲什麼呢？」林類說：「人的生和死，一來一往，周而復始。因此死在此時，又怎麼能夠知

道不會生在彼時呢？所以我知道生和死是一致的。我又怎麼能夠知道勤苦求
生而不是一種迷茫呢？又怎麼知道我今天的死就會不如過去的生呢？」子貢
聽了之後，不明白他的話的含義，回來後告訴了孔子。孔子說：「我知道他是
可以交談的，果然如此。」

　　林類獨身無妻而遊於世間，依靠在田間撿拾麥穗而生活。林類孤零零地
邊走邊唱歌，在蕭蕭風聲中他孤獨的身影讓人感歎。孔子在車子上看見了林
類，讓子貢前去向林類乞請高言妙道。果然得到了林類的高言妙道，孔子也
就不虛停車乞問之舉了。

榮啓期

　　榮啓期者，不知何許人也，鹿裘帶索〔1〕，鼓琴而歌〔2〕。孔子游於
泰山，見而問之曰：「先生何樂也？」對曰：「吾樂甚多。天生萬物，唯
人為貴，吾得為人矣，是一樂也。男女之別，男尊女卑，故以男為貴，
吾既得為男矣，是二樂也。人生有不見日月、不免襁褓者〔3〕，吾既已
行年九十矣〔4〕，是三樂也。貧者，士之常也；死者，民之終也。居常
以待終〔5〕，何不樂也？」

　　榮公何族，弗美身隅〔6〕。揚歌郕野〔7〕，撫弦而嬉。

　　清言自寬，披吐宣尼〔8〕。契天符命，孤引東壚〔9〕。

【注釋】

〔1〕鹿裘帶索：穿著粗布衣服，以繩索束腰。楊伯峻《列子集釋》卷一引沈濤
　　　曰：「鹿裘乃裘之麤（粗）者，非以鹿為裘也。鹿車乃車之麤（粗）者，非
　　　以鹿駕車也。麤，從三鹿，故鹿有麤（粗）義。《呂氏春秋・貴生篇》『顏
　　　闔鹿布之衣』，猶言麤布之衣也。」

　　　《列子》卷一：「孔子游於太山，見榮啓期行乎郕之野，鹿裘帶索，鼓琴而
　　　歌。孔子問曰：『先生所以樂，何也？』對曰：『吾樂甚多，天生萬物，唯
　　　人為貴，而吾得為人，是一樂也。男女之別，男尊女卑，故以男為貴，吾
　　　既得為男矣，是二樂也。人生有不見日月、不免襁褓者，吾既已行年九十
　　　矣，是三樂也。貧者，士之常也；死者，人之終也。處常得終，當何憂哉！』
　　　孔子曰：『善乎！能自寬者也。』」

《太平御覽》卷五○九引嵇康《高士傳》：「榮啓期者，不知何許人也。披裘帶索，鼓琴而歌。孔子曰：『先生何樂也？』對曰：『天生萬物，唯人爲貴，吾得爲人，是一樂也；以男爲貴，吾得爲男，二樂也；人生有不免於襁褓，吾年九十五矣，是三樂也。貧者，士之常；死者，民之終。居常以待終，何不樂也？』」

〔2〕鼓琴而歌：《淮南子‧主術訓》：「夫榮啓期一彈而孔子三日樂感於和。」

〔3〕襁褓：裹覆和背負嬰兒的被帶。繦，背負嬰兒用的寬帶。《論語‧子路》：「夫如是，則四方之民繦負其子而至矣，焉用稼？」邢昺《疏》引《博物志》云：「繦緥之廣八尺，長丈二，以約小兒於背。」褓，嬰兒衣被，即裹覆嬰兒的小被。

〔4〕吾既已行年九十矣：《藝文類聚》卷四四引皇甫謐《高士傳》作「吾年九十有五矣」。

〔5〕居常以待終：泰然處於貧困狀態而安然等待生命的終結。榮啓期樂天知命，既明貧者士之常，死者人之終，故自謂處常以待終，當有何憂。

〔6〕身隅：身邊，指身外之事。

〔7〕郕野：郕國之郊野。郕，古諸侯國名。周武王弟叔武的封國。故地在今山東寧陽縣北。春秋時爲魯邑。《左傳‧襄公十六年》：「秋，齊侯圍郕。」杜預注：「郕，魯孟氏邑。」

〔8〕宣尼：指孔子。漢平帝元始元年（公元 1 年）追諡孔子爲襃成宣尼公，後因稱孔子爲宣尼。事見《漢書‧平帝紀》。

〔9〕孤引：獨自倡導。引，引導、帶領。《管子‧法法》：「引而使之，民不敢轉其力。」此句謂樂天知命的生活態度。

【譯文】

榮啓期，不知是哪裏人。他穿著粗布衣服，以繩索束腰，邊彈著古琴邊唱著歌。孔子前往泰山遊歷，遇見了榮啓期，問道：「先生爲什麼這麼快樂呀？」榮啓期說：「我快樂的事情多了：上天生成萬物，只有人是最珍貴的，我能夠成爲一個人，這是第一種快樂；男女是有著差別的，男子尊貴而女子卑賤，所以男子爲貴，我能夠成爲一個男子，這是第二種快樂；有的人生下來就從來沒有見過日月、未離開襁褓就去世了，而我已經活到了九十歲，這是第三種快樂。貧困，是士人生活的常態；死亡，是每個人的最終歸宿。我處於常態的生活狀況中，以等待最終結局的到來，爲什麼不快樂呢？」

　　榮啓期是哪裏人，不得而知，他將身外之事毫不看重。在郕邑之郊野高歌，鼓琴而自娛自樂，非常快活。榮啓期能夠以清妙之言自我寬解，對孔子而披露其心聲。他的行爲、心聲契合天命，一個人在東方獨自倡導快樂的生活方式。

荷　蕢

　　荷蕢者〔1〕，衛人也，避亂不仕，自匿姓名。孔子擊磬於衛〔2〕，乃荷蕢而過孔氏之門〔3〕，曰：「有心哉，擊磬乎！」既而曰：「硜硜乎〔4〕！莫己知也，斯已而已矣。深則厲，淺則揭〔5〕。」孔子聞之曰：「果哉〔6〕，末之難矣〔7〕。」

　　荷蕢者何，逃名衛地。宣尼鳴樂，聞音知意。

　　翩然出諷，比之厲揭。斯行斯言，果於忘世。

【注釋】

〔1〕荷蕢：擔著草筐，此處意指挑著草筐的人。荷，擔；蕢，草編的筐子。
　　《論語・憲問》：「子擊磬於衛，有荷蕢而過孔氏之門，曰：『有心哉，擊磬乎！』既而曰：『鄙哉，硜硜乎！莫己知也，斯己而已矣。深則厲，淺則揭。』子曰：『果哉，末之難矣。』」

〔2〕磬：古代打擊樂器，形如曲尺，用石或玉雕成，擊之而鳴。《禮記・樂記》：「鍾、磬、竽、瑟以和之。」

〔3〕乃：於是。《論語・憲問》作「有」。

〔4〕硜硜（kēng kēng）：形容淺陋固執。硜，剛勁有力的擊石聲。《史記・樂書》：「石聲硜，硜以立別，別以致死。」

〔5〕深則厲，淺則揭：《詩經・邶風・匏有苦葉》：「匏有苦葉，濟有深涉。深則厲，淺則揭。」厲，不脫衣涉水。揭（qì），掀起衣服。古人上衣下裳，穿脛衣，無褲。故而，渡河，若水深，則不脫衣而涉水，以免裸露而不雅；若水淺，則掀起下裳而涉水。此處爲比喻。水深比喻社會非常黑暗，只得聽之任之；水淺比喻黑暗的程度不深，可以使自己不受沾染，便無妨撩起衣裳，免得濡濕。《毛詩序》謂刺宣公，公與夫人並爲淫亂；朱熹《詩集傳》則泛指淫亂之人，皆未諦。方玉潤《詩經原始》曰：「以愚所見，直是一篇諷世座右銘耳。首章借涉水以喻涉世，提出深淺二字作主，以見涉世須當

有識量，度時務，知其淺深而後行，是全詩總冒。次章反承不識淺深，明明濟盈濡軌矣，而自以爲不濡，並帶出鳴雉求非其類而自以爲偶，以喻反常亂倫肆無忌憚之人，惟其不度世道淺深，故至越禮犯分而亦不知自檢也。」

〔6〕果：堅決。

〔7〕末之難矣：沒有辦法說服他。末，無、沒有。

【譯文】

荷蕢，是衛國人。因爲逃避戰亂而不出仕，隱姓埋名。孔子在衛國，一天正在敲著盤，一個挑著草筐的漢子經過孔子的門口，說：「這種樣子敲擊石盤大有深意呀！」一會兒又說：「磬聲硜硜，固執不已。（磬聲似乎在說，沒有人知道我呀！）沒有人知道自己，這也就罷了。水深，索性連衣服走過去；水淺，則無妨撩起衣服走過去。」孔子聽說後，說：「好堅決呀！沒有辦法說服他。」

荷蕢是什麼人呢？他隱居於衛國而逃避聲名的隱士。孔子奏樂，荷蕢能夠聽音樂而知其意蘊，敏捷地譏諷孔子，以《詩經·邶風·匏有苦葉》之「深則厲，淺則揭」來諷諫孔子要根據現實情景而採取適當的措施。荷蕢的這種行爲、言語，眞是能夠忘卻世事的人啊。

長沮桀溺

長沮、桀溺者，不知何許人也，耦而耕〔1〕。孔子過之，使子路問津焉〔2〕。長沮曰：「夫執輿者爲誰〔3〕？」子路曰：「是孔丘。」曰：「是魯孔丘歟？」曰：「是也。」「是知津矣。」問於桀溺，曰：「子爲誰？」曰：「爲仲由。」曰：「是魯孔丘之徒與？」對曰：「然。」曰：「滔滔者天下皆是也〔4〕，而誰與易之〔5〕？且而與其從避人之士〔6〕，豈若從避世之士哉？」耰而不輟〔7〕。子路以告孔子，孔子憮然曰〔8〕：「鳥獸不可與同群，吾非斯人之徒而誰與〔9〕？天下有道，丘不與易也。」

悠悠沮溺，並耜荒墟。敬詢渡濟，暫駐浮車〔10〕。

飄然無答，齊口致譏。物情不足，隱德有餘。

【注釋】

〔1〕耦而耕：耦耕，古代耕田的一種方法，兩人相配合從事耕作。《說文解字》：

「耦，耒廣五寸爲伐，二伐爲耦。」

《論語・微子》：「長沮桀溺耦而耕，孔子過之，使子路問津焉。長沮曰：『夫執輿者爲誰？』子路曰：『爲孔丘。』曰：『是魯孔丘與？』對曰：『是也。』曰：『是知津矣。』問於桀溺。桀溺曰：『子爲誰？』曰：『爲仲由。』曰：『是魯孔丘之徒與？』對曰：『然。』曰：『滔滔者天下皆是也，而誰以易之？且而與其從避人之士也，豈若從避世之士哉？』耰而不輟。子路行以告。夫子憮然曰：『鳥獸不可與同群也。吾非斯人之徒與而誰與？天下有道，丘不與易也。』」

《太平御覽》卷五〇九引嵇康《高士傳》：「長沮桀溺者，不知何許人也。耦而耕，孔子過之，使子路問津焉。長沮曰：『夫執輿者是誰？』子路曰：『是孔子。』『是魯孔丘歟？』曰：『是也。』『是知津矣。』問於桀溺，桀溺曰：『子爲誰？』曰：『仲由。』『孔丘之徒歟？』對曰：『然。』『與其從避人之士，豈若從避世之士哉？』耰而不輟。子路以告孔子，孔子憮然曰：『鳥獸不可與同群，吾非斯人之徒歟？』」

〔2〕津：渡口。

〔3〕執輿：即執轡（拉馬的繮繩）。執轡者本爲子路，因子路下車問津，所以孔子代爲駕馭。

〔4〕滔滔：洪水奔流的樣子。比喻世道亂離不堪。《詩經・齊風・載驅》：「汶水滔滔，行人儦儦。」毛傳：「滔滔，流貌。」漢王粲《贈文叔良》詩：「瞻彼黑水，滔滔其流。」

〔5〕易：改革。

〔6〕而：通「爾」，你。

〔7〕耰（yōu）：播種之後，再以土覆之，摩而平之，使種子入土。

〔8〕憮（wǔ）然：悵惘失意的樣子。《論語・微子》「夫子憮然曰」邢昺疏：「憮，失意貌。」晉袁宏《後漢紀・靈帝紀下》：「將軍於是憮然失望而有媿色，自以德薄，深用咎悔。」唐陳鴻《長恨歌傳》：「妃既出，上憮然。」

〔9〕吾非斯人之徒而誰與：《論語・微子》作「吾非斯人之徒與而誰與」，是。

〔10〕浮車：此處指孔子周遊四方、無有定所。

【譯文】

　　長沮和桀溺，不知是哪裏人。他們在田地中耕作，孔子從那兒經過，

讓子路去詢問渡口。長沮說：「那個駕車子的人是誰？」子路回答說：「是孔丘。」長沮說：「是魯國的那個孔丘嗎？」子路說：「是的。」長沮說：「那麼，他是早就知道渡口的了。」子路便去問桀溺，桀溺說：「你是誰？」子路回答說：「我是仲由。」桀溺說：「你是魯國孔丘的弟子嗎？」子路回答說：「對的。」桀溺便說道：「像洪水一樣的壞東西到處都是，你們同誰來改變呢？況且你與其追隨著孔丘那樣的逃避壞人的人，哪裏比得上追隨著我們這樣的逃避整個社會的人呢！」說完，繼續用耰做著農田裏的活。子路把他們的話告訴了孔子。孔子很失望地說：「我們既然不能與飛禽走獸同處，如果不同人打交道，哪又與什麼打交道呢？如果天下太平，我就不會和你們一道來從事改革了。」

閒靜的長沮和桀溺啊，一起在荒地上耕作。孔子經過時，停車而恭敬地向他們詢問渡口，長沮和桀溺高遠超脫而不回答，卻共同譏諷孔子。雖然他們做法於事情物理有所不足，但他們的高尚的隱居之品德卻是卓著有餘的。

石門守

石門守者，魯人也，亦避世不仕，自隱姓名，為魯守石門，主晨夜開閉〔1〕。子路從孔子石門而宿〔2〕，問子路曰：「奚自？」子路曰：「自孔氏。」遂譏孔子，曰：「是知其不可為而為之者與？」時人賢焉。

石門閽者〔3〕，闔闢是尸〔4〕。仲路宵投〔5〕，乃詢其師。

魯尼入耳，強仕致譏。閟光韜彩〔6〕，百世所希〔7〕。

【注釋】

〔1〕石門：魯國都城外門。主：主管，負責。

《論語・憲問》：「子路宿於石門。晨門曰：『奚自？』子路曰：『自孔氏。』曰：『是知其不可為而為之者與？』」

〔2〕從孔子石門而宿：追隨孔子而住宿於石門。

〔3〕閽：守門人。

〔4〕闔：關。 闢：開。 尸：主持。

〔5〕仲路：子路，字仲由。 宵：夜晚。

〔6〕閟（bì）：掩閉。 韜（tāo）：掩蓋，隱藏。

〔7〕希：仰慕。《後漢書・王暢傳》：「府君不希孔聖之明訓，而慕夷齊之末操，
　　無乃皎然自貴於世乎？」晉左思《詠史》之三：「吾希段干木，偃息藩魏君；
　　吾慕魯仲連，談笑卻秦軍。」

【譯文】

　　石門守，是魯國人，也逃避亂世而不入仕，隱姓埋名，爲魯國守禦石門，
負責早晨、晚上打開和關閉城門。子路跟隨孔子而夜宿於石門，石門守問子
路說：「你從哪裏來？」子路回答說：「來自孔氏。」於是石門守譏笑孔子說：
「就是那個知其不可爲而強爲之的人嗎？」當時人則以石門守爲賢者。

　　石門守負責石門的晨昏開啓。子路夜晚投宿於石門，石門守遂詢問子路
的老師爲誰？當聽說是魯國的孔子時，石門守遂譏諷孔子知其不可爲而強爲
之、努力入仕的行爲。唉，石門守是那種隱藏自己的智慧和品德的人，爲後
代所仰慕啊！

荷篠丈人

　　荷篠丈人〔1〕，不知何許人也。子路從而後〔2〕，問曰：「子見夫子乎？」
丈人曰：「四體不勤，五穀不分，孰爲夫子？」植其杖而芸〔3〕。子路拱
而立〔4〕。止子路，宿且享焉〔5〕，而見其二子。明日，子路行，以告夫
子。曰：「隱者也。」使子路反見之〔6〕，至，則行矣。

　　丈人絕軌，倨接洙賢〔7〕。天涯日暮，雞黍是延〔8〕。

　　載陳夫子，尋返客轅〔9〕。先幾掃迹〔10〕，虛室依然。

【注釋】

〔1〕荷篠：背負著篠。荷，背負。篠（diào），古代除田中草所用的工具。
　　《太平御覽》卷五〇九引嵇康《高士傳》：「荷篠丈人，不知何許人也。子
　　路從而後，問曰：『子見夫子乎？』丈人曰：『四體不勤，五穀不分，孰爲
　　夫子？』植其杖而耘。子路行以告，子曰：『隱者也。』使子路反見之，至，
　　則行矣。」
〔2〕子路從而後：子路跟隨著孔子卻遠遠地落在了後面。
　　《論語・微子》：「子路從而後，遇丈人，以杖荷篠。子路問曰：『子見夫子
　　乎？』丈曰：『四體不勤，五穀不分，孰爲夫子？』植其杖而芸。子路拱而

立。止子路宿，殺雞爲黍而食之，見其二子焉。明日，子路行以告。子曰：『隱者也。』使子路反見之。至，則行矣。」

〔3〕植其杖而芸：扶著拐杖而除草。芸，通「耘」，除草。

〔4〕拱而立：拱著手恭敬地站著。

〔5〕享焉：招待子路吃飯。享，進獻食物。

〔6〕反：通「返」，返回。

〔7〕倨接洙賢：很傲慢地接待了孔子的弟子。洙，洙水，源出今山東新泰東北，至今泗水縣與泗水合流而下，至曲阜北，又分爲二水，洙水在北，泗水在南。春秋時屬魯國地。孔子在洙泗之間聚徒講學。《禮記·檀弓上》：「吾與女（汝）事夫子於洙泗之間。」後因以「洙泗」代稱孔子及儒家。

〔8〕雞黍是延：《論語·微子》：「止子路宿，殺雞爲黍而食之，見其二子焉。」延，接待、招待。

〔9〕客轅：指荷篠丈人居所。

〔10〕先幾：預先知道了子路來訪之事。幾，事物變化之徵兆。《論語·微子》中有一段子路對此事的議論：「子路曰：不仕無義。長幼之節，不可廢也；君臣之義，如之何其廢之？欲潔其身，而亂大倫。君子之仕也，行其義也。道之不行，已知之矣。」

【譯文】

荷篠丈人，不知是什麼地方的人。子路隨孔子周遊，落在了後面，遇見荷篠丈人，說：「先生您見過我的老師嗎？」荷篠丈人說：「四肢不勤勞，五穀都分不清楚，哪個是你的老師呢？」荷篠丈人拄著拐杖繼續除草，子路很恭敬地拱手而侍立。荷篠丈人遂留住子路，晚上安排他住宿和吃飯，並且讓他的兩個兒子見過子路。第二天，子路繼續上路，趕上孔子並告知此事。孔子說：「這是一個隱士啊。」於是命子路返回來見荷篠丈人，當子路到達時，荷篠丈人早已遷走了。

荷篠丈人不拘常理來做事，很傲慢地接待了孔子的弟子子路。在荒野黃昏時，荷篠丈人烹雞做黍飯款待子路。子路稟報孔子，且受命返回住宿之地尋找荷篠丈人。荷篠丈人早就預料到了這種情況，飄然隱去，掃除蹤迹，只有空空的房屋了。

陸　通

　　陸通，字接輿〔1〕，楚人也。好養性，躬耕以爲食。楚昭王時〔2〕，通見楚政無常，乃佯狂不仕，故時人謂之楚狂。孔子適楚〔3〕，楚狂接輿遊其門，曰：「鳳兮鳳兮，何如德之衰也。來世不可待，往世不可追也。天下有道，聖人成焉〔4〕。天下無道，聖人生焉。方今之時，僅免刑焉。福輕乎羽〔5〕，莫之知載；禍重乎地〔6〕，莫之知避。已乎已乎，臨人以德〔7〕。殆乎殆乎，畫地而趨〔8〕。迷陽迷陽〔9〕，無傷吾行；卻曲卻曲〔10〕，無傷吾足。山木自寇也〔11〕，膏火自煎也〔12〕。桂可食〔13〕，故伐之；漆可用，故割之。人皆知有用之用，而不知無用之用也。」孔子下車，欲與之言。趨而避之，不得與之言。楚王聞陸通賢〔14〕，遣使者持金百鎰、車馬二駟往聘通，曰：「王請先生治江南。」通笑而不應。使者去，妻從市來，曰：「先生少而爲義，豈老違之哉？門外車迹何深也〔15〕！妾聞義士非禮不動〔16〕。妾事先生〔17〕，躬耕以自食，親織以爲衣，食飽衣暖，其樂自足矣。不如去之〔18〕。」於是夫負釜甑〔19〕，妻戴紝器〔20〕，變名易姓，遊諸名山，食桂櫨實〔21〕，服黃菁子，隱蜀峨眉山，壽數百年。俗傳以爲仙云。

　　接輿厭濁，放隱佯狂。徵羅上士〔22〕，徙適遐方。

　　歌衰鳳德，車下道傍。洞天周涉〔23〕，妙藥爲糧。

【注釋】

〔1〕陸通字接輿：《太平御覽》卷五〇九引嵇康《高士傳》：「狂接輿，楚人也，耕而食。楚王聞其賢，使使者持金百鎰聘之，曰：『願先生治江南。』接輿笑而不應。使者去，妻從市來，曰：『門外車馬迹何深也！』接輿具告之，妻曰：『許之乎？』接輿曰：『富貴人之所欲，子何惡之？』妻曰：『吾聞至人樂道，不以貧易操，不以富改行，受人爵祿何以待之？』接輿曰：『吾不許也。』妻曰：『誠然，不如去之。』夫負金甑，妻戴紝器，變姓名莫知所之。嘗見仲尼，過而歌之曰：『鳳兮鳳兮，何德之衰，往者不可諫，來者猶可追。』後更名陸通，好養性，在蜀峨嵋山上，世世見之。」

〔2〕楚昭王：楚平王之子，名珍。公元前515至前489年在位。《史記·楚世家》：「十三年，平王卒。將軍子常曰：『太子珍少，且其母乃前太子建所當娶也。』欲立令尹子西。子西，平王之庶弟也，有義。子西曰：『國有

常法，更立則亂，言之則誅。』乃立太子珍，是為昭王。」

〔3〕孔子適楚：《史記‧孔子世家》：楚昭王興師迎孔子，「將以書社地七百里封孔子」，楚令尹子西反對，以為「今孔丘述三王之法，明周、召之業，王若用之，則楚安得世世堂堂方數千里乎？夫文王在豐，武王在鎬，百里之君卒王天下。今孔丘得據土壤，賢弟子為佐，非楚之福也」，「昭王乃止。其秋，楚昭王卒於城父。楚狂接輿歌而過孔子……孔子下，欲與之言。趨而去，弗得與之言。於是孔子自楚反乎衛」。又，《論語‧微子》：「楚狂接輿歌而過孔子曰：『鳳兮鳳兮！何德之衰？往者不可諫，來者猶可追。已而，已而！今之從政者殆而！』」

又，此段文字，見於《莊子‧人間世》：「孔子適楚，楚狂接輿遊其門曰：『鳳兮鳳兮，何如德之衰也！來世不可待，往世不可追也。天下有道，聖人成焉；天下無道，聖人生焉。方今之時，僅免刑焉。福輕乎羽，莫之知載；禍重乎地，莫之知避。已乎已乎，臨人以德；殆乎殆乎，畫地而趨！迷陽迷陽，無傷吾行；卻曲卻曲，無傷吾足。山木自寇也，膏火自煎也。桂可食，故伐之；漆可用，故割之。人皆知有用之用，而莫知無用之用也。』」

〔4〕成：指成就事業。

〔5〕福輕乎羽：幸福比羽毛還輕。乎，於。

〔6〕禍重乎地：災禍比大地還重。

〔7〕臨人以德：在別人面前炫耀自己的德性。

〔8〕畫地而趨：畫地作迹，使人循迹而行。比喻人被禮法所拘束而自苦。

〔9〕迷陽：即荊棘。馬敘倫《莊子義證》引王應麟說：「胡明仲云：荊楚有草，叢生修條，四時發穎，春夏之交，花亦繁麗，條之腴者，大如巨擘，剝而食之，其味甘美，野人呼為迷陽，其膚多刺。」

〔10〕卻曲：曲折，轉彎隨行。周詠《秋懷》詩：「行行卻曲還悽惻，端恐迷陽夾道遮。」陳樗《歲晚倦遊言歸故園別春航》詩之一：「卻曲迷陽路，縱橫亂石蹲。」

〔11〕自寇：自取寇伐。謂木生斧柄，還自伐其木。

〔12〕自煎：自招煎熬。膏起火，還自消。此二句謂事物各以其長處而導致自身之災禍。

〔13〕桂可食：桂皮可做藥，故曰可食。

〔14〕楚王聞陸通賢：《韓詩外傳》卷二：「楚狂接輿躬耕以食，其妻之市未返，
楚王使使者齎金百鎰造門，曰：『大王使臣奉金百鎰，願請先生治河南。』
接輿笑而不應。使者遂不得辭而去。妻從市而來，曰：『先生少而爲義，豈
將老而遺之哉？門外車軼何其深也！』接輿曰：『今者王使使者齎金百鎰，
欲使我治河南。』其妻曰：『豈許之乎？』曰：『未也。』妻曰：『君使不從，
非忠也；從之，是遺義也。不如去之。』乃夫負金甑，妻戴織器，變易姓
字，莫知其所之。」又，劉向《列女傳》卷二《楚接輿妻》亦載此事，文
字略同。

〔15〕門外車迹何深也：富貴者駟馬高車，故車轍深。

〔16〕妾聞義士非禮不動：劉向《列女傳》卷二《楚接輿妻》記載，接輿妻說：
「義士非禮不動，不爲貧而易操，不爲賤而改行。妾事先生，躬耕以爲食，
親績以爲衣。食飽衣暖，據義而動，其樂亦自足矣。若受人重祿，乘人堅
良，食人肥鮮，而將何以待之？」

〔17〕妾事先生：我侍奉你。意謂自從嫁給你。

〔18〕不如去之：不如離開此地。劉向《列女傳》卷二《楚接輿妻》記載，接輿
妻說：「君使不從，非忠也；從之又違，非義也。不如去之。」

〔19〕甑（zèng）：古代蒸食炊器。底部有許多透蒸汽的孔格，如同現代的蒸鍋。

〔20〕紝（rèn）器：織布帛的器具。

〔21〕桂櫨實：桂樹、櫨樹的果實。櫨（lú），櫨橘，柑桔的一種。劉向《列仙
傳》卷上《陸通》：「陸通者，云楚狂接輿也。好養生，食橐盧木實及蕪
菁子，遊諸名山。在蜀峨嵋山上，世世見之，歷數百年去。」劉向《列
女傳》卷二《楚接輿妻》有曰：「君子謂接輿妻爲樂道而遠害。夫安貧賤
而不怠於道者，唯至德者能之。《詩》曰：『肅肅兔罝，椓之丁丁。』言
以怠於道也。」

〔22〕徵羅：徵召、羅致。

〔23〕洞天：道教稱神仙的居處，意謂洞中別有天地。後常泛指風景勝地。唐
陳子昂《送中嶽二三眞人序》：「楊仙翁玄默洞天，賈上士幽樓牝谷。」
元王實甫《西廂記》第一本第一折：「似神仙歸洞天，空餘下楊柳煙，只
聞得鳥雀喧。」清和邦額《夜譚隨錄·閔預》：「此尼菴也，幽闃深邃，
別有洞天。」

【譯文】

　　陸通，字接輿，是楚國人。陸通喜好修身養性，親自耕種莊稼，自食其力。楚昭王的時候，陸通看到楚國政治不穩定，便佯裝為狂人，所以當時人們把他稱為「楚狂」。孔子到楚國去，楚狂陸通來到孔子的門口，唱道：「鳳凰啊！鳳凰啊！你的德性為何衰敗，來世是不可期待的，往世卻又是不可追回的。如果天下有道，聖人就可以成就事業；如果天下無道，聖人也就只能保全自己的生命了。現在這個時代，只求避免刑害而已。幸福比毛羽還要輕，卻沒有人知道摘取；災禍比大地還要重，卻沒有人知道迴避。罷了，罷了吧！在他人面前，人們都喜歡以德性來炫耀自己。危險啊！危險啊！人被禮法所拘束而自致苦況。荊棘啊！荊棘啊！不要刺傷了我的腳；轉著彎走啊，轉著彎走啊！避開荊棘，不要刺傷了我的腳腿。山木因其茂盛而招致了砍伐，膏火善於起火卻因此而煎熬消融了自己。桂樹因為可以吃，所以就遭受砍伐；漆樹因為可以用，所以就遭受刀割。世人都知道『有用』的用途，而不懂得『無用』的用途啊！」孔子從車子上走下來，準備和陸通交談，而陸通很快地走開而迴避了，最終沒有與孔子說話。楚王聽說陸通是一個賢能的人，派遣使者以一百鎰黃金、兩輛馬車的重禮，前往聘請陸通。使者說：「大王請您幫助國家治理江南。」陸通只是微笑，而沒有答應。使者離去之後，陸通的妻子從集市回來了，說：「你少年時講究仁義，難道老年了就要違背當初做人的原則嗎？門外車輪碾過的痕跡有多深啊！一定是有達官貴人來過了。我聽說義士凡是不符合禮制規定的事不去做。我自從嫁給你，便和你一道耕種而食，自己親自織布來做衣服穿。能夠吃飽穿暖，自由自在，這種快樂已經是很滿足了。（楚王如此禮聘。君王派遣而不遵從，這是不忠；遵從君王之命卻又違背，這是不義。）我們不如離開這裏吧！」於是陸通背著釜、甑一類的家什，妻子帶著織布機，變易姓名，遊歷各地名山，吃著桂樹、櫨樹的果實和黃菁子（一種可食的草），隱居在峨嵋山，活了幾百年。民間傳說他們都變成了仙人。

　　接輿厭棄濁亂的世事，仿傚隱士而佯裝為狂人。楚王徵召賢人，接輿遂遠走他鄉以避之。接輿在孔子車下大路邊上，歌唱鳳凰，感歎道德之衰退。隱居於深山洞天之中，以山間草藥靈芝為糧食，得以長生。

曾　參

　　曾參，字子輿，南武城人也〔1〕。不仕而遊，居於衛〔2〕。縕袍無表〔3〕，顏色腫噲〔4〕，手足胼胝〔5〕。三日不舉火，十年不製衣。正冠而纓絕〔6〕，捉衿而肘見〔7〕，納屨而踵決〔8〕，曳縱而歌〔9〕。天子不得臣，諸侯不得友〔10〕。魯哀公賢之，致邑焉〔11〕。參辭不受，曰：「吾聞受人者常畏人〔12〕，與人者常驕人〔13〕。縱君不我驕，我豈無畏乎？」終不受。後卒於魯。

　　孝哉子輿，領道泗濱〔14〕。浩浩之氣，常驕大人。

　　爲都不樂〔15〕，好爵難嬰。單居秘論，傳耀千春。

【注釋】

〔1〕南武城：春秋魯地，在今山東費縣西南。

〔2〕居於衛：《莊子・讓王》：「曾子居衛，縕袍無表，顏色腫噲，手足胼胝。三日不舉火，十年不製衣。正冠而纓絕，捉衿而肘見，納屨而踵決。曳縱而歌《商頌》，聲滿天地，若出金石。天子不得臣，諸侯不得友。故養志者忘形，養形者忘利，致道者忘心矣。」

〔3〕縕袍：以亂麻爲絮的袍子。　無表：指綿袍的面子破爛。表，綿袍、夾袍等的衣料面子。

〔4〕腫噲：浮腫。郭慶藩《莊子集解》說：「『噲』，疑字當作『瘑』，病甚。通作『殨』。腫決曰『殨』。」

〔5〕胼胝（pián zhī）：手足生的厚繭。

〔6〕正冠而纓絕：正在戴帽子而帽帶斷了。謂帽帶朽損了。

〔7〕捉襟而肘見：整理衣襟而兩肘露出，形容衣服破爛。

〔8〕納屨而踵決：穿鞋子時而鞋子的後跟就破了。

〔9〕曳縱：拖著鞋子。縱（xǐ），通「屣」。《莊子・讓王》：「原憲華冠縱履。」《釋文》：「《聲類》或作屣。《通俗文》云：『履不著跟曰屣。』」

〔10〕天子不得臣句：《禮記・儒行》：「儒有上不臣天子，下不事諸侯。」孔穎達疏：「上不臣天子，伯夷、叔齊是也；下不事諸侯，長沮、桀溺是也。」

〔11〕魯哀公：魯定公之子，名將，公元前494～前468年在位。　致邑：賞賜封地。致，委，給予。邑，古代卿大夫的封地。

　　劉向《說苑》卷四《立節》曰：「曾子衣弊衣以耕，魯君使人往致邑焉，

曰：『請以此修衣。』曾子不受。反復往，又不受。使者曰：『先生非求於人，人則獻之，奚爲不受？』曾子曰：『臣聞之：受人者畏人，子人者驕人。縱君有賜，不我驕也，我能勿畏乎！』終不受。孔子聞之，曰：『參之言，足以全其節也。』」又，《太平御覽》卷四二六引《孔子家語》曰：「曾子弊衣而耕於野，魯君聞之而致邑焉。曾子固辭，曰：『吾聞受人者常畏人，與人者常驕人。縱君不我驕也，吾能勿畏乎！』孔子聞之曰：『參之言，足以全其節。』」

〔12〕受人：接受別人恩惠。

〔13〕與人：給予別人恩惠。　驕：傲慢。

〔14〕泗濱：泗水之濱。指洙泗，參見《荷筱丈人》條注釋〔7〕。

〔15〕爲都：指魯哀公「致邑」。都，都邑。

〔16〕好爵：高官厚爵。《周易・中孚》：「我有好爵，吾與爾靡之。」王弼注：「不私權利，唯德是與，誠之至也。故曰我有好爵，與爾靡之。」　嬰：通「纓」，纏繞，羈絆。

【譯文】

　　曾參，字子輿，是南武城人。曾參未曾做官而遊歷各地，居住在衛國。曾參所穿的袍子用亂麻爲絮、衣面已破爛不堪，他面容浮腫，手和腳上都長滿老繭。曾參三天都不生火做飯，十年沒有做過新衣服。曾參要戴帽子，而帽帶斷絕了，穿衣而拉著衣襟，而手肘就露出來了，穿著鞋子，則腳後跟就突出來。曾參拖著破鞋子，快樂地唱著歌。天子不能使他爲臣子，諸侯不能和他交朋友。魯哀公認爲曾參賢能，賞賜其封邑，曾參堅辭而不接受，說：「我聽說接受他人恩惠的人，就常常懼怕他人；給於他人施捨的人，則經常傲慢他人。縱然國君不傲慢我，我難道能不有所畏懼嗎？」曾參最終不接受封賜。後來，曾參在魯國去世。

　　仁孝啊曾參，是孔門的傑出人才，矯然出群。他的浩然之氣，常常使得他傲慢、輕視貴族。曾參不喜歡接受魯哀公賞賜的封邑，高貴的官爵難以挽留住他。曾參一人獨居，發表高論，他的德性、言論傳耀千秋。

顏　回

　　顏回，字子淵，魯人也，孔子弟子。貧而樂道，退居陋巷〔1〕，曲

肱而寢〔2〕。孔子曰：「回，來！家貧居卑〔3〕，胡不仕乎？」回對曰：「不願仕。回有郭外之田五十畝〔4〕，足以給饘粥〔5〕。郭內之圃十畝，足以爲絲麻。鼓宮商之音〔6〕⑦，足以自娛。習所聞於夫子〔7〕，足以自樂。回何仕爲？」孔子愀然變容曰〔8〕：「善哉！回之意也。」

　　顏氏之子，不作簞瓢〔9〕。心齋白日〔10〕，志迥青霄。

　　圃衣田食〔11〕，大聖遊交〔12〕。鼓琴蓬蓽〔13〕，可以逍遙。

【注釋】

〔1〕陌巷：偏僻的小巷。

《論語・雍也》：「子曰：賢哉，回也！一簞食，一瓢飲，在陌巷，人不堪其憂，回也不改其樂。賢哉，回也。」

〔2〕曲肱：彎了手臂當枕頭。肱（gōng），胳膊。《論語・述而》：「曲肱而枕之。」

〔3〕家貧居卑：家庭貧困、住房矮小卑陋。

《莊子・讓王》：「孔子謂顏回曰：『回，來！家貧居卑，胡不仕乎？』顏回對曰：『不願仕。回有郭外之田五十畝，足以給飦粥；郭內之田十畝，足以爲絲麻。鼓琴足以自娛，所學夫子之道者，足以自樂也。回不願仕。』孔子愀然變容曰：『善哉，回之意！丘聞之：知足者不以利自累也，審自得者失之而不懼，行修於內者無位而不怍。丘誦之久矣，今於回而後見之，是丘之得也。』」

〔4〕郭外：城郭之外。下文「郭內」，即城郭之內。郭，外城。在城的外圍加築的城牆。

〔5〕饘（zhān）粥：薄稀之粥。

〔6〕宮商：中國宮商角徵羽五聲音階中的兩個音階，此處指音樂。《毛詩序》「聲成文」漢鄭玄箋：「聲成文者，宮商上下相應。」唐吳兢《樂府古題要解》卷下：「我情與君，亦猶形影宮商之不離也。」亦泛指音樂、樂曲。《韓詩外傳》卷五：「人有六情，目欲視好色，耳欲聽宮商。」宋嚴羽《滄浪詩話・詩評》：「孟浩然之詩，諷詠之久，有金石宮商之聲。」清龔自珍《秋夜聽俞秋圃彈琵琶賦詩書諸老輩贈詩冊子尾》詩：「曲終卻是琵琶聲，一代宮商創生面。」

〔7〕習所聞於夫子：學習從老師您那兒得來的知識。

〔8〕愀（qiǎo）然：容色改變的樣子。《禮記‧哀公問》：「孔子愀然作色而對曰：『君之及此言也，百姓之德也。』」鄭玄注：「愀然，變動貌也。」《文選‧司馬相如〈上林賦〉》：「於是二子愀然改容，超若自失，逡巡避席。」李善注引郭璞曰：「愀然，變色貌。」南朝宋劉義慶《世說新語‧言語》：「唯王丞相愀然變色曰：『當共勠力王室，克復神州，何至作楚囚相對。』」

〔9〕怍：不慚愧。　簞（dān）瓢：用竹筐吃飯，用瓜瓢飲水。見注釋〔1〕。

〔10〕心齋：謂屏除雜念，使心境虛靜純一。

《莊子‧人間世》：「（顏）回曰：敢問心齋？仲尼曰：若一志。無聽之以耳而聽之以心，無聽之以心而聽之以氣。耳止於聽，心止於符。氣也者，虛而待物者也。唯道集虛。虛者，心齋也。」

〔11〕圃衣田食：依靠自己親自耕種而吃飯、穿衣。

〔12〕大聖：指孔子。遊交：遊從交談，指追隨孔子學習。

〔13〕蓬蓽：「蓬門蓽戶」的省語，用草、樹枝等做成的門戶，形容窮苦人家所住的簡陋房屋。晉葛洪《〈抱朴子內篇〉自序》：「藜藿有八珍之甘，而蓬蓽有藻梲之樂也。」唐司空曙《早夏寄元校書》詩：「蓬蓽永無車馬到，更當齋夜憶玄暉。」

【譯文】

　　顏回，字子淵，是魯國人，孔子的弟子。顏回生活清貧而傾心向道，隱退住居在偏僻的小巷子，家徒四壁，彎曲胳膊以做枕頭而睡覺。孔子說：「顏回啊，來！你家境貧困居室卑陋，為什麼不去做官呢？」顏回回答說：「我不願意做官。我在城郭之外有五十畝田地，種植莊稼，足夠喝薄粥；城郭之內有十畝田地，種植桑麻，足夠編織衣服；彈琴足以自娛自樂；所學先生的道理，足可以自得其樂。我為什麼要去做官呢？」孔子聽後改變容色說：「好極了！顏回的心意真好。」

　　顏回仁賢，不懼怕過用竹簞吃飯、用匏瓢飲水的儉樸生活。顏回能夠做到心齋，求得心靈的虛靜，他的志向比青天還高遠。依靠圃田織布而穿衣、農田耕作而得食，能夠與偉大的聖人孔子相交遊，在自己的茅屋裏逍遙彈琴，過得多麼自在逍遙啊。

原 憲

　　原憲，字子思，宋人也，孔子弟子。居魯〔1〕，環堵之室〔2〕，茨以生草〔3〕，蓬戶不完〔4〕，桑以爲樞〔5〕，而甕牖二室〔6〕，褐以爲塞〔7〕，上漏下濕〔8〕，匡坐而彈琴〔9〕。子貢相衛〔10〕，結駟連騎〔11〕，排藜藿，入窮閻，巷不容軒〔12〕，來見原憲。原憲華冠徒履⑧〔13〕，杖藜而應門。子貢曰：「嘻，先生何病也！」憲應之曰：「憲聞之：無財謂之貧，學道而不能行謂之病。若憲，貧也，非病也。夫希世而行〔14〕，比周而友〔15〕，學以爲人，教以爲己。仁義之慝〔16〕，輿馬之飾，憲不忍爲也。」子貢逡巡而有慚色〔17〕，終身恥其言之過也。

　　原生匱盩〔18〕，室侵風雨。薄炊經旬〔19〕，雕裘歷紀〔20〕。

　　友賜榮華，驂騑萃止〔21〕。聞剖病貧，終身含恥。

【注釋】

〔1〕居魯：居住在魯國。《莊子・讓王》：「原憲居魯，環堵之室，茨以生草；蓬戶不完，桑以爲樞；而甕牖二室，褐以爲塞；上漏下濕，匡坐而絃歌。子貢乘大馬，中紺而表素，軒車不容巷，往見原憲。原憲華冠縰履，杖藜而應門。子貢曰：『嘻！先生何病？』原憲應之曰：『憲聞之：無財謂之貧，學而不能行謂之病。今憲貧也，非病也。』子貢逡巡而有愧色。原憲笑曰：『夫希世而行，比周而友，學以爲人，教以爲己，仁義之慝，輿馬之飾，憲不忍爲也。』」

〔2〕環堵：堵，古代築牆的面積計量單位，方丈爲堵。環堵，四面環著每面方丈的土牆，形容居室的隘陋。《禮記・儒行》：「儒者有一畝之宮，環堵之室。」鄭玄注：「環堵，面一堵也。五版爲堵，五堵爲雉。」《淮南子・原道訓》：「環堵之室，茨之以生茅，蓬戶甕牖，揉桑爲樞。」高誘注：「堵長一丈，高一丈，故曰環堵，言其小也。」唐杜甫《寄柏學士林居》詩：「幾時高議排金門，各使蒼生有環堵。」後亦指貧窮人家。清唐甄《潛書・去奴》：「環堵之子，不可以權巨室之宜；草莽之士，不可以妄意宮中之事。」

〔3〕茨：用蘆葦、茅草遮蓋屋頂。

〔4〕蓬戶：即「蓬門蓽戶」的省稱。用蓬草編成的門戶。

〔5〕桑以爲樞：彎屈桑條爲戶樞。

〔6〕甕牖（wèng yǒu）：以破甕爲窗戶。牖，窗戶。《淮南子‧原道訓》「蓬戶甕牖」高誘注：「編蓬爲戶，以破甕蔽牖。」 二室：《莊子‧讓王》引司馬彪說「夫妻各一室」。

〔7〕褐以爲塞：以破衣塞住窗戶。褐，褐衣，粗毛或粗麻製作的衣服；泛指窮人所穿的衣服。

〔8〕上漏下濕：屋頂漏雨而且地面潮濕。

〔9〕匡坐：正坐。《莊子‧讓王》「匡坐而弦」陸德明釋文引司馬彪云：「匡，正也。」《南史‧王思遠傳》：「王思遠終日匡坐，不妄言笑。」唐玄奘《大唐西域記‧婆羅疷斯國》：「既相見已，匡坐高談。」清曹溶《答顧寧人》詩：「艱辛戈戟間，匡坐說蒼昊。」

〔10〕子貢相衛：《史記‧仲尼弟子列傳》：「孔子卒，原憲亡在草澤中。子貢相衛，而結駟連騎，排藜藋，入窮閭，過謝原憲。原憲攝敝衣冠見子貢。子貢恥之，曰：『夫子豈病乎？』原憲曰：『吾聞之：無財者謂之貧，學道而不能行者謂之病。若憲，貧也，非病也。』子貢慚，不懌而去，終身恥其言之過也。」

〔11〕結駟連騎：高車駿馬接連不斷，形容喧鬧顯赫。駟，用四匹馬並轡駕一車。《史記‧仲尼弟子列傳》：「子貢相衛，而結駟連騎，排藜藋入窮閭，過謝原憲。」《宋書‧后妃傳‧前廢帝何皇后》：「邁每遊履，輒結駟連騎，武士成群。」亦作「結駟列騎」、「結駟連鑣」。《韓詩外傳》卷九：「楚欲以我爲相。今日相，即結駟列騎，食方丈於前，如何？」南朝梁蕭統《〈陶淵明集〉序》：「結駟連鑣之遊，侈袂執圭之貴。」

〔12〕巷不容軒：原憲所居的小巷很窄小，都無法容得下高大的車馬。軒，大夫以上的乘的車子。

〔13〕華冠徙履：《莊子‧讓王》作「華冠縰履」。戴著破帽拖著沒有後跟的鞋子。謂原憲家貧而冠履破舊的樣子。

〔14〕希世：阿徇世俗，媚俗。《莊子‧讓王》司馬彪云：「希，望。所行常顧世譽而動。」

〔15〕比周：結黨營私。《論語‧爲政》：「君子周而不比，小人比而不周。」周，與人團結；比，與壞人勾結。「比周」連用，偏指「比」。

〔16〕仁義之慝：假託仁義而爲奸惡。慝（tè），邪惡。

〔17〕逡巡：欲進不進、遲疑不決的樣子。即韓愈《送李愿歸盤谷序》所說遊於

權貴之門者，「足將進而趑趄，口將言而囁嚅」。

〔18〕匱（kuì）盝（lù）：貧困。匱，竭乏。《詩經‧大雅‧既醉》：「孝子不匱，永錫爾類。」盝，字亦作「漉」，把水滲漏出去。《爾雅‧釋詁》：「盝，竭也。」郝懿行《義疏》：「盝者漉之假音也……按滲漉亦言滲漏，然則漉之言漏也。水澤漏下，故爲竭盡。」

《初學記》卷一七引嵇康《原憲贊》：「原憲味道，財寡義豐，棲遲蓽門，安賤固窮。絃歌自樂，體逸心沖，進應子貢，邈有清風。」

〔19〕薄炊經旬：十天半月吃一頓簡單飯食。旬，十日爲一旬。

〔20〕雕裘歷紀：多年穿一件破綿衣。紀，十二年爲一紀。

〔21〕驂騑：一車駕三馬，在中間的叫服，在兩旁的叫驂，也叫騑。此處指車馬。

【譯文】

原憲，字子思，宋國人，孔子的弟子。他居住在魯國，方丈小室，茅草蓋頂，用柴草編成的門戶且不完整，彎曲桑木而做成門樞，用破甕砌成兩間屋子的窗戶，用破褐布塞住窗戶，房頂雨水滲漏，地面潮濕寒冷。原憲端坐而彈琴。子貢做衛國國相，乘坐著華麗的四馬大車，推開叢生的雜草，進入僻陋的百姓居住區，而狹小的巷子車子無法進來，遂走去見原憲。原憲戴著破舊的帽子，拖著沒有腳後跟的鞋子，扶著藜杖來應門。子貢說：「哎呀！先生患了什麼病？」原憲回答說：「我聽說：沒有錢財叫做貧，有學問而不能施行叫做病。像我，是貧，而不是病。要是追逐世俗好尚而行，結黨營私，所學爲了在別人面前炫耀，所教只是爲了顯揚自己，假借仁義而行奸惡，以高車大馬來裝飾自己，這是我不忍心做的。」子貢聽罷，遲疑不決而面帶愧色，終身以自己的話說得太過而爲恥辱。

原憲生活很是貧困，屋室弊壞，遭受風雨的侵蝕。原憲常常十天半月吃點簡單的飯食，十多年都穿著破爛的衣服。朋友子貢作衛相之後，乘高車大馬到達原憲的門巷，想給原憲一些幫助，帶給他榮華。子貢聆聽了原憲關於「無財謂之貧、學道而不能行謂之病」的辨析之後，終身爲自己不能理解友人而羞愧。

卷　中

漢陰丈人

　　漢陰丈人者，楚人也。子貢適楚〔1〕，過漢陰〔2〕，見丈人爲圃〔3〕，入井抱甕而灌，用力甚多而見功寡〔4〕。子貢曰：「有機於此，後重前輕，挈水若抽，其名爲橰〔5〕。用力寡而見功多。」丈人作色而笑曰〔6〕：「聞之吾師：有機械者必有機事，有機事者必有機心〔7〕。機心存於胸中，則純白不備〔8〕；純白不備，則神生不定；神生不定者，道之所不載也。吾非不知，羞而不爲也。」子貢瞞然慚〔9〕，俯而不對。有間，丈人曰：「子奚爲者邪？」曰：「孔丘之徒也。」丈人曰：「子非夫博學以擬聖智，獨絃歌以賣名聲於天下乎？汝方將忘汝神氣，墮汝形骸〔10〕，而何暇治天下乎？子往矣！勿妨吾事。」子貢卑陬失色〔11〕，頊頊然不自得〔12〕，行三十里而後愈。

　　丈人治圃，撋撋其勞〔13〕。賜焉逢覯〔14〕，進說爲橰〔15〕。

　　前陳後詰，反復見嘲。風波全德，私語其曹。

【注釋】

〔1〕子貢適楚：《莊子・天地》：「子貢南遊於楚，反於晉，過漢陰，見一丈人方將爲圃畦，鑿隧而入井，抱甕而出灌，撋撋然用力甚多而見功寡。子貢曰：『有械於此，一日浸百畦，用力甚寡而見功多，夫子不欲乎？』爲圃者仰而視之曰：『奈何？』曰：『鑿木爲機，後重前輕，挈水若抽；數如泆湯，

其名爲槔。』爲圃者忿然作色而笑曰:『吾聞之吾師,有機械者必有機事,有機事者必有機心。機心存於胸中,則純白不備;純白不備,則神生不定;神生不定者,道之所不載也。吾非不知,羞而不爲也。』子貢瞞然慚,俯而不對。有間,爲圃者曰:『子奚爲者邪?』曰:『孔丘之徒也。』爲圃者曰:『子非夫博學以擬聖,於於以蓋眾,獨弦哀歌以賣名聲於天下者乎?汝方將忘汝神氣,墮汝形骸,而庶幾乎!汝身之不能治,而何暇治天下乎?子往矣,無乏吾事。』子貢卑陬失色,頊頊然不自得,行三十里而後愈。」《太平御覽》卷五〇九引嵇康《高士傳》:「漢陰丈人者,楚人也。子貢適楚,見丈人爲圃,入井抱甕而灌,用力甚多。子貢曰:『有機於此,後重前輕,曰桔槔,用力寡而見功多。』丈人作色曰:『聞之吾師:有機事者必有機心,機心存於胸,則純白不備。』子貢愕然,慚不對。有間,丈人曰:『子奚爲?』曰:『孔丘之徒也。』丈人曰:『子非博學以疑聖知,獨絃歌以買聲名於天下者乎?方且亡汝神氣,墮汝形體,何暇治天下乎!子往矣,勿妨吾事!』」

〔2〕漢陰:漢水之南。水南曰「陰」。

〔3〕爲圃:種菜。圃,種菜之地曰「圃」。此處「圃」作動詞用,指種菜。

〔4〕見功寡:成效甚微。

〔5〕槔(gāo):桔槔,汲水的器具。

〔6〕作色:變了臉色,生氣的樣子。

〔7〕機事:機巧之事。 機心:巧詐之心;機巧功利之心。《莊子・天地》:「吾聞之吾師,有機械者必有機事,有機事者必有機心。機心存於胸中,則純白不備。」成玄英疏:「有機動之務者,必有機變之心。」王定保《唐摭言・怨怒》:「實無機心,翻成機事,漢陰丈人聞之,豈不大笑。」清金農《送宣城沈隱君遊楚中》詩:「君訪漢陰好,機心機事無。」

〔8〕純白:正白無雜色。單一,虛靜,猶純潔。意同《莊子》之「純素」、「素樸」。《尚書大傳》卷二:「山龍純青,華蟲純黃,作會;宗彝純黑,藻純白,火純赤。」南朝宋陸徽《薦朱萬嗣表》:「理業沖夷,秉操純白。」宋林逋《城中書事》詩:「一門深掩得閒權,純白遺風要獨全。」

〔9〕愕然慚:驚愕且慚愧。

〔10〕墮汝形骸:不執著於你的形骸。墮,懈怠,輕忽。《莊子・天地》此句後尚有「而庶幾乎!汝身之不能治」。

〔11〕卑陬：慚怍，慚愧不安的樣子。《莊子‧天地》「子貢卑陬失色」成玄英疏：「卑陬，憨怍之貌。」陸德明釋文：「李云：『卑陬，愧懼貌。』一曰顏色不自得也。」唐代石鎮《罔兩賦》：「於是罔兩卑陬改容，逡巡徐避。」唐柳宗元《罵屍蟲文》：「卑陬拳縮兮，宅體險微。」

〔12〕頊頊（xū xū）：失意的樣子。《莊子‧天地》「頊頊然不自得」陸德明釋文：「頊頊，本又作『旭旭』，許玉反，李云：『自失貌。』」清蒲松齡《聊齋誌異‧蕭七》：「執燈細照階除，都復烏有。意頊頊不自得。」

〔13〕搰搰（gǔ gǔ）其勞：非常辛勞。搰搰，用力的樣子。《莊子‧天地》：「見一丈人方將為圃畦，鑿隧而入井，抱甕而出灌，搰搰然用力甚多而見功寡。」

〔14〕覯（gòu）：遇見。

〔15〕進說為槔：推薦、解說如何用桔槔來汲水。

【譯文】

漢陰丈人，是楚國人。子貢到楚國去，經過漢陰，看見一位老人在菜園子勞作，進入井中，抱著瓦甕而取水灌溉，用力很多而見效少。子貢說：「這裏有一種機械，它的後面重前面輕，提取井水就往外抽引一樣，它的名字叫桔槔。用的力氣小而見效大。」灌園老人變了臉色說：「我聽我的老師說：有機械的必定有機巧之事，有機巧之事的必定有巧詐功利之心。機巧功利之心存於心中，便不能保全純潔虛靜；不能保全純潔虛靜，便心神不定；心神不定，便不能夠載道。我不是不知道，而是以之為羞而不願這樣做。」子貢驚愕且慚愧，低下頭無言以對。過了一會兒，灌園老人說：「你是做什麼的？」子貢說：「我是孔丘的弟子。」灌園老人說：「你不就是以博學多識比擬聖人，以自己的獨自誦說來博取天下大名嗎？你將會遺忘你的精神，忘記你的形骸，而修身得道，你哪裏有時間來治理天下呢？你快走吧！不要妨礙我做事情。」子貢慚愧失色，很是不自在，走了三十里路後，才好了一些。

漢陰丈人耕種菜圃，勞作甚為辛苦。子貢恰巧遇見，於是向漢陰丈人解說、推薦汲水用的桔槔。子貢剛陳述完，就遭到了丈人的反詰，被大大地嘲諷了一番。漢陰丈人辛苦勞作而不用機械，是為了葆全自己的天性、品德，這種道理只能給同道中人來講了。

壺丘子林

壺丘子林者，鄭人也，道德甚優，列禦寇師事之〔1〕。初，禦寇好遊〔2〕，壺丘子曰：「禦寇好遊，遊何所好？」列子曰：「遊之樂，所玩無故〔3〕。人之遊也，觀其所見；我之遊也，觀其所變。」壺丘子曰：「禦寇之遊，固與人同，而曰固與人異。凡所見，亦恒見其變。玩彼物之無故〔4〕①，不知我亦無故〔5〕。務外遊〔6〕，不知務內觀〔7〕。外遊者，求備於物〔8〕；內觀者，取足於身〔9〕。取足於身，遊之至也；求備於物，遊之不至也。」於是列子自以爲不知遊，將終身不出居鄭圃〔10〕，四十年人無識者。

至哉壺子，列老下趨〔11〕。龍藏鄭圃〔12〕，眞與道俱。

側聞玄語，宣發希微〔13〕。載陳生化〔14〕，繼述黃書〔15〕。

【注釋】

〔1〕列禦寇：先秦早期道家。列子的學說近於莊周，擺脫人世的貴賤、名利種種羈絆，任其自然，把客觀存在看作不存在，因之一切無所作爲。《群書考索》卷一〇：「列子者，鄭人也，名禦寇。與鄭繻公同時。其學以黃帝、老子爲宗，自言師壺丘子林，而友伯昏無人。列子書，舊二十篇。西漢劉向去重複，存者八篇。列子，蓋先莊子，及莊子著書，多取其言，二子之道一也。」

〔2〕禦寇好遊：列子喜歡遊觀。遊，遊觀，遊玩。

《列子·仲尼篇》：「初，子列子好遊，壺丘子曰：『禦寇好遊，遊何所好？』列子曰：『遊之樂，所玩無故。人之遊也，觀其所見；我之遊也，觀其所變。遊乎遊乎！未有能辨其遊者。』壺丘子曰：『禦寇之遊，固與人同歟？而曰固與人異歟？凡所見，亦恒見其變。玩彼物之無故，不知我亦無故。務外遊，不知務內觀。外遊者，求備於物；內觀者，取足於身。取足於身，遊之至也；求備於物，遊之不至也。』於是列子終身不出，自以爲不知遊。」

〔3〕所玩無故：所遊觀者都是新的。玩，欣賞。故，舊，此處指熟悉的景物。

〔4〕玩彼物之無故：遊觀外物之變化更新。無故，更新，變化。

〔5〕我亦無故：我本身也在發展變化。

〔6〕外遊：考察物之外在變化。

〔7〕內觀：對自身的觀察。外遊與內觀相對，則「觀」也是「遊」的意思。

〔8〕外遊者求備於物：對外界事物的認識，有賴於外物的全備。

〔9〕內觀者取足於身：指反觀人本身，進行內心反省，自身已經爲此具備了一切條件。《列子‧仲尼篇》張湛注：「人雖七尺之形，而天地之理備矣……內觀諸色，靡有一物不備；豈須仰觀俯察，履淩朝野，然後備所見？」

〔10〕鄭圃：鄭有圃田，乃鄭之藪澤，在今河南中牟縣；縣西之丈八溝及附近諸陂湖，皆其遺迹。《列子‧仲尼篇》張湛注：「既聞至言，則廢其遊觀。不出者，非自匿於門庭者也。」

〔11〕列老下趨：列子和老商氏以壺丘子林爲師。下趨，俯身折腰。

〔12〕龍藏：《周易‧乾卦》：「潛龍勿用，陽氣潛藏。」後因以「龍藏」指潛藏勿用。袁康《越絕書‧外傳記寶劍》：「軒轅、神農、赫胥之時，以石爲兵，斷樹木爲宮室，死而龍藏，夫神聖主使然。」

〔13〕希微：空虛寂靜。《老子》：「聽之不聞名曰希，搏之不得名曰微」。河上公注：「無聲曰希，無形曰微」。

〔14〕生化：《列子‧天瑞篇》：「其言曰：有生不生，有化不化。不生者能生生，不化者能化化。生者不能不生，化者不能不化。故常生常化。常生常化者，無時不生，無時不化。」生，指有形體的具體事物；不生，產生萬物而自體不被他物所生的。化，指存亡變化的具體事物；不化，指使萬物運動變化而自體不被他物所化的。故，「生化」謂生長變化，實指世界的本原，即道。

〔15〕黃書：書籍。宋秦觀《贈劉使君景文》詩：「石渠病客君應笑，手校黃書兩鬢蓬。」

【譯文】

　　壺丘子林，是鄭國人。壺丘子林的道德品質很是優秀，列禦寇拜其爲師而學習。當初，列禦寇喜歡遊歷各地，壺丘子林說：「你喜歡遊歷，那麼遊歷中你喜好什麼呢？」列子說：「遊歷的快樂，就是所玩賞的事物者是新鮮的、無窮變化的。一般人遊歷，只觀看事物的表面；而我遊歷，主要是觀察外物的變化。」壺丘子林說：「你的遊歷本來與他人的遊歷相同，卻一定要說本來與他人的遊歷不同。凡是所看到的事物的表面，他人也能常常看見其內在的變化。只欣賞外物之不斷變化更新，卻不知道我本身也在發展變化。一心遊覽外物，卻不知道考察自身。遊覽外物，要依賴於外物的齊全；觀察自身，

而自身已經具備了一切條件。取足於自身的完備，是最理想的遊歷；依賴於外物的周全，是不完全的遊歷。」列子聽了這一席話，自認為不懂得遊歷的眞諦，於是終身不再外出遊歷，而隱居於鄭國圃澤之中，四十多年，沒有人認識他。

高尙啊壺丘子林，列禦寇和老商氏甘心拜服。壺丘子林隱居於鄭圃之中，天性與大道相契合。列子聆聽了您的高妙之言，在虛靜中您闡發深妙的微言。壺丘子林陳述了生生變化的「道」的本眞，列子將它寫入書籍中，而流傳後世。

老商氏

老商氏者〔1〕，不知何許人也。列禦寇師焉，兼友伯高子，而進於其道〔2〕。尹生聞之〔3〕，從列子居，數月不省舍〔4〕。因間請蘄其術者〔5〕，十反而十不告〔6〕。尹生懟而請辭〔7〕，列子又不命。尹生退。數月，意不已②，又往從之。列子曰：「汝何去來之頻〔8〕？」尹生曰：「曩章戴有請於子〔9〕，子不我告，固有憾於子〔10〕。今復脫然〔11〕，是以又來。」列子曰：「曩吾以汝為達，今汝之鄙至此乎？姬〔12〕！將告汝所學於夫子者矣〔13〕。自吾之學也，三年之後，心不敢念是非，口不敢言利害〔14〕，始得老商一眄而已〔15〕。五年之後，心庚念是非，口庚言利害〔16〕，老商始一解顏而笑。七年之後，從心之所念，庚無是非；從口之所言，庚無利害〔17〕，老商始一引吾並席而坐。今女居先生之門〔18〕，曾未洽時〔19〕，履虛乘風，其可得乎？」

老商樹教，列寇下趨。居門七載，席始相攜。

眼耳都融〔20〕，葉幹忘機〔21〕。乘風枯槁〔22〕，得道而歸。

【注釋】

〔1〕老商氏者：《列子・黃帝篇》：「列子師老商氏，友伯高子，進二子之道，乘風而歸。尹生聞之，從列子居，數月不省舍。因間請蘄其術者，十反而十不告。尹生懟而請辭，列子又不命。尹生退。數月，意不已，又往從之。列子曰：『汝何去來之頻？』尹生曰：『曩章載（一作「戴」）有請於子，子不我告，固有憾於子。今復脫然，是以又來。』列子曰：『曩吾以汝為達，

今汝之鄙至此乎？姬，將告汝所學於夫子者矣。自吾之事夫子，友若人也，三年之後，心不敢念是非，口不敢言利害，始得夫子一眄而已。五年之後，心庚念是非，口庚言利害，夫子始一解顏而笑。七年之後，從心之所念，庚無是非；從口之所言，庚無利害。夫子始一引吾並席而坐。九年之後，橫心之所念，橫口之所言，亦不知我之是非利害歟？亦不知彼之是非利害歟？亦不知夫子之爲我師，若人之爲我友：內外進矣。而後眼如耳，耳如鼻，鼻如口，無不同也。心凝形釋，骨肉都融；不覺形之所倚，足之所履，隨風東西，猶木葉幹殼，竟不知風乘我邪？我乘風乎？今女居先生之門，曾未浹時，而懟憾者再三。女之片體，將氣所不受；汝之一節，將地所不載。履虛乘風，其可幾乎？』尹生甚怍，屏息良久，不敢復言。」

〔2〕進於其道：學得了老師的道。《列子・黃帝篇》此句後尚有「乘風而歸」。

〔3〕尹生：姓尹的書生。即下文的章戴，一本作「章載，字載則」。

〔4〕省（xǐng）舍：探望家庭。舍，指尹生自己的家。

〔5〕因間：乘機。　蘄：通「祈」，請求。

〔6〕反：通「返」，還，回歸。一往一來爲「返」。

〔7〕懟（duì）：怨恨。　請辭：要求回去。

〔8〕去來：去而復來。　頻：頻繁。

〔9〕曩（nǎng）：昔，從前。

〔10〕憾：怨恨。《左傳・隱公三年》：「降而不憾。」

〔11〕脫然：霍然，輕快，多指疾病脫體。此處形容怨氣頓消的樣子。《公羊傳・昭公十九年》：「樂正子春之視疾也，復加一飯則脫然愈。」何休注：「脫然，疾除貌也。」《淮南子・精神訓》：「今夫繇者揭钁臿負籠土，鹽汗交流，喘息薄喉，當此之時，得茠越下則脫然而喜矣。」高誘注：「脫，舒也。言繇人之得小休息則氣得舒，故喜也。」唐韓愈《答張籍書》：「今乃大得所圖，脫然若沈痾去體。」宋陸游《老學庵筆記》卷五：「其妻病，道人爲灸屋柱十餘壯，脫然愈。」清顧炎武《與歸莊手箚》：「醉德無何，忽云改歲，兄今其脫然愈乎？」

〔12〕姬（jū）：同「居」，此處意謂坐下。

〔13〕夫子：指老商氏、伯高子。

〔14〕心不敢念是非，口不敢言利害：《列子・黃帝篇》張湛注：「實懷利害而不敢言，此匿怨藏情者也，故眄之而已。」

〔15〕眄（miǎn）：斜視。不正眼看。

〔16〕心庚念是非，口庚言利害：庚，更。《列子‧黃帝篇》張湛注：「是非利害，世間之常理；任心之所念，任口之所言，而無矜吝於胸懷，內外如一，不猶逾於匿而不顯哉？欣其一致，聊寄笑焉。」

〔17〕從心之所念句：《列子‧黃帝篇》張湛注：「夫心者何？寂然而無意相也；口者何？默然而自吐納也。若順心之極，則無是非；任口之理，則無利害。道契師友，同位比肩，故其宜耳。」

〔18〕女：汝。　先生：此處指列子自己。

〔19〕洽：《列子‧黃帝篇》作「浹」。浹（jiā），周匝。古以天干計日，自甲至癸，十日為一周，稱浹日。未浹時，指時間短暫。

〔20〕眼耳都融：謂感官相通，全身各部位沒有什麼不同。《列子‧黃帝篇》：「而後眼如耳，耳如鼻，鼻如口，無不同也。心凝形釋，骨肉都融。」

〔21〕葉幹忘機：如同樹葉幹殼，沒有任何機巧之心。《列子‧黃帝篇》：「不覺形之所倚，足之所履，隨風東西，猶木葉幹殼，竟不知風乘我邪？我乘風乎？」

〔22〕乘風枯槁：形容枯槁，乘風而行。

【譯文】

　　老商氏，不知是什麼地方人。列禦寇拜他為師，並且和伯高子是好友，倆人一起向老商氏求學問道。尹生聽到消息後，便跟隨列子幾個月時間，從沒有回家探望，向他請教學習的方法，先後來了十次，列子一次也沒有告訴，尹生十分不滿，準備辭行，列子又不讓尹生走。幾個月後，尹生仍然不甘心，再次前往請教。列子問：「你為什麼又回來了呢？」尹生回答：「過去我穿著繪有圖飾的服裝前來向你討教，而你不教我；現在我想通了，所以又回來了。」列子說：「過去我認為你通達事理，現在你卻鄙陋至於此種地步？請坐下，我將告訴你關於我自己向先生求學的情況。我求學時，三年之後，不敢在心中想是非問題，也不敢在口中說利害關係，才得到老商氏垂眼一看。五年以後，心中常想是非問題，口中常說利害關係，老商氏才有了笑臉。七年以後，心中常想的不再是是非問題，口中常說的不再是利害關係，老商氏才拉著我的手，並肩坐在席上交談。現在你來到先生（指列子自己）門下，還不到十天時間，就想學到很多知識，達到很高境界，這哪裏能達得到呢？」

　　老商氏建樹教化之方，列禦寇以之爲師。列子居於老商氏門下七年，才得以與老商氏並席而坐，眼睛、耳朵等感覺器官都融通了，並且都忘記是非、機心，心與大道相通。列子形容枯槁，乘風而行，得大道而歸。

列禦寇

　　列禦寇者，鄭人也，隱居不仕。鄭穆公時，子陽爲相〔1〕，專任刑法。列禦寇乃絕迹窮巷〔2〕，面有饑色〔3〕。或告之陽曰〔4〕：「列禦寇蓋有道之士也，居君之國而窮，君無乃爲不好士乎〔5〕？」子陽聞而悟，使官載粟數十乘而與之〔6〕。禦寇出見使者，再拜而辭之。入見其妻，妻望之而拊心曰〔7〕：「妾聞爲有道之妻子，皆得佚樂〔8〕。今有饑色，君過而遺先生食〔9〕，先生不受，豈非命也哉？」禦寇笑曰：「君非自知我也〔10〕，以人之言而遺我粟，至其罪我也，又且以人之言，此吾所以不受也。」居一年，鄭人殺子陽〔11〕，其黨皆死，禦寇安然獨全，終身不仕。著書八篇，言道家之意，號曰《列子》。

　　禦寇隱鄭，四十餘年。臺衡大饋〔12〕，頓首拒焉。

　　麾使悟妻，保體消愆〔13〕。軒風駐世〔14〕，表籙蓬仙〔15〕。

【注釋】

〔1〕子陽：人名，鄭國之相。

〔2〕絕迹窮巷：隱居於陋巷。絕迹，謂隱居不出。

〔3〕面有饑色：面容有飢餓之色。

　　《列子・說符篇》：「子列子窮，容貌有饑色。客有言之鄭子陽者曰：『列禦寇，蓋有道之士也。居君之國而窮，君無乃爲不好士乎？』鄭子陽即令官遺之粟。列子出見使者，再拜而辭。使者去，子列子入，其妻望之而拊心曰：『妾聞爲有道者之妻子，皆得佚樂。今有饑色，君遇而遺先生食，先生不受，豈不命也哉！』子列子笑謂之曰：『君非自知我也，以人之言而遺我粟，至其罪我也，又且以人之言。此吾所以不受也。』其卒，民果作難，而殺子陽。」此條亦見於《莊子・讓王》。

〔4〕或：有人。即《列子・說符篇》「客有言之鄭子陽者」，《莊子・讓王篇》「客有言之於鄭子陽者」。

〔5〕無乃：豈非。

〔6〕乘：車。《呂氏春秋‧觀世》：「鄭子陽令官遺之粟數十秉。」作「秉」亦通。
　　秉，量詞。《論語‧雍也》：「冉子與之粟五秉。」《儀禮‧聘禮》：「十斗曰
　　斛，十六斗曰籔，十籔曰秉。」

〔7〕拊心：捶著胸口，表示氣惱的樣子。拊（fǔ），拍。

〔8〕佚樂：逸樂，安逸快樂。

〔9〕君過而遺先生食：過，文淵閣《四庫全書》本《列子‧說符篇》作「遇」。
　　遇，對待，款待。　遺（wèi）：贈送。

〔10〕君非自知我也：君王並不是自己賞識我。

〔11〕鄭人殺子陽：《列子‧說符篇》、《莊子‧讓王篇》、《呂氏春秋‧觀世》皆
　　　作「其卒，民果作難，而殺子陽」。

〔12〕臺衡：喻宰輔大臣。臺，三臺星；衡，玉衡，北斗杓三星。皆位於紫微宮
　　　帝座前。晉陸機《贈弟士龍》詩之一：「奕世臺衡，扶帝紫極。」唐楊炯《為
　　　劉少傅等謝敕書慰勞表》：「臣等竊循愚蔽，謬荷恩私，或位聯輔弼，職在
　　　臺衡。」　餽，餽贈，贈送。

〔13〕保體消愆：保全自己、消除過愆。

〔14〕軿（píng）：輕車。　駐世：長留人世，長壽。明吳承恩《壽陳湖東七袠
　　　障詞序》：「世華可駐，悅生為駐世之階；性率難凝，繕性是悅生之寶。」

〔15〕表籙：古稱上天賜予帝王的符命文書。漢張衡《東京賦》：「高祖膺籙受圖，
　　　順天行誅，杖朱旗而建大號。」《文選‧王融〈永明十一年策秀才文〉》：「朕
　　　秉籙御天，握樞臨極。」李周翰注：「秉，執也，籙，符也。天子受命執之，
　　　以御制天下也。」《舊唐書‧沈傳師傳》：「既而握圖稱籙，移運革名，牝司
　　　燕啄之蹤，難乎備述。」

【譯文】

　　列禦寇，是鄭國人，隱居而不去做官。鄭穆公時，子陽是國相，專用刑
法。於是，列禦寇便隱居在偏僻的小巷，面容經常帶有飢餓之色。有人對子
陽說：「列禦寇是天下有道之士，現在居住在鄭國而窮困潦倒，你難道不喜好
士嗎？」子陽聽後有所醒悟，派官吏將幾十車糧食贈送給列子。列子出門迎
候使者，再三拱手而拜，堅決推辭。列子回到家中見了妻子，他的妻子望著
列子，手拍打著胸脯氣惱地說；「我聽說做為有道之士的妻子，都能夠過得安
逸快樂。現在我卻面有饑色，君王款待你而贈送給你糧食，你卻不接受，這

難道不是命嗎？」列子笑著說：「君王不是自己知道、賞識我的，因爲別人的話語而贈送我糧食，等到他怪罪我時，又會因爲他人之言而這樣做。這就是我不接受贈送的原因。」過了一年，鄭國人殺死了子陽，子陽的黨羽都死了，而列禦寇卻安然無事。列子終身沒有做官。列子著書八篇，講述道家的思想，書稱《列子》。

列禦寇隱居鄭國四十多年，當朝國相給他很多賞賜，列子則拱手再拜而堅決地拒絕了。列子打發走了權臣的使者，開悟妻子，最終能夠保護自身、消除過怨。列子的風範長留世間，最後得以身登仙籍。

莊　周

莊周者，宋之蒙人也〔1〕。少學老子，爲蒙縣漆園吏。遂遺世自放不仕，王公大人皆不得而器之〔2〕。楚威王使大夫以百金聘周，周方釣於濮水之上〔3〕，持竿不顧〔4〕，曰：「吾聞楚有神龜，死二千歲矣，巾笥而藏之於廟堂之上〔5〕。此龜寧無爲留骨而貴乎〔6〕？寧生曳尾塗中乎〔7〕？」大夫曰：「寧掉尾塗中耳〔8〕。」莊子曰：「往矣！吾方掉尾於塗中。」或又以千金之幣迎周爲相，周曰：「子不見郊祭之犧牛乎〔9〕？衣以文繡，食以芻菽〔10〕。及其牽入太廟〔11〕，欲爲孤犢③，其可得乎？」遂終身不仕。

莊周傲世，洸洋寓言〔12〕。文窮萬妙，學守一玄〔13〕。

戲遊自快，國聘難延。浩然就盡，弗避烏鳶〔14〕。

【注釋】

〔1〕莊周：約公元前 369～前 286 年人，戰國哲學家。蒙：縣名。故址在今河南商丘縣東北。《史記・老莊申韓列傳》：「莊子者，蒙人也，名周。周嘗爲蒙漆園吏。與梁惠王、齊宣王同時。其學無所不窺，然其要本歸於老子之言，故其著書十餘萬言，大抵率寓言也……然善屬書離辭，指事類情，用剽剝儒墨。雖當世宿學，不能自解免也。其言洸洋自恣以適己，故自王公大人不能器之。」

《藝文類聚》卷三六引嵇康《高士傳》：「莊周少學老子，梁惠王時爲蒙縣漆園吏，以卑賤不肯仕。楚威王以百金聘周，周方釣於濮水之上，曰：『楚有龜死三千歲矣，今巾笥而藏之於廟堂之上，此龜寧生而掉尾塗中耳。子

往矣，吾方掉尾於塗中。』後齊宣王又以千金之幣迎周爲相，周曰：『子不見郊祭之犧牛乎，衣以文繡，食以芻菽，及其牽入太廟，欲爲孤豚，其可得乎？』遂終身不仕。」

〔2〕器之：使用他。器，器物、用具。此處謂像使用器物一樣來使用，使其才爲人所用。《周易・繫辭上》：「備物致用，立成器以爲天下利。」《漢書・公孫弘傳》：「不作無用之器，即賦斂省。」唐韓愈《原道》：「工之家一，而用器之家六。」

〔3〕濮水：古水名。《左傳・哀公二十七年》：「（齊師）及濮，雨，不涉。」杜預注：「濮水自陳留酸棗縣傍河，東北經濟陰至高平入濟。」楊伯峻注：「濮水有二：一在今山東菏澤縣北，一在今河南滑縣與延津縣境。」此處似應爲河南境中濮水。

《莊子・秋水》：「莊子釣於濮水。楚王使大夫二人往先焉，曰：『願以竟內累矣。』莊子持竿不顧，曰：『吾聞楚有神龜，死已三千歲矣，王巾笥而藏之廟堂之上。此龜者，寧其死爲留骨而貴乎？寧其生而曳尾於塗中乎？』二大夫曰：『寧生而曳尾塗中。』莊子曰：『往矣！吾將曳尾於塗中。』」

〔4〕不顧：不回頭看。

〔5〕巾笥而藏之：用巾布包裹好，裝入箱子妥善收藏。笥，方形竹器。

〔6〕寧無：寧可死去。《莊子・秋水》作「寧其死爲留骨而貴乎」。

〔7〕曳尾塗中：搖著尾巴生活在泥水中。曳（yè），拖，搖動。塗中，泥水中。

〔8〕掉：搖。

〔9〕郊祭：猶郊祀。祭祀天地。古代於郊外祭祀天地，南郊祭天，北郊祭地。《禮記・郊特牲》：「郊之祭也，迎長日之至也。」孔穎達疏：「此一節，總明郊祭之義。迎長日之至也者，明郊祭用夏正建寅之月……今正月建寅，郊祭通而迎此長日之將至。」　犧牛：祭祀用的牛。《莊子・列禦寇》：「或聘於莊子，莊子應其使曰：『子見夫犧牛乎？衣以文繡，食以芻菽。及其牽而入於太廟，雖欲爲孤犢，其可得乎？』」

〔10〕食以芻菽：用草料來餵養。食（sì），餵養，飼養。芻，牲口吃的草料。菽，大豆；泛指豆類。

〔11〕太廟：帝王的祖廟。《論語・八佾》：「子入太廟，每事問。」

〔12〕洸洋：疊韻聯綿字。水勢浩大的樣子。比喻言辭或文章恣肆放縱。《史記・

老子韓非列傳》：「其言洸洋自恣以適己，故自王公大人不能器之。」司馬
貞索隱：「洸洋，音汪羊二音，又音晃養。」《明史・唐順之傳》：「（唐順
之）爲古文，洸洋紆折有大家風。」清周亮工《跋黃心甫自敘年譜前》：「（黃
心甫）以好爲洸洋自恣之辭，不能俛首從時好，故垂老無所遇，獨以撰述
自娛。」

〔13〕一玄：指道。《老子》書中稱「道」爲「玄之又玄」，後因以指道家學說。《文
選・孔稚珪〈北山移文〉》：「世有周子，雋俗之士，既文且博，亦玄亦史。」
張銑注：「玄，謂老莊之道也。」《梁書・武帝紀下》：「少而篤學，洞達儒、
玄。」《魏書・儒林傳・李業興》：「蕭衍親問業興曰：『聞卿善於經義，儒、
玄之中何所通達？』」

〔14〕弗避烏鳶：並不避開烏鴉、鳶鳥的啄食。

《莊子・列禦寇》：「莊子將死，弟子欲厚葬之。莊子曰：『吾以天地爲棺槨，
以日月爲連璧，星辰爲珠璣，萬物爲齎送，吾葬具豈不備耶？何以加此！』
弟子曰：『吾恐烏鳶之食夫子也。』莊子曰：『在上爲烏鳶食，在下爲螻蟻
食，奪彼與此，何其偏也。』」

【譯文】

　　莊周，是宋國蒙人。莊周少年時學習老子之術，曾經擔任蒙之漆園吏。
後來避世而自放，不出仕。王公大人都不能夠聘用莊子。楚威王派大夫帶著
百金去聘請莊周，當時莊周正在濮水邊釣魚，他手持魚竿，頭都沒有回，說：
「我聽說楚國有一個神龜，已經死去二千年了，楚王用巾布包裹、裝入箱子，
妥善地藏起來，而供奉在太廟的桌案上。這個神龜是寧可死亡而留下骨頭而
受到人們的尊貴呢，還是寧可活著而自由自在地搖著尾巴在泥水中呢？」大
夫說：「那當然願意搖著尾巴自由自在地生活在泥水中。」莊子說：「你回去
吧！我要搖著尾巴自由自在地生活在泥水中。」有人又以千金之重禮聘請莊
周出任國相，莊周說：「你沒有看見那個用以郊祭時供獻的牛嗎？披著華麗
珍貴的錦繡，吃著上等的草料和豆類。但是等到它被牽入太廟時，再想做一
頭孤零零的牛，哪裏能夠辦得到呢？」於是，莊子終身沒有做官。

　　莊周輕視世人，寫有汪洋恣肆的寓言。他的文章窮盡萬物妙理，變化無
方，而所學專守玄妙大道。莊周寧肯遊戲於世間以求自適情志，得全天性。
國家以重禮相聘，卻難以招延莊周出仕。當死亡將要來臨時，莊周無所留戀，
極其通達，並不迴避烏鳶的啄食。

段干木

　　段干木者〔1〕，晉人也。少貧且賤，心志不遂，乃治清節〔2〕，遊西河〔3〕，師事卜子夏與田子方〔4〕。李克、翟璜、吳起等居於魏〔5〕，皆爲將，唯干木守道不仕。魏文侯欲見，就造其門〔6〕，段干木踰牆而避文侯〔7〕。文侯以客禮待之④，出，過其廬而軾〔8〕。其僕問曰：「干木，布衣也。君軾其廬，不已甚乎？」文侯曰：「段干木，賢者也。不移勢利，懷君子之道〔9〕，隱處窮巷，聲馳千里，吾敢不軾乎？干木先乎德，寡人先乎勢；干木富乎義，寡人富乎財。勢不若德貴，財不若義高。」又請爲相，不肯。後卑己固請見，與語，文侯立，倦不敢息〔10〕。夫文侯名過齊桓公者〔11〕，蓋能尊段干木、敬卜子夏、友田子方故也。

　　干木自晉，萍寓西河。群賢分組，樹介岩阿。

　　千乘登門，跳躍逃徂。騰光韋素，耿照弗磨。

【注釋】

〔1〕段干木：姓段干，名木。《學林》卷二：「魏有段干木，乃複姓段干，而名木。《史記・老子傳》曰：『老子之子名宗，宗爲魏將，封於段干。』裴駰注曰：『段干，魏邑名。有段干木、段干子田、段干朋，蓋因邑爲姓也。』前漢班固《幽通賦》曰：『木偃息以蕃魏兮。』乃舉段干木之名也。」
《藝文類聚》卷三六引嵇康《高士傳》：「段干木者，治清節，遊西河，守道不仕。魏文侯就造其門，干木踰牆而避之。文侯以客禮，出，過其廬則式。其僕問之，文侯曰：『干木不趨勢，隱處窮巷，聲馳千里，敢勿式乎？』文侯所以名過齊桓公者，能尊段干木，敬卜子夏，友田子方也。」

〔2〕治清節：修煉清高的節操。《漢書・王貢兩龔鮑傳贊》：「春秋列國卿大夫及至漢興將相名臣，懷祿耽寵以失其世者多矣！是故清節之士於是爲貴。」晉陶潛《詠貧士》詩之五：「至德冠邦閭，清節映西關。」明鳳尹岐《送兄廣東參政應奎》詩：「珍重平生清節在，不妨引滿酌貪泉。」

〔3〕西河：指戰國魏國境內黃河附近地區。《史記・仲尼弟子列傳》：「子夏居西河教授，爲魏文侯師。」一說在今陝西韓城縣或山西汾陽縣境，一說在今河南安陽縣境。

〔4〕師事卜子夏與田子方：《史記・儒林列傳》：「子夏居西河，子貢終於齊。如田子方、段干木、吳起、禽滑釐之屬，皆受業於子夏之倫，爲王者師。」

卜子夏，姓卜，名商，字子夏。

〔5〕李克：戰國時魏人。孔子刪《詩》授卜商，卜商爲之序以授魯人曾申，
　　　曾申授魏人李克，李克授魯人孟仲子。　翟璜：魏文侯時爲國相。　吳
　　　起：《史記·吳起列傳》：「吳起者，衛人也。好用兵。嘗學於曾子，事魯
　　　君。齊人攻魯，魯欲將吳起，吳起取齊女爲妻，而魯疑之。吳起於是欲
　　　就名，遂殺其妻以明不與齊也。魯卒以爲將，將而攻齊，大破之……吳
　　　起於是聞魏文侯賢，欲事之。文侯問李克曰：『吳起何如人哉？』李克曰：
　　　『起，貪而好色，然用兵，司馬穰苴不能過也。』於是魏文侯以爲將，
　　　擊秦，拔五城。」

〔6〕就：趨向，接近。　造：往，到。

〔7〕踰牆：越牆。《孟子·滕文公下》：「公孫丑問曰：『不見諸侯何義？』孟
　　　子曰：『古者不爲臣不見。段干木踰垣而辟之，泄柳閉門而不內，是皆已
　　　甚迫，斯可以見矣。』」

〔8〕軾：古代車廂前面用作扶手的橫木。行車途中，雙手扶著車軾，立身端正
　　　以示尊敬。《漢書·石奮傳》：「過宮門闕，必下車趨，見路馬，必軾焉。」
　　　顏師古注：「軾，謂扶軾，蓋爲敬也。」
　　　《呂氏春秋·期賢》：「魏文侯過段干木之閭而軾之，其僕曰：『君胡爲軾？』
　　　曰：『此非段干木之閭歟？段干木，蓋賢者也。吾安敢不軾？且吾聞段干
　　　木未嘗肯以己易寡人也，吾安敢驕之？段干木光乎德，寡人光乎地；段
　　　干木富乎義，寡人富乎財。』其僕曰：『然則君何不相之？』於是君請相
　　　之。段干木不肯受，則君乃致祿百萬，而時往館之。於是國人皆喜，相
　　　與誦之曰：『吾君好正，段干木之敬；吾君好忠，段干木之隆。』」

〔9〕不移勢利，懷君子之道：移，當作「趨」。
　　　《淮南子·脩務訓》：「段干木辭祿而處家，魏文侯過其閭而軾之。其僕曰：
　　　『君何爲軾？』文侯曰：『段干木在，是以軾。』其僕曰：『段干木布衣
　　　之士，君軾其閭，不已甚乎？』文侯曰：『段干木不趨勢利，懷君子之道，
　　　隱處窮巷，聲施千里，寡人敢勿軾乎？段干木光於德，寡人光於勢；段
　　　干木富於義，寡人富於財。勢不若德尊，財不若義高。干木雖以己易寡
　　　人不爲。』」

〔10〕倦不敢息：疲倦了卻不敢休息。
　　　《說苑·尊賢》：「魏文侯見段干木，立倦而不敢息；及見翟黃，踞堂而與

之言。翟黃不說，文侯曰：『段干木，官之，則不肯；祿之，則不受。今汝
欲官則相至，欲祿則上卿。既受吾賞，又責吾禮，毋乃難乎？』」

〔11〕夫文侯名過齊桓公者：《呂氏春秋・舉難》：「孟嘗君問於白圭曰：『魏文侯
名過桓公，而功不及五伯，何也？』白圭對曰：『文侯師子夏，友田子方，
敬段干木，此名之所以過桓公也。』」

〔12〕韋素：韋布素衣。指家世清寒。元揭傒斯《靖州廣德書院記》：「今栗氏以
窮邦韋素之士，奮然鼓舞，俄以韓、柳、文、魏之責自任，亦可謂難也已！」

【譯文】

段干木，是晉國人。少年時生活清貧且地位低下，他的遠大志向難以實
現，於是堅守清高的節操，遊歷西河，拜卜子夏和田子方爲師。李克、翟璜、
吳起等人在魏國，都做將軍，只有段干木安貧守道而未出仕。魏文侯想拜見
段干木，便登門拜訪，段干木越牆而走，躲避開魏文侯。魏文侯以對待客人
的禮節敬慎地對待段干木，魏文侯每次出門，經過段干木的房舍時，都會恭
敬地站在車子上，手扶橫木以示尊敬。魏文侯的僕人說：「段干木是一介平民，
君王您經過段干木的房舍就恭敬地扶軾而立，不是太過分了嗎？」魏文侯說：
「段干木是一個賢能的人。他能夠不趨向於權勢和利祿，胸懷君子之道，隱
居在僻陋的小巷中，而名聲卻遠播千里，我豈敢不恭敬地扶軾而立嗎？段干
木以德爲先，我以權勢爲先；段干木富於義，而我富於財。勢不如德貴，財
不如義高。」魏文侯又請段干木出任國相，段干木不肯答應。後來魏文侯又
屈尊前往，堅持要拜見段干木，魏文侯與段干木談話，魏文侯站立一旁，疲
倦了也不敢稍作休息。魏文侯的名聲超過齊桓公，就是因爲他能夠尊崇段干
木，敬重卜子夏，友愛田子方。

段干木來自晉國，像飄萍一樣暫且寄居在西河。李克、吳起等賢人都獲
得高官，只有段干木像孤樹挺立於山岩之上，堅決隱居不仕。魏文侯以千乘
之尊來登門拜訪，段干木跳牆而逃走，迴避魏文侯。段干木以布衣而光輝耀
世，他的耿介不阿的風範永遠不會磨滅。

東郭順子

東郭順子者〔1〕，魏人也，修道守眞〔2〕。田子方師事之〔3〕，而爲魏
文侯師友。侍坐於文侯〔4〕，數稱溪工〔5〕。文侯曰：「溪工，子之師耶？」

子方曰：「非也。無擇之里人也〔6〕。稱道數當〔7〕，故無擇稱之。」文侯
曰：「然則子無師耶？」子方曰：「有。」文侯曰：「子師誰耶？」子方
曰：「東郭順子也。」文侯曰：「然則夫子何故未嘗稱之？」子方曰：「其
爲人也眞，人貌而天虛〔8〕，緣而葆眞〔9〕，清而容物〔10〕。物無道，則
正容以悟之，使人之意也消。無擇何足以稱之？」子方出。文侯曰：「遠
哉！全德之君子〔11〕。始吾以聖智之言、仁義之行爲至矣，吾聞子方之
師，吾形解而不欲動〔12〕，口鉗而不欲言〔13〕。吾所學者，眞土梗耳〔14〕。
夫魏眞爲我累耳。」

灝灝東郭〔15〕，動展如天。清虛應物，獨抱自然。

迷窺高弟〔16〕，欲述難言。文侯失志〔17〕，爵國可捐。

【注釋】

〔1〕東郭順子：居在城郭之東，因以爲氏，名順子，田子方之師。

〔2〕守眞：保守天眞；保持本性。眞，生命本眞。語出《莊子·漁父》：「愼守
其眞，還以物與人，則無所累矣。」《後漢書·申屠蟠傳》：「安貧樂潛，味
道守眞，不爲燥濕輕重，不爲窮達易節。」晉葛洪《抱朴子·道意》：「患
乎凡夫，不能守眞。」唐錢起《過曹鈞隱居》詩：「之子秉高節，攻文還守
眞。」

〔3〕田子方：姓田，名無擇，字子方。魏國賢人。

〔4〕侍坐於文侯：侍坐，陪侍。

《莊子·田子方》：「田子方侍坐於魏文侯，數稱溪工。文侯曰：『溪工，子
之師耶？』子方曰：『非也，無擇之里人也；稱道數當，故無擇稱之。』文
侯曰：『然則子無師耶？』子方曰：『有。』曰：『子之師誰耶？』子方曰：
『東郭順子。』文侯曰：『然則夫子何故未嘗稱之？』子方曰：『其爲人也
眞，人貌而天虛，緣而葆眞，清而容物。物無道，正容以悟之，使人之意
也消。無擇何足以稱之！』子方出，文侯倘然終日不言，召前立臣而語之
曰：『遠矣，全德之君子！始吾以聖知之言、仁義之行爲至矣，吾聞子方之
師，吾形解而不欲動，口鉗而不欲言。吾所學者眞土梗耳，夫魏眞爲我累
耳！』」

〔5〕溪工：姓溪，名工，魏國賢人。

〔6〕無擇：田子方。　里人：同里之人。里，里巷，民戶聚居處。古代地方基

層單位，建制歷代不一。《周禮・遂人》：「五家爲鄰，五鄰爲里。」

〔7〕稱道數當：言論常常很確當。

〔8〕人貌而天虛：人的容貌而心靈契合自然。虛，指心。俞樾《莊子平議》
說：「郭《注》以『人貌而天』四字爲句，殆失其讀也。此當以『人貌而
天虛』爲句。『人貌天虛』，相對成義。『緣而保眞』爲句，與『清而容哦』
相對成義。『虛』者，孔竅也。《淮南子・泛論篇》：『若循虛而出入。』
高注曰：『虛，孔竅也。』訓『孔竅』，故亦訓『心』。《俶眞篇》：『虛室
生白。』注曰：『虛，心也。』……此云：『人貌而天虛』，即人貌而天心，
言其貌則人，其心則天也。學者不達『虛』字之義，誤屬下讀，則『人
貌而天』句文義不完。下兩句本相儷者亦參差不齊也。」

〔9〕緣而葆眞：順應外物而保有天性。

〔10〕清而容物：清介不阿而能容人。

〔11〕全德之君子：指東郭順子。

〔12〕形解：形體解脫。古代方士謂修道成仙，魂魄離體，留下形骸。《史記・封
禪書》：「（宋毋忌等）爲方仙道，形解銷化，依於鬼神之事。」裴駰集解引
服虔曰：「尸解也。」唐顏眞卿《茅山玄靖先生廣陵李君碑銘》：「（先生）
德本無累，道心有常，寔曰形解，孰云坐亡？」宋莊季裕《雞肋編》卷中：
「道有默仙，謂之形解。」

〔13〕口鉗：，口不能言，緘默。

〔14〕土梗：土偶，土人。泥塑偶像。亦以喻輕賤無用。《戰國策・趙策一》：「夜
半，土梗與木梗鬥。」《莊子・田子方》：「吾所學者，直土梗耳。」成玄英
疏：「自覺所學，土人而已，逢雨則壞，並非其物。」林希逸《莊子口義》
說：「土梗者，得其粗，不得其精也。」《文選・劉孝標〈廣絕交論〉》：「視
若遊塵，遇同土梗。」李善注：「遊塵土梗，喻輕賤也。」唐杜甫《雷》詩：
「眞龍竟寂寞，土梗空俯僂。」宋葉適《〈徐斯遠文集〉序》：「視榮利如土
梗，以文達志，爲後生法。」清戴名世《與弟書》：「五經二十一史，今之
視爲土梗，而天下幾無讀書者矣。」

〔15〕灝灝：廣大無邊際。漢揚雄《法言・寡見》：「灝灝之海，濟，樓航之力
也。」唐皇甫湜《韓文公墓銘》：「（先生之作）茹古涵今，無有端涯，渾
渾灝灝，不可窺校。」唐柳宗元《南嶽大明寺律和尚碑》：「晦而光，介
而大，灝灝焉無以加也。」

〔16〕迷窺：無法探測到。高弟：指田子方。

〔17〕文侯失志：《莊子·田子方》：「子方出，文侯儻然終日不言。」

【譯文】

　　東郭順子，是魏國人，進修道術而保有天眞。田子方拜東郭順子爲師而學習，而田子方是魏文侯的師友。田子方陪侍在魏文侯那裏，幾次稱頌溪工。魏文侯說：「溪工是你的老師嗎？」田子方說：「不是的，他是我的同鄉。他的言論常常很確當，所以我稱讚他。」魏文侯說：「那麼你沒有老師嗎？」田子方說：「有的。」魏文侯說：「你的老師是誰呢？」田子方說：「我的老師是東郭順子。」魏文侯說：「那麼你爲什麼從來沒有稱讚過他呢？」田子方說：「東郭順子爲人眞純，常人的容貌而心靈能夠契合自然，能夠順應外物而保守天性，清介不阿而能容納外物（他人）。如果遇見無道之人，東郭順子便能正顏開悟他，使人的邪念自然消除。我哪裏有能力來稱讚他呢！」田子方出去後，魏文侯歎息說：「太深遠了，全德的君子東郭順子！當初我以爲聖智的言論、仁義的行爲是最好的了，我聽到田子方老師的言論，我身體解脫而不想動，口如鉗夾而不想說話。我所學到的只不過是粗劣的形迹而已。魏國眞是我的沉重的負擔啊！」

　　廣大無邊的東郭順子，行動完全符合天道。內心清虛，能夠順應外物，獨抱自然之道，保有天性。高徒田子方也不能窺測到東郭順子的本眞，想陳述東郭順子的思想卻難以言說。魏文侯受教益後，悵然失志，寧願將高爵厚祿、國家都拋棄。

公儀潛

　　公儀潛者，魯人也，與子思爲友〔1〕。穆公因子思而致命〔2〕，欲以爲相。子思曰：「公儀子此所以不至也。君若饑渴待賢〔3〕，納用其謀，雖蔬食飲水〔4〕，伋亦願在下風〔5〕。如以高官厚祿爲釣餌，而無信用之心，公儀子智若魯者可也〔6〕。不爾，則不踰君之庭。且臣不佞〔7〕，又不能爲君操竿下釣⑤，以傷守節之士。」潛竟終身不屈。

　　魯慕公儀，崇階以釣〔8〕。授意孔思〔9〕，乃非誠到。

　　面返君言，高陳友操。考盤弗諼〔10〕，畢景怡道〔11〕。

【注釋】

〔1〕子思：孔伋，字子思，孔子之孫。

《孔叢子・公儀》：「魯人有公儀借（數本皆作『潛』）者，砥節礪行，樂道好古，恬於榮利，不事諸侯。子思與之友。穆公因子思欲以爲相，謂子思曰：『公儀子必輔寡人，參分魯國而與之一，子其言之。』子思對曰：『如君之言，則公儀子愈所以不至也。君若饑渴待賢，納用其謀，雖蔬食水飲，伋亦願在下風。今徒以高官厚祿釣餌君子，無信用之意，公儀子之智若魚鳥可也，不然，則彼將終身不躡乎君之庭矣。且臣不佞，又不任爲君操竿下釣，以蕩守節之士也。』」

〔2〕致命：傳達言辭、使命。《禮記・喪大記》：「使者升堂致命。」《史記・項羽本紀》：「項王使人致命懷王。」唐李公佐《南柯太守傳》：「槐安國王遣小臣致命奉邀。」

〔3〕饑渴待賢：即求賢若渴之意。

〔4〕雖：即使。　蔬食水飲：吃蔬菜飲清水，比喻清貧的生活。

〔5〕下風：比喻處於低下的地位。有時作謙辭。《左傳・僖公十五年》：「晉大夫三拜稽首曰：『君履后土而戴皇天，皇天后土，實聞君之言，群臣敢在下風。』」《南齊書・安陸昭王緬傳》：「竟陵王子良與緬書曰：『竊承下風，數十年來未有此政。』」宋葉適《樂清縣學三賢祠堂記》：「自紹興庚辰至乾道辛卯，公名節爲世第一，士無不趨下風者。」

〔6〕魯：愚魯，拙笨，愚蠢。此句《孔叢子・公儀》作「公儀子之智若魚鳥可也」。

〔7〕不佞：無才智。謙辭，猶言不才。佞，有才智。《左傳・僖公十五年》：「寡人不佞，能合其衆而不能離也。」宋葉適《上西府書》：「某不佞，自以爲無三者之患而獨有憂世之心。」清戴名世《疑解》：「僕不佞，適有類於北宮子。」

〔8〕崇階：高官厚祿。明李贄《答耿司寇》：「吾謂孔孟當此時若徒隨行逐隊，旅進旅退，以戀崇階，則寧終身空室陋巷窮餓而不悔矣。」清侯方域《擬思宗改元廷臣謝表》：「生入玉門之關，已叨非望；新脫龍城之戍，便授崇階。」

〔9〕孔思：即子思。

〔10〕考盤：成德樂道，比喻隱居。《詩經・衛風・考盤》：「考盤在澗，碩人之

寬。」毛《傳》:「考，成；盤，樂。」陳奐疏:「成樂者，謂成德樂道也。」《考盤序》則言此詩為刺莊公「不能繼先公之業，使賢者退而窮處。」故後來即比喻隱居。　　弗諼:不忘。諼（xuān），忘記。

〔11〕畢景（yǐng）:整天，整日。《南史・殷臻傳》:「（臻）幼有名行，袁粲、儲彥回並賞異之，每造二公之席，輒清言畢景。」唐孟浩然《題終南翠微寺空上人房》詩:「兩心喜相得，畢景共談笑。」

【譯文】

公儀潛，是魯國人，和子思是好朋友。魯穆公想通過子思來傳達他的命令，準備請公儀潛出任國相。子思說:「公儀潛就是因為這個原因而不來的。君王如果求賢若渴，採納他的謀略建議，即使過著吃蔬菜喝冷水這樣清貧的生活，我也願意為您效力。如果你以高官厚祿為誘餌，卻沒有信任和重用之心，公儀潛如果是一個愚笨的人也許還可以。不然，公儀潛是不會來到你的庭院的。況且我又無才智，不能為您手持釣杆而下誘餌，從而傷害了堅守節操之士。」公儀潛終身沒有屈服而出仕。

魯穆公仰慕公儀潛，想以高官厚祿誘致公儀潛。魯穆公乃授意子思誘致，並不是真心誠意地仰慕公儀潛。子思當面回復了魯穆公，很好地陳述了公儀潛的節操。公儀潛不忘隱居，整天都沉浸在體悟大道的快樂之中。

王　斗

王斗者，齊人也，修道不仕，與顏歜並時〔1〕。曾造齊宣王門〔2〕，欲見宣王，宣王使謁者延斗入〔3〕，斗曰:「斗趨見王為好勢，王趨見斗為好士，於王何如？」謁者還報，王曰:「先生徐之〔4〕，寡人請從〔5〕。」王趨而迎之於門，曰:「寡人奉先君之宗廟，守社稷，聞先生直言正諫不諱〔6〕。」斗曰:「王之憂國愛民，不若王之愛尺縠也〔7〕。」王曰:「何謂也？」斗曰:「王使人為冠，不使左右便辟而使工者，何也〔8〕？為能之也。今王治齊國，非左右便辟則無使也，臣故曰不如愛尺縠也。」王起，謝曰〔9〕:「寡人有罪於國家矣。」於是舉士五人，任之以官。齊國大治，王斗之力也。

卓犖王斗，抗節齊門〔10〕。袞衣奔走〔11〕，至訓希聞。

方聆咳規〔12〕，省過以承。聊揚五彥〔13〕，境庶咸寧。

【注釋】

〔1〕顏歜（chù）：即顏斶（chù），齊國賢士。事跡見下篇《顏斶》。　並時：同時。

〔2〕曾造齊宣王門：造，往，到。

《戰國策・齊策四》：「先生王斗造門而欲見齊宣王。宣王使謁者延入，王斗曰：『斗趨見王爲好勢，王趨見斗爲好士，於王何如？』使者復還報，王曰：『先生徐之，寡人請從。』宣王因趨而迎之於門，與入，曰：『寡人奉先君之宗廟，守社稷，聞先生直言正諫不諱。』王斗對曰：『王聞之過。斗生於亂世，事亂君，焉敢直言正諫。』宣王忿然作色不說。」

〔3〕謁者：官名。始置於春秋、戰國時，秦漢因之。掌賓贊受事，即爲天子傳達。南朝梁置謁者臺，掌朝覲賓饗及奉詔出使。陳及隋皆因之，唐改爲通事舍人。亦作爲使者的別稱。漢哀帝置河堤謁者，即派往地方主管水利的官吏。後來亦用以泛指傳達、通報的奴僕。　延：邀請。

〔4〕徐之：稍稍等待。之，助詞，表示補充音節。

〔5〕請從：請允許我遵從您的意見。即出門親自迎接王斗。

〔6〕聞先生直言正諫不諱：諱，避諱。此句後，《戰國策・齊策四》尚有一段文字：「有間，王斗曰：『昔先君桓公所好者，九合諸侯、一匡天下，天子受籍，立爲大伯。今王有四焉。』宣王說，曰：『寡人愚陋，守齊國唯恐失抎之，焉能有四焉。』王斗曰：『否。先君好馬，王亦好馬；先君好狗，王亦好狗；先君好酒，王亦好酒；先君好色，王亦好色；先君好士，是王不好士。』宣王曰：『當今之世無士，寡人何好？』王斗曰：『世無騏驎騄耳，王駟已備矣；世無東郭逡、盧氏之狗，王之走狗已具矣；世無毛嬙、西施，王宮已充矣。王亦不好士也，何患無士？』王曰：『寡人憂國愛民，固願得士以治之。』」

〔7〕縠（hú）：縐紗。

〔8〕便辟：亦作「便僻」，指君主左右受寵幸的小臣。《管子・立政》：「三本者不審，則邪臣上通，而便辟制威。」

〔9〕謝：道歉。

《戰國策・齊策四》：「王斗曰：『王之憂國愛民，不若王愛尺縠也。』王曰：『何謂也？』王斗曰：『王使人爲冠，不使左右便辟而使工者，何也？爲能之也。今王治齊，非左右便辟無使也。臣故曰不如愛尺縠也。』宣王謝曰：

『寡人有罪國家。』於是舉士五人任官，齊國大治。」

〔10〕抗節：堅守節操。

〔11〕袞（gǔn）衣：古代帝王及三公所穿禮服。《說文》：「袞，天子享先王，卷龍繡於下幅，一龍蟠阿上鄉。」《周禮・春官・司服》：「享先王則袞冕。」鄭玄注引鄭司農曰：「袞，卷龍衣也。」

〔12〕咳規：規勸。咳（kài），欬，咳嗽。

〔13〕五彥：五位人才。彥，美士，才德傑出的人。

【譯文】

　　王斗，是齊國人，修道養性，不去做官，與顏斶同時。王斗曾經前往齊宣王的門口，想謁見齊宣王，齊宣王派遣謁者邀請王斗進入，王斗說：「我前趨而拜謁君王喜好權勢，君王前趨而迎接我是喜好人才，對於君王應該怎樣做呢？」謁者回去報告齊宣王，齊宣王說：「請王斗先生暫且等等，我將親自出門迎接。」齊宣王前趨而至門口迎接王斗，說：「我敬奉先君的宗廟，保衛社稷，願意聽從先生的直言正諫而無所避諱。」王斗說：「大王的憂國愛民，比不上愛好一尺見方的縐紗。」齊宣王說：「這是什麼意思？」王斗說：「大王讓人做冠冕，不派遣身邊的寵幸小臣，而派遣工匠，這是為什麼呢？是因為工匠擅長製作。現在大王治理齊國，如果不是身邊的寵幸小臣則不派遣，我因此說大王憂國愛民比不上喜愛一尺見方的縐紗。」齊宣王站起，道歉說：「我對國家是有罪的啊！」於是王斗推舉五個人才，齊宣王都任為官吏。齊國治理得很好，是王斗的功勞啊。

　　王斗超絕不群，能夠在齊宣王門前堅守節操。權貴每每奔走於勢利，很少聽到這樣剛正的訓示了。齊宣王聽到這樣的勸勉意見，反省自己的過失，虛心接受了王斗的意見。王斗推薦了五位賢才，使得國家和百姓得以安寧。

顏　斶

　　顏斶，齊人也。宣王見之〔1〕，王曰：「斶前〔2〕！」斶亦曰：「王前！」宣王不說〔3〕。左右曰：「王，人君也。斶，人臣也。王曰『斶前』，斶亦曰『王前』，可乎？」斶對曰：「夫斶前為慕勢〔4〕，王前為趨士〔5〕。與使斶為慕勢，不如使王為趨士。」王忿然作色曰：「王者貴乎？士貴乎？」對曰：「士貴耳，王者不貴。」王曰：「有說乎？」

斶曰：「有。昔者秦攻齊，令曰：『有敢去柳下季壟五十步而樵採者〔6〕，死不赦。』令曰：『有能得齊王頭者，封萬戶侯，賜金千鎰。』由是觀之，生王之頭，曾不若死士之壟也。」〔7〕宣王繼曰：「顏先生與寡人遊，食太牢〔8〕，乘安車〔9〕，妻子衣服麗都〔10〕。」顏斶辭去曰：「斶願得歸，晚食以當肉，安步以當車，無罪以當貴，清淨貞正以自虞〔11〕。」遂辭而去。

特哉齊斶，劇折廟堂。上陳二帝，下舉三王〔12〕。

賓師靡諾〔13〕，形神恐妨〔14〕。終身不辱，野籙有光。

【注釋】

〔1〕宣王：齊宣王，戰國時齊國國君，姓田，名闢疆，齊威王之子。公元前319～前301年在位。此條見於《戰國策・齊策四》，記載頗為詳備。

《太平御覽》卷五一〇引嵇康《高士傳》：「顏歜者，齊人也。宣王見之，王曰：『歜前。』歜曰：『王前。』王不悅，歜曰：『夫歜前為慕勢，王前為趨士。』王作色曰：『士貴乎？』歜曰：『昔秦攻齊，令曰「敢近柳下惠壟樵者罪死不赦，有能得齊王頭者封萬戶。」由是觀之，生王之頭，不如死士之壟。』齊王曰：『願先生與寡人遊，食太牢，乘安車。』歜曰：『願得蔬食以當肉，安步以當輿，無罪以當貴，清淨以自娛。』遂辭而去。」

〔2〕前：動詞，向前，上前。

〔3〕說（yuē）：通「悅」，高興。

〔4〕慕勢：趨附權勢。北魏楊衒之《洛陽伽藍記・秦太上君寺》：「臨淄官徒有在京邑，聞懷甎慕勢，咸共恥之。」《南史・張融傳》：「使融不為慕勢，而令君為趨士，豈不善乎？」

〔5〕趨士：即禮賢下士。

〔6〕柳下季：陸德明《經典釋文》卷二八：「柳下惠，姓展，名獲，字季禽，一云字子禽。居柳下而施德惠。一云『惠』，謚也；一云『柳下』，邑名。案《左傳》云展禽是魯僖公時人，至孔子生，八十餘年。若至子路之死，百五六十歲，不得為友，是寄言也。」 壟：墳墓。樵採：砍伐樹木，打柴。

〔7〕曾：竟然。

《戰國策・齊策四》此處仍有顏斶的一段談論：「宣王默然不悅。左右皆曰：『斶來，斶來！大王據千乘之地而建千石鍾、萬石簴。天下之士，仁

義皆來役處；辯智並進，莫不來語；東西南北，莫敢不服。求萬物無不備具，而百姓無不親附。今夫士之高者乃稱匹夫，徒步而處農畝，下則鄙野、監門、閭里，士之賤也，亦甚矣！』矚對曰：『不然。矚聞古大禹之時，諸侯萬國，何則？德厚之道，得貴士之力也。故舜起農畝，出於野鄙而爲天子。及湯之時，諸侯三千。當今之世，南面稱寡者，乃二十四。由此觀之，非得失之策與？稍稍誅滅，滅亡無族之時，欲爲監門、閭里，安可得而有乎哉？是故《易傳》不云乎「居上位，未得其實，以喜其爲名者，必以驕奢爲行。據慢驕奢，則凶必從之。是故無其實而喜其名者削，無德而望其福者約，無功而受其祿者辱，禍必握。」故曰：「矜功不立，虛願不至。」此皆幸樂其名，華而無其實德者也。是以堯有九佐，舜有七友，禹有五丞，湯有三輔，自古及今而能虛成名於天下者，無有。是以君王無羞亟問，不愧下學。是故成其道德而揚功名於後世者，堯、舜、禹、湯、周文王是也。……老子曰：「雖貴，必以賤爲本；雖高，必以下爲基。是以侯王稱孤、寡、不穀，是其賤之本與？」非夫孤寡者，人之困賤下位也，而侯王以自謂，豈非下人而尊貴士與？夫堯傳舜，舜傳禹，周成王任周公旦，而世世稱曰明主，是以明乎士之貴也。』」

〔8〕太牢：古代祭祀，牛、羊、豬三牲全備爲太牢。此處意謂食必有肉。《莊子‧至樂》：「具太牢以爲膳。」成玄英疏：「太牢，牛羊豕也。」晉葛洪《抱朴子‧道意》：「若養之失和、伐之不解，百痾緣隙而結、榮衛竭而不悟，太牢三牲，曷能濟焉。」《清史稿‧禮志一》：「太牢：羊一、牛一、豕一。」亦有專指牛爲太牢者。《大戴禮記‧曾子天圓》：「諸侯之祭，牛曰太牢。」

〔9〕安車：古代可以安坐的一種小車。古車立乘，此爲坐乘，故稱安車。供年老的高級官員及貴婦人乘用。高官告老還鄉或徵召有重望的人，往往賜乘安車。安車多用一馬，禮尊者則用四馬。《周禮‧春官‧巾車》：「安車，彫面鷖總，皆有容蓋。」鄭玄注：「安車，坐乘車。凡婦人車皆坐乘。」《漢書‧張禹傳》：「爲相六歲，鴻嘉元年，以老病乞骸骨，上加優再三乃聽許。賜安車駟馬，黃金百斤，罷就第。」晉皇甫謐《高士傳‧韓康》：「桓帝時，乃備元纁安車以聘之。使者奉詔造康，康不得已，乃佯許諾，辭安車，自乘柴車冒晨先發。」

〔10〕麗都：華美。都，美好。

〔11〕虞：通「娛」，娛樂。

〔12〕上陳二帝，下舉三王：指唐堯、虞舜、夏禹、商湯、周文王。《戰國策·齊策四》：「是以堯有九佐，舜有七友，禹有五丞，湯有三輔，自古及今而能虛成名於天下者，無有。是以君王無羞亟問，不愧下學。是故成其道德而揚功名於後世者，堯、舜、禹、湯、周文王是也。」

〔13〕賓師：古代指不居官職而受到君主尊重的人。漢王粲《俞兒舞歌·矛俞新福歌》：「宴我賓師，敬用御天，永樂無憂。」宋葉適《夫人王氏墓誌銘》：「而節以恭儉，約以詩禮，賓師必於名士。」元黃溍《追封魏國公諡文忠李公行狀》：「先太母命爲朕賓師者，宜亟任用之。」清龔自珍《五經大義終始答問一》：「賓師乃文致太平之事，孔子之法，箕子之法也。」 靡諾：不答應。

〔14〕形神恐妨：此處謂如出仕則導致形神分離，不能自全。

《戰國策·齊策四》：「宣王曰：『嗟乎！君子焉可侮哉，寡人自取病耳！及今聞君子之言，乃今聞細人之行，願請受爲弟子。且顏先生與寡人遊，食必太牢，出必乘車，妻子衣服麗都。顏斶辭去曰：『夫玉生於山，制則破焉，非弗寶貴矣，然太璞不完。士生乎鄙野，推選則祿焉，非不尊遂也，然而形神不全。斶願得歸，晚食以當肉，安步以當車，無罪以當貴，清靜貞正以自虞。制言者王也，盡忠直言者斶也。言要道已備矣，願得賜歸，安行而反臣之邑屋。』則再拜而辭去也。」

【譯文】

顏斶，是齊國人。齊宣王接見顏斶時說：「顏斶，請到前面來。」顏斶也說：「大王請到前面來。」齊宣王聽了很不高興，左右大臣說：「大王，是君主；顏斶，是人臣。大王說『請顏斶到前面來』，顏斶也說『大王請到前面來』，這怎麼可以呢？」顏斶回答說：「如果我到前面來就是羨慕權勢，而大王到前面來是禮賢能下士。與其使我顏斶羨慕權勢，還不如讓大王禮賢下士。」齊宣王很不高興地說：「是君王高貴呢？還是士人高貴呢？」顏斶回答說：「士人高貴，而君王不高貴。」齊宣王問：「有什麼說法嗎？」顏斶說：「有的。從前秦國進攻齊國，傳令說：『如果有人敢到柳下季的墳墓五十步範圍內砍柴者，格殺毋論。』又傳令說：『如果有人能取來齊王的頭臚，封爲萬戶侯，賞賜一千鎰黃金。』由此看來，一個活著的君王的頭臚，竟然還不如一個已經死去了的士人的墳墓。」齊宣王接著說：「請顏先生與寡人遊

處，食必有肉，乘坐安車，妻子兒女可以穿上華麗的衣服。」顏斶推辭說；
「我願意回家去，簡單的晚飯以當肉，安步以當車，無罪以當高貴，以清淨
堅貞公正以自娛自樂。」顏斶於是告辭而去。

　　傑特啊齊國的顏斶，在廟堂之上很嚴厲地批評了齊宣王。顏斶陳述二帝
三王（唐堯、虞舜、夏禹、商湯、周文王）之道，開啓齊宣王。顏斶沒有答
應齊宣王的延聘，唯恐出仕而妨礙了修身，致使形神不能合一。顏斶終身不
受辱，使得在野之賢人有著無上的光彩。

黔婁先生

　　黔婁先生者[1]，齊人也，修身清節，不求進於諸侯。魯恭公聞其
賢[2]，遣使致禮，賜粟三千鍾[3]，欲以爲相，辭不受。齊王又禮之[4]，
以黃金百斤聘爲卿，又不就。著書四篇，言道家之務，號《黔婁子》[5]。
終身不屈，以壽終。

　　黔婁物表，著撰存志。卻相魯公[6]，辭卿齊使[6]。

　　捐世蕭條[8]，斂衾弗備。賢矣配人[9]，以康爲諡。

【注釋】

〔1〕黔婁：事迹不詳，劉向《列女傳》卷二《魯黔婁妻》有記載，曰：「魯黔
　　婁先生之妻也。先生死，曾子與門人往弔之。其妻出戶，曾子弔之，上
　　堂見先生之屍在牖下，枕墼（音 jī，磚坯）席槀（乾枯的枝葉），縕袍不
　　表，覆以布被，手足不盡斂。覆頭則足見，覆足則頭見。曾子曰：『斜引
　　其被則斂矣。』妻曰：『斜而有餘，不如正而不足也。先生以不斜之故，
　　能至於此。生時不邪，死而邪之，非先生意也。』曾子不能應，遂哭之，
　　曰：『嗟乎！先生之終也，何以爲諡？』其妻曰：『以康爲諡。』曾子曰：
　　『先生在時，食不充口，衣不蓋形，死則手足不斂，旁無酒肉，生不得
　　其美，死不得其榮，何樂於此而諡爲康乎？』其妻曰：『昔先生，君嘗欲
　　授之政，以爲國相，辭而不爲，是有餘貴也。君嘗賜之粟三十鍾，先生
　　辭而不受，是有餘富也。彼先生者，甘天下之淡味，安天下之卑位，不
　　戚戚於貧賤，不忻忻於富貴。求仁而得仁，求義而得義，其諡曰康，不
　　亦宜乎？』曾子曰：『唯斯人也，而有斯婦。』」

〔2〕魯恭公：公元前 375～前 354 年在位。

〔3〕鍾：古容量單位。《左傳・昭公三年》：「齊舊四量：豆、區、釜、鍾……釜
　　十則鍾。」杜預注：「六斛四斗。」三千鍾，《列女傳》作「三十鍾」。

〔4〕齊王：或以為是齊威王。

〔5〕黔婁子：《漢書・藝文志》有「《黔婁子》四篇」。

〔6〕卻相：辭去相國。

〔7〕卿：官名。周制，宗周及諸侯皆有卿，位在大夫之上，或曰上大夫為卿。
　　《周禮》有六卿。《說文解字》：「六卿，天官冢宰，地官司徒，春官宗伯，
　　夏官司馬，秋官司寇，冬官司空。」秦漢有九卿，即太常、光祿勳、衛
　　尉、延尉、太僕、大鴻臚、宗正、大司農、少府。

〔8〕捐世：去世，棄世。人死的婉辭。

〔9〕配人：配偶，指黔婁妻。劉向《列女傳》卷二記載黔婁妻謚黔婁為康，曾
　　子以為「唯斯人也，而有斯婦」，且云：「君子謂黔婁妻為樂貧行道。《詩》
　　曰：『彼美淑姬，可與寤言。』此之謂也。」

【譯文】

　　黔婁先生，是齊國人，他修身養性，堅守清高的節操，不願意在諸侯間
汲汲求進取。魯恭公聞知黔婁的賢能，遂派遣使者向黔婁致禮以示尊敬，並
賜給三千鍾粟，想拜他為國相，黔婁推辭而不接受。齊王又致禮於黔婁，以
黃金百斤為禮物，聘請他為卿，黔婁又沒有接受。黔婁著書四篇，主要談論
道家的思想觀點，稱為《黔婁子》。黔婁終身沒有出仕，守節不屈，以年壽終
而去世。

　　黔婁先生超然物外，著書以表明其志向。黔婁辭卻魯恭公的國相，又辭
掉了齊國的卿。黔婁先生去世後甚為蕭條，連裝殮遺體的被子都沒有。黔婁
先生的妻子是一位很賢明的人，她主張贈予黔婁「康」的謚號。

陳仲子

　　陳仲子者〔1〕，齊人也。其兄戴為齊卿〔2〕，食祿萬鍾。仲子以為不
義，將妻子適楚〔3〕，居於陵〔4〕，自謂於陵仲子。窮不苟求，不義之食
不食。遭歲饑，乏糧，三日，乃匍匐而食井上李實之蟲者〔5〕，三咽〔6〕，
而能視。身自織履，妻擘纑以易衣食〔7〕。楚王聞其賢〔8〕，欲以為相，
遣使持金百鎰，至於陵聘仲子。仲子入，謂妻曰：「楚王欲以我為相。

今日爲相，明日結駟連騎，食方丈於前〔9〕。意可乎？」妻曰：「夫子左琴右書，樂在其中矣。結駟連騎，所安不過容膝；食方丈於前，所甘不過一肉。今以容膝之安、一肉之味而懷楚國之憂。亂世多害，恐先生不保命也。」於是出謝使者〔10〕，遂相與逃去，爲人灌園。

　　陳仲退情，於陵控玩〔11〕。輒饑覓李〔12〕，螬食過半〔13〕。

　　楚相敦求〔14〕，山妻了算〔15〕。遂嫁雲蹤，鋤丁自竄。

【注釋】

〔1〕陳仲子：字子終，齊國人。即《荀子・不苟篇》、《韓非子・外儲說右》的「田仲」，《荀子・非十二篇》的「陳仲」，亦作「於陵子仲」。《淮南子・泛論訓》：「季襄、陳仲子立節抗行，不入洿君之朝，不食亂世之食，遂餓而死。」高誘注云：「陳仲子，齊人，孟子弟子。」餓死以及孟子弟子之說恐都不可信。

《太平御覽》卷三九二引嵇康《高士傳》：「於陵仲子，齊人，常歸省母，人饋其兄鵝，仲子嚬蹙曰：『惡用是鶃鶃者哉！』」

〔2〕其兄戴爲齊卿：陳戴，齊卿，其采邑爲蓋（gě）。《孟子・公孫丑下》有「蓋大夫王驩」，閻若璩《四書釋地》云：「以半爲王朝之邑，王驩治之；以半爲卿族之私邑，陳氏世有之。」此說甚是。

《孟子・滕文公下》：「仲子，齊之世家也；兄戴，蓋（gě）祿萬鍾；以兄之祿爲不義之祿而不食也，以兄之室爲不義之室而不居也，避兄離母，處於於陵。他日歸，則有饋其兄生鵝者，已頻顣曰：『惡用是鶃鶃者爲哉？』他日，其母殺是鵝也，與之食之。其兄自外至，曰：『是鶃鶃之肉也。』出而哇之。以母則不食，以妻則食之；以兄之室則弗居，以於陵則居之，是尚爲能充其類也乎？若仲子者，蚓而後充其操者也。」

〔3〕將：攜。適：往，到。

〔4〕於陵（wū líng）：戰國齊於陵邑。閻若璩《四書釋地續》引顧野王《輿地志》和唐張說《石泉驛詩》題自注，以爲於陵在今山東長山縣南，和臨淄相距近二百里。此文曰「適楚，居於陵」，則於陵似在楚地。抑或因楚迎聘陳仲子，皇甫謐遂誤置於陵於楚耶？

〔5〕食井上李實之蟲者：李實，李樹的果實，即李子。

《孟子・滕文公下》匡章曰：「陳仲子豈不誠廉士哉？居於陵，三日不食，

耳無聞，目無見也。井上有李，螬食實者過半矣，匍匐往，將食之，三咽，然後耳有聞，目有見。」

〔6〕三咽：吞了三口。

〔7〕擘（bò）：剖，分開。　纑（lú）：麻縷；麻線。《孟子・滕文公下》：「彼身織屨，妻辟纑，以易之也。」趙岐注云：「緝績其麻曰辟，練其麻曰纑。」

〔8〕楚王聞其賢：楚王聽說陳仲子很賢明。

劉向《列女傳》卷二《楚於陵妻》：「楚於陵子終之妻也。楚王聞於陵子終賢，欲以為相，使使者持金百鎰往聘迎之。於陵子終曰：『僕有箕箒之妾，請入與計之。』即入，謂其妻曰：『楚王欲以我為相，遣使者持金來，今日為相，明日結駟連騎，食方丈於前，可乎？』妻曰：『夫子織屨以為食，非與物無治也。左琴右書，樂亦在其中矣。夫結駟連騎，所安不過容膝；食方丈於前，甘不過一肉。今以容膝之安、一肉之味，而懷楚國之憂，其可乎？亂世多害，妾恐先生之不保命也。』於是子終出謝使者，而不許也。遂相與逃，而為人灌園。君子謂於陵妻為有德行。《詩》云：『愷愷良人，秩秩德音。』此之謂也。」

〔9〕方丈：一丈見方。《孟子・盡心下》：「食前方丈。」謂肴羞羅列之多。

〔10〕謝：推辭，拒絕。《史記・秦本紀》：「秦怨圉亡去，乃迎晉公子重耳於楚，而妻以故子圉妻，重耳初謝，後乃受。」

〔10〕控玩：控制、貪求，此處意謂居住。玩，貪求。

〔11〕輈（zhōu）：車重。《說文解字》：「輈，重也。」段玉裁注：「軒言車輕，輈言車重。引申為凡物之輕重。」輈饑：餓得很厲害。即《孟子・滕文公下》云：「居於陵，三日不食，耳無聞，目無見也。井上有李，螬食實者過半矣，匍匐往，將食之，三咽，然後耳有聞，目有見。」

〔12〕螬（cáo）：蠐螬，金龜子的幼蟲。但以果樹為食物者實為金龜子。

〔13〕楚相敦求：楚國以國相之重位篤誠聘求。

〔14〕山妻：隱士之妻。後多用為自稱其妻的謙詞。　了（liǎo）算：明白地估計、分析。了，明白。《晉書・杜預傳》：「臣心實了。」《世說新語・雅量》：「雖神氣不變，而心了其故。」

【譯文】

陳仲子，是齊國人。他的兄長陳戴是齊國的卿，食祿萬鍾。陳仲子認為這是不義的，便帶著妻子兒女來到楚國，居住在於陵，自稱「於陵仲子」。

陳仲子生活貧窮，但從不苟且乞求，來之不義的食物從來不吃。有一年發生大饑荒，陳仲子缺糧斷飲，三天未吃到食物，因飢餓而匍匐爬行，拾取掉在井邊的被蟲子吃了大半的李子，吞吃了三口，眼睛才能夠看得見。陳仲子親自織麻鞋，妻子擘麻練麻來換取衣物和糧食。楚王聞知陳仲子是賢能之人，想拜其爲國相，派遣使者帶著百鎰黃金，來到於陵聘請陳仲子。陳仲子進入內室，對妻子說：「楚王準備拜我爲國相。今天做了國相，明天就可以擁有成隊的車馬，美味佳肴將會有很多都陳列於面前。你的意見如何呢？」妻子說：「你左邊有琴右邊有書，快樂就在其中。成群結隊的車馬，所佔用的只不過是能夠容得下兩膝的地方；美味佳肴陳列於面前，所喜歡的也只是一塊肉而已。現在你卻以容納一膝之安、享受一塊肉的味道而要懷有楚國的憂患。亂世多有禍害，如此則恐怕先生難以保全性命。」於是陳仲子出而拒絕了使者，並帶著妻子逃走了，隱居而爲人家澆灌菜園。

陳仲子有遐情遠思，居住於於陵。陳仲子餓得很厲害，尋覓到了蟲子吃了一半的李子吃了下去。楚王敦求陳仲子作國相，他的妻子作出了明智的分析，不願陳仲子出仕。陳仲子遂攜妻子隱居，爲別人種菜以避世。

漁　父

漁父者，楚人也。楚亂，乃匿名隱釣於江濱〔1〕。楚頃襄王時〔2〕，屈原爲三閭大夫〔3〕，名顯於諸侯，爲上官靳尚所譖〔4〕，王怒，放之江濱〔5〕，被髮行吟於澤畔〔6〕。漁父見而問之〔7〕，曰：「子非三閭大夫歟？何故至於斯？」原曰：「舉世混濁而我獨清⑥，衆人皆醉而我獨醒，是以見放。」漁父曰：「夫聖人不凝滯於萬物〔8〕，故能與世推移。舉世混濁，何不揚其波汨其泥⑦〔9〕？衆人皆醉，何不餔其糟、歠其醨〔10〕？何故懷瑾握瑜〔11〕，自令放爲〔12〕？」乃歌曰：「滄浪之水清〔13〕，可以濯吾纓〔14〕。滄浪之水濁，可以濯吾足。」遂去深山，自閉匿〔15〕，人莫知焉。

楚老垂竿，漁於煙水。族氏無彰，鱗耆自舉。

偶覿三閭〔16〕，開敷數語，擊棹揚歌，冥潛何許。

【注釋】

〔1〕匿名隱釣於江濱：濱，水邊。

王逸《楚辭章句》卷七《漁父章句》：「漁父者，屈原之所作也。屈原放逐在江湘之間，憂愁歎吟，儀容變易。而漁父避世隱身，釣魚江濱，欣然自樂。時遇屈原川澤之域，怪而問之，遂相應答。」

劉知幾《史通‧雜說》引嵇康《高士傳》之「漁父」，有篇名而無正文。

〔2〕頃襄王：楚懷王長子，名橫。懷王入秦不歸，楚立太子橫爲王，是爲頃襄王。

〔3〕三閭大夫：戰國楚官名，掌昭、屈、景三姓貴族。屈原曾任此職。王逸《離騷序》：「屈原與楚同姓，仕於懷王爲三閭大夫。」

〔4〕靳尙：楚懷王時爲上官大夫，爲懷王幸臣。

《史記‧屈原賈生列傳》：張儀入楚，「又因厚幣用事者臣靳尙，而設詭辯於懷王之寵姬鄭袖。懷王竟聽鄭袖，復釋去張儀。是時屈平既疏，不復在位，使於齊。顧反，諫懷王曰：『何不殺張儀？』懷王悔，追張儀不及。」

「懷王以不知忠臣之分，故內惑於鄭袖，外欺於張儀，疏屈平而信上官大夫、令尹子蘭，兵挫地削，亡其六郡，身客死於秦，爲天下笑。此不知人之禍也。」

譖（zèn）：讒言；說人的壞話，誣謗。

〔5〕放之江濱：放，流放。《史記‧屈原賈生列傳》：「令尹子蘭（頃襄王之弟）聞之，大怒，卒使上官大夫（即靳尙）短屈原於頃襄王。頃襄王怒而遷之。」

〔6〕被髮：披垂頭髮。被（pī），通「披」，披垂。《史記‧屈原賈生列傳》：「屈原至於江濱，被髮行吟澤畔，顏色憔悴，形容枯槁。」

〔7〕漁父見而問之：王逸《楚辭章句》卷七《漁父章句》：「漁父見而問之，曰：『子非三閭大夫與？何故至於斯？』屈原曰：『舉世皆濁我獨清，眾人皆醉我獨醒，是以見放。』漁父曰：『聖人不凝滯於物，而能與世推移。世人皆濁，何不淈其泥而揚其波；眾人皆醉，何不餔其糟而歠其釃。何故深思高舉，自令放爲？』」

〔8〕凝滯：拘泥，不知變通；黏滯；停止流動。《楚辭‧漁父》：「漁父曰：『聖人不凝滯於物，而能與世推移。』」南朝梁江淹《別賦》：「舟凝滯於水濱，車透遲於山側。」唐李邕《鶻賦》：「彼俊異之英決，豈凝滯於嫌猜？」宋陳善《捫虱新話‧劉道原能自攻其過》：「況古非今，不達時變，凝滯少斷，勞而無功。」元劉壎《隱居通議‧理學一》：「自是磊磊落落，軒豁呈露，

　　無秋毫凝滯。」

〔9〕汩（gǔ）：通「淈」，攪混，擾亂。

〔10〕餔其糟歠其釃：餔（bǔ），食。糟（zāo），酒渣。歠（chuò），飲；啜。釃（lí），薄酒。

〔11〕懷瑾握瑜：比喻有高貴的品德和才能。瑾、瑜，皆美玉。《楚辭・九章・懷沙》：「懷瑾握瑜兮，窮不知所示。」

〔12〕自令放爲：自我流放呢。放，流放。爲，句末語氣詞，表示疑問。《論語・顏淵》：「棘子成曰：君子質而已矣，何以文爲？」

　　此處王逸《楚辭章句》卷七尙有屈原的對答：「屈原曰：『吾聞之新沐者必彈冠，新浴者必振衣，安能以身之察察，受物之汶汶者乎？寧赴湘流，葬於江魚之腹中，又安能以皓皓之白而蒙世俗之塵埃乎？』」

〔13〕滄浪：古水名。有漢水、漢水之別流、漢水之下流、夏水諸說。《尚書・禹貢》：「嶓冢導漾，東流爲漢。又東爲滄浪之水。」孔安國傳：「別流在荊州。」酈道元《水經注・夏水》：「劉澄之著《永初山川記》云：『夏水，古文以爲滄浪，漁父所歌也。』」

〔14〕濯（zhuó）：洗滌。纓，繫冠的絲帶。後用「濯纓」表示避世隱居或清高自守之意。《孟子・離婁上》：「有孺子歌曰：滄浪之水清兮，可以濯我纓；滄浪之水濁兮，可以濯我足。」

〔15〕閟匿：隱遁。王逸《楚辭章句》卷七：「漁父莞爾而笑，鼓枻而去，歌曰：『滄浪之水清兮，可以濯吾纓；滄浪之水濁兮，可以濯吾足。』遂去，不復與言。」

〔16〕覿（dí）：見，相見。

【譯文】

　　漁父，是楚國人。楚國遭禍亂，於是漁父隱姓埋名，在江邊垂釣。楚頃襄王時，屈原爲三閭大夫，聲名顯揚於諸侯間，被上官大夫靳尚所誣陷，楚王大怒，遂流放屈原於江邊。屈原在山林川澤散披頭髮，邊走邊吟誦。漁父見到屈原，問說：「你不是三閭大夫嗎？什麼原因到了這種地步？」屈原說：「整個社會皆渾濁而我獨自清高，眾人皆沉醉而我獨處清醒，因此被流放。」漁父說：「聖人不會被外物所束縛，所以能夠與時俱進。既然整個社會皆渾濁，你爲什麼不推波助瀾、攪渾泥水呢？既然眾人皆沉醉，你爲什麼不吃酒糟、喝濁酒泥？你爲什麼要懷有高貴的品德和卓越的才能，而自我流放呢？」於

是漁父歌唱道:「滄浪之水清澈見底呀,可以洗滌我的冠纓;滄浪之水渾濁呀,可以洗滌我的腳丫。」漁父於是進入深山,隱居不出,無人知曉他的下落。

楚人漁父在雲霧迷朦的江邊垂釣,他的族姓不彰顯於世,不知道他的姓名,水中魚蝦都願意上他的鈎。漁父偶然遇見了三閭大夫屈原,開導了屈原幾句話,然後敲擊著船槳、唱著歌兒,悄然隱居而不知其處。

安期生

安期生者,琅琊人也〔1〕。受學河上丈人,賣藥海邊,老而不仕,時人謂之千歲公。秦始皇東遊,請與語,三日三夜,賜金璧直數千萬〔2〕,出,置阜鄉亭而去〔3〕,留赤玉舄為報〔4〕。留書與始皇曰:「後數十年,求我於蓬萊山下〔5〕。」及秦敗,安期生與其友蒯通交往〔6〕。項羽欲封之〔7〕,卒不肯受。

安期高蹈〔8〕,療俗千祀〔9〕。綠海孤遊〔10〕,朱顏常駐。

揮璧阜亭,酬舄始帝〔11〕。去矣銀臺〔12〕,永遺塵世〔13〕。

【注釋】

〔1〕琅琊(láng yá):亦作「琅邪」,山名,在今山東諸城東南。《孟子·梁惠王下》:「放於琅邪。」秦置郡,治所在琅邪縣(今山東郊南縣西南夏河城)。西漢移治東武(今山東諸城縣),東漢建初五年(80年)改為國,東晉後復為郡。

劉向《列仙傳》卷上《安期先生》:「安期先生者,琅琊阜鄉人也。賣藥於東海邊,時人皆言千歲翁。秦始皇東遊,請見,與語三日三夜,賜金璧,度數千萬,出,於阜鄉亭皆置,去留書,以赤玉舄一雙為報,曰:『後數年,求我於蓬萊山。』始皇即遣使者徐市、盧生等數百人入海,未至蓬萊山,輒逢風波而還。立祠阜鄉亭海邊十數處云。」

〔2〕直:值,價值。

〔3〕阜鄉亭:地名不詳。

〔4〕赤玉舄(xì):紅色的玉鞋。舄,古代一種以木為覆底的鞋。崔豹《古今注·輿服》:「舄,以木置履下,乾臘不畏泥濕也。」亦泛指鞋。《詩經·韓奕》:「亦兗赤舄。」

〔5〕蓬萊山：古代傳說東海中有蓬萊，方丈，瀛洲三山，爲神仙所居，總稱三神山。《山海經・海內北經》：「蓬萊山在海中。」《史記・封禪書》：「自威、宣、燕昭使人入海求蓬萊、方丈、瀛洲，此三神山者，其傳在勃海中。」《後漢書・竇章傳》：「是時學者稱東觀爲老氏臧室，道家蓬萊山。」李賢注：「蓬萊，海中神山，爲仙府，幽經祕錄並皆在焉。」

〔6〕蒯通：范陽人，本名蒯徹，以避漢武帝劉徹諱，故《史記》、《漢書》作「蒯通」。楚漢時，以善辯著名，有權變，武信君用其策，降燕、趙三十餘城；漢將韓信用其計，遂定齊地。後勸韓信叛漢自立爲王，韓信不能從，乃佯狂遁去。漢高祖欲烹蒯通，以辯得免。著《雋永》八十一首，論戰國遊士權變，並自序其說。已佚。《漢書》有傳。

〔7〕項羽欲封之：《史記・田儋列傳》：「蒯通者，善爲長短說，論戰國之權變爲八十一首。通善齊人安期生。安期生嘗干項羽，項羽不能用其策，已而項羽欲封此兩人，兩人終不肯受，亡去。」

〔8〕高蹈：遠行，後指隱居。《左傳・哀公二十一年》：「公及齊侯、邾子盟於顧。齊人責稽首，因歌之日：『魯人之皋，數年不覺，使我高蹈。唯其儒書，以爲二國憂。』」杜預注：「高蹈，猶遠行也。」孔穎達疏：「高蹈，高舉足而蹈地，故言猶遠行也。」

〔9〕祀：年。《尚書・洪範》：「惟十有三祀，王訪於箕子。」

〔10〕綠海：即碧海。

〔11〕始帝：秦始皇。

〔12〕銀臺：傳說中王母所居處。《文選・張衡〈思玄賦〉》：「聘王母於銀臺兮，羞玉芝以療饑。」舊注：「銀臺，王母所居。」此處泛指神仙之居所。

〔13〕遺：遺棄。塵世：猶言人間，俗世。唐元稹《度門寺》詩：「心源雖了了，塵世苦憧憧。」

【譯文】

安期生，是琅琊人。安期生追隨河上丈人學習，在海邊上靠賣藥爲生，年老仍未出仕，當時人們稱之爲「千歲公」。秦始皇東遊海邊，請求與安期生談話，談了三天三夜，賞賜給安期生的黃金和玉璧價值數千萬。出來後，安期生將這些黃金和玉璧丟在阜鄉亭而離去，並且留了一雙紅色的玉石鞋作爲回報，並且給秦始皇留下書信，說：「再過幾十年，在蓬萊山下找我。」秦朝滅亡了後，安期生與好友蒯通相交往。項羽準備分封安期生，安期生最終不

肯接受。

安期生高蹈避世，其高潔的品性，千百年來可以治療世俗汲汲奔進之弊病。安期生在東海邊賣藥，容貌未改，紅顏常駐。安期生把秦始皇所賜的黃金、玉璧都拋棄在阜鄉亭，並留了一雙紅玉鞋酬謝秦始皇。很遙遠啊仙人之居所，只在塵世中永遠地留下了仙人的蹤迹。

河上丈人

河上丈人者，不知何國人也〔1〕，明老子之術，自匿姓名，居河之湄〔2〕，著《老子章句》，故世號曰河上丈人。當戰國之末，諸侯交爭，馳說之士〔3〕，咸以權勢相傾。唯丈人隱身修道，老而不虧。傳業於安期生〔4〕，為道家之宗焉。

伯陽倡教〔5〕，嗣流河上。句疏章鈎〔6〕，宣機顯象〔7〕。

戰世紛紜，玄心坦蕩〔8〕。鶴髮葆眞，仙民景向。

【注釋】

〔1〕不知何國人：不知道是哪個國家的人。《史記·樂毅列傳》：「樂臣公學黃帝、老子，其本師號曰河上丈人，不知其所出。」

《太平御覽》卷五一○引嵇康《高士傳》：「河上公，不知何許人也。謂之丈人，隱德無言，無得而稱焉。安丘先生等從之，修其黃老業。」

〔2〕河之湄：河邊。湄（méi），岸邊水和草交接之處。《詩經·秦風·蒹葭》：「在河之湄。」

〔3〕馳說之士：遊說之辯士，縱橫家。

〔4〕傳業於安期生：《史記·樂毅列傳》：「樂臣公學黃帝、老子，其本師號曰河上丈人，不知其所出。河上丈人教安期生，安期生教毛翕公，毛翕公教樂瑕公，樂瑕公教樂臣公，樂臣公教蓋公，蓋公教於齊高密、膠西，為曹相國（指曹參）師。」

〔5〕伯陽：指老子。《史記·老莊申韓列傳》：「老子者，楚苦縣厲鄉曲仁里人也。姓李氏，名耳，字伯陽，諡曰聃。」參見《老子李耳》注釋〔1〕。

〔6〕句疏章鈎：逐句疏解，逐章闡述。鈎，鈎玄提要。

〔7〕宣機顯象：闡述深微之徵兆、顯示物象。

〔8〕玄心：能悟徹事物的玄理奧義的心。晉僧肇《注〈維摩詰經〉序》：「大秦
　　天王，俊神超世，玄心獨悟。」

【譯文】

　　河上丈人，不知哪個諸侯國的人。河上丈人精通老子的學說，隱埋姓
名，居住在黃河岸邊，著有《老子章句》一書，所以人們稱之爲「河上丈人」。
當時正值戰國末年，諸侯之間交相發生戰爭，遊說之士每每依仗權勢，互相
爭鬥、傾軋。只有河上丈人隱居於鄉野而修養道德，葆其天性，老年時仍然
進德修道毫無虧損。河上丈人將自己的學問傳授給安期生，成爲道家的宗師。

　　老子創立道家學說，河上丈人繼承了老子的學說。河上丈人著有《老子
章句》，逐句疏解《老子》之意，鈎要提玄，闡述微言妙道，顯示世間萬象。
時值戰國紛爭，而河上丈人體道而悟，心懷坦蕩，年老而能修道不虧、葆眞
全性，令後世學仙之人仰慕嚮往啊。

樂臣公

　　樂臣公者，宋人也。其先宋公族，其後別從趙〔1〕。其族樂毅〔2〕，
顯名於諸侯，而臣公獨好黃、老〔3〕，恬靜不仕。及趙爲秦昭王滅，臣
公東之齊，以《老子》顯名。齊人尊之，號稱賢師。趙人田叔等皆尊事
焉〔4〕。

　　臣公貴閟，或擁旄旌。獨窮玄牝〔5〕，不滑神精〔6〕。

　　兵墟故國〔7〕，蓬轉揚聲〔8〕。教承瑕翁〔9〕，振鐸千齡。

【注釋】

〔1〕別：分支。謂樂氏一支脈。
〔2〕樂毅：《史記·樂毅列傳》：「樂毅者，其先祖曰樂羊。樂羊爲魏文侯將，伐
　　取中山，魏文侯封樂羊以靈壽。樂羊死，葬於靈壽，其後子孫因家焉。中
　　山復國，至趙武靈王時覆滅中山，而樂氏後有樂毅。樂毅賢，好兵，趙人
　　舉之。」後入燕，受燕昭王知遇，爲燕攻下齊之七十餘城，封爲昌國君。
　　燕惠王即位，樂毅奔趙，被封爲望諸君。
〔3〕臣公獨好黃老：《史記·樂毅列傳》：「而樂氏之族有樂瑕公、樂臣公。趙且
　　爲秦所滅亡，之齊高密。樂臣公善修黃帝、老子之言，顯聞於齊，稱賢師。」

〔4〕趙人田叔等皆尊事焉:《史記·田叔列傳》:「田叔者,趙陘城人也。其先齊田氏苗裔也。叔喜劍,學黃老術於樂巨公(即樂臣公)所。」

〔5〕玄牝:道家指孳生萬物的本源,比喻道。《老子》:「玄牝之門,是謂天地之根。」蘇轍解:「玄牝之門,言萬物自是出也,天地自是生也。」

〔6〕滑(gǔ):通「汨」,擾亂。《國語·周語下》:「今吾執政無乃實有所避,而滑夫二川之神,使至於爭明,以妨王宮。」

〔7〕兵墟故國:謂樂臣公所寓居的趙國為秦所滅。兵墟,戰爭使之成為廢墟。

〔8〕蓬轉揚聲:謂樂臣公遷居齊國而聲名遠揚。蓬轉,謂漂泊流徙。

〔9〕教承瑕翁:樂臣公的學業傳承自樂瑕公、毛翁公。瑕,樂瑕公;翁,毛翁公。《史記·樂毅列傳》:「河上丈人教安期生,安期生教毛翁公,毛翁公教樂瑕公,樂瑕公教樂臣公,樂臣公教蓋公,蓋公教於齊高密、膠西,為曹相國師。」

【譯文】

樂臣公,是宋國人。他的祖先是宋國的貴族,後來的分支遷往趙國。族人樂毅顯揚聲名於諸侯間,而樂臣公愛好黃、老之術,安適恬靜,從未出仕。當趙國被秦昭王滅亡後,樂臣公向東來到齊國,以精通《老子》而名揚當世。齊國人非常尊敬樂臣公,稱為「賢師」。趙國人田叔等皆尊重、師事樂臣公。

樂臣公出身貴族,其同族之人有的官重爵尊,擁有旌旗,很是顯赫。只有樂臣公窮盡道家之旨,不擾亂其精神。當他所寄寓的趙國被秦滅亡之後,樂臣公遷居於齊國,他的聲名卻日益顯赫了。樂臣公學業傳承於樂瑕公、毛翁公,將道家思想傳播於千載之後。

蓋 公

蓋公者,齊之膠西人也,明《老子》,師事樂臣公〔1〕。漢之起,齊人爭往于世主〔2〕⑧,唯蓋公獨遁居不仕。及漢定天下,曹參為齊丞相〔3〕,盡延問長老、諸生以百數何以治齊〔4〕,人人各殊,參不知所從。聞蓋公善治黃、老,乃使人厚幣聘之〔5〕。公為言治道貴清靜而民自定,遂推此類為參具言之。參悅,乃避正堂,舍之,師事之,齊果大治。及參入相漢〔6〕,遵蓋公之道⑨,故天下歌之。蓋公雖為參師〔7〕,然未嘗仕,以壽終。

嬴末龍爭，奮圖封拜。禕矣蓋公〔8〕，遲棲東海〔9〕。

無爲教參〔10〕，齊方底泰〔11〕。衍輔漢庭〔12〕，玄風猶在。

【注釋】

〔1〕師事樂臣公：《史記・樂毅列傳》：「樂臣公教蓋公，蓋公教於齊高密、膠西，爲曹相國師。」

〔2〕世主：國君。《莊子・漁父》：「孔氏者，性服忠信，身行仁義，飾禮樂，選人倫，上以忠於世主，下以化於齊民，將以利天下。」此處指漢高祖劉邦。　于：龍溪本作「于」。于，介詞，給，向。《左傳・隱公元年》：「仲子歸于我。」

〔3〕曹參：《史記・曹參世家》：「平陽侯曹參者，沛人也。秦時爲沛獄掾，而蕭何爲主吏，居縣爲豪吏矣。」追隨劉邦起事，屢建功勳。孝惠帝元年（前194年），爲齊丞相。後代蕭何爲漢丞相。

〔4〕延問：邀請詢問。《後漢書・方術傳上・樊英》：「（天子）待以師傅之禮，延問得失。」宋文瑩《玉壺清話》卷一：「道士蘇澄隱迎鑾駕，霜簡星冠，年九十許，氣貌翹竦，上因延問甚久。」　長（zhǎng）老：老年人。《管子・五輔》：「養長老，慈幼孤。」　諸生：很多有知識學問之士；眾儒生。《管子・君臣上》：「是以爲人君者，坐萬物之原，而官諸生之職者也。」尹知章注：「謂授諸生之官而任之以職也。生，謂知學之士也。」《史記・曹參世家》：「孝惠帝元年，除諸侯相國法，更以參爲齊丞相。參之相齊，齊七十城。天下初定，悼惠王富於春秋，參盡召長老、諸生，問所以安集百姓如齊故俗，諸儒以百數，言人人殊，參未知所定。聞膠西有蓋公，善治黃、老言，使人厚幣請之。既見蓋公，蓋公爲言治道貴清淨而民自定，推此類具言之。參於是避正堂，舍蓋公焉。其治要用黃老術，故相齊九年，齊國安集，大稱賢相。」

〔5〕厚幣：重禮。

〔6〕參入相漢：曹參入朝廷爲丞相。

〔7〕蓋公雖爲參師：《史記・樂毅列傳》：「樂臣公教蓋公，蓋公教於齊高密、膠西，爲曹相國師。」

〔8〕禕（yì）：美好。

〔9〕遲棲：滯留，此處指隱居。

〔10〕無爲教參：以無爲而治的思想教導曹參。

〔11〕底泰：安泰，安定。

〔12〕衍輔漢庭：推衍治理齊地的經驗以輔佐漢朝。

【譯文】

　　蓋公，是齊國膠西人。蓋公精通《老子》，以樂臣公爲師。漢朝興起時，齊國人都爭相投奔劉邦，只有蓋公隱居而不出仕。等到漢朝統一天下後，曹參出任齊國丞相，曹參遍邀年長者和眾儒士達一百多人，請教治理齊國的辦法，結果每個人的意見各不相同，曹參無所適從。曹參聽說蓋公擅長黃老之學，於是派人帶著重禮聘請蓋公。蓋公爲曹參講了治理天下之術貴在清淨無爲而百姓自然安定的道理，並推衍這一道理而爲曹參詳盡講述。曹參很是高興，乃讓出了自己居住的正堂，安排蓋公住進去，並且拜蓋公爲師，齊國果然治理得很好。等到曹參出任漢朝丞相，仍然遵循蓋公之道，所以天下百姓讚美曹參。蓋公雖然是曹參的老師，但是未嘗出仕，以儘其天年而去世。

　　秦朝末年諸侯紛爭，人人都發奮，汲汲奔進，以期博得拜官、封爵。美好啊蓋公，隱居於東海之濱，以無爲而治的思想來教導曹參，齊國才得以太平。曹參推衍治理齊國的經驗而輔佐漢朝，仍然秉持的是道家無爲而治的思想。

四　皓

　　四皓者，皆河內軹人也〔1〕，或在汲〔2〕。一曰東園公，二曰甪里先生，三曰綺里季，四曰夏黃公，皆修道潔己，非義不動。秦始皇時，見秦政虐，乃退入藍田山〔3〕，而作歌曰：「莫莫高山〔4〕，深谷逶迤〔5〕。曄曄紫芝，可以療饑。唐虞世遠，吾將何歸。駟馬高蓋〔6〕，其憂甚大。富貴之畏人，不如貧賤之肆志。」乃共入商洛〔7〕，隱地肺山，以待天下定。及秦敗，漢高聞而徵之〔8〕，不至。深自匿終南山，不能屈己。

　　皇皇四老，同襟齊志〔9〕。遠虞藍田，芝糧蘿被〔10〕。

　　弗鑿天眞，重歸地肺。隆準膺圖〔11〕，空勞聘幣〔12〕。

【注釋】

〔1〕河內：郡名，漢高祖二年置，治所在懷縣（今河南武陟縣西南）。軹（zhǐ）：

軹縣，西漢置，治所在今河南濟源縣南。隋大業初廢入河內縣。唐初復置，貞觀元年廢入濟源縣。

〔2〕汲：汲縣，西漢置，治所在今河南汲縣西南。

〔3〕藍田山：在今陝西藍田縣東，一名玉山、覆車山，產美玉。

〔4〕莫莫（mò）：肅敬、靜穆。《太平御覽》卷一六八引皇甫謐《帝王世紀》曰：「四皓，始皇時隱於商山，作歌曰：「莫莫高山，深谷逶迤。曄曄紫芝，可以療饑。唐虞世遠，吾將何歸？」

〔5〕逶迤：蜿蜒曲折。《淮南子‧泰族訓》：「河以逶蛇故能遠，山以陵遲故能高。」《文選‧揚雄〈甘泉賦〉》：「梁弱水之濔淡兮，躡不周之逶迤。」李善注：「迤，音移。」呂向注：「逶迤，長曲貌。」唐盧綸《與從弟瑾同下第後出關言別》詩：「雜花飛盡柳陰陰，官路逶迤綠草深。」

〔6〕駟馬高蓋：指華麗莊嚴的馬車。駟馬，一車四馬。蓋，車蓋。

〔7〕商洛：商洛山，一名商山、商阪，又名地肺山、楚山。在今陝西商縣東南。

〔8〕漢高聞而徵之：《史記‧留侯世家》留侯張良說：「顧上（高祖劉邦）有不能致者，天下有四人。四人者年老矣，皆以爲上慢侮人，故逃匿山中，義不爲漢臣。然上高此四人。」司馬貞《索隱》曰：「四人，四皓也，謂東園公、綺里季、夏黃公、角里（即甪 lù 里）先生。按：《陳留志》云：『園公姓庾，字宣明，居園中，因以爲號。夏黃公姓崔名廣，字少通，齊人，隱居夏里修道，故號曰夏黃公。角里先生，河內軹人，太伯之後，姓周名術，字符道，京師號曰霸上先生，一曰角里先生。』」

〔9〕同襟齊志：有著共同的胸懷和志向。

〔10〕芝糧蘿被：以芝草爲糧食，以藤蘿爲被子。

〔11〕隆準：《史記‧高祖本紀》：「高祖爲人隆準而龍顏，美鬚髯，左股有七十二黑子。仁而愛人，喜施，意豁如也。」隆，高也。準，鼻也。　齎圖：上齎圖讖。圖讖，古代方士或儒生編造的關於帝王受命徵驗一類的書，多爲隱語、預言。始於秦，盛於東漢。《漢書‧王莽傳上》：「徵天下通一藝教授十一人以上，及有逸《禮》、古《書》、《毛詩》、《周官》、《爾雅》、天文、圖讖、鍾律、月令、兵法，《史篇》文字，通知其意者，皆詣公車。」《後漢書‧光武帝紀上》：「宛人李通等以圖讖說光武云：『劉氏復起，李氏爲輔。』」李賢注：「圖，河圖也；讖，符命之征驗也。」宋洪邁《容齋三筆‧光武苻堅》：「苻堅禁圖讖之學，尚書郎王佩讀讖，堅殺之，學讖者

遂絕。」清陳康祺《郎潛紀聞》卷一：「古來帝王姓氏上應圖讖，如漢號卯金，晉稱典午，以及劉秀、李淵之先兆，大抵皆事後附會之說。」

〔12〕聘幣：以重禮相聘。四皓後為太子劉盈（孝惠帝）所聘。

《史記·留侯世家》：「於是呂后令呂澤使人奉太子書，卑辭厚禮，迎此四人。四人至，客建成侯所……及燕置酒，太子侍，四人從太子，年皆八十有餘，鬚眉皓白，衣冠甚偉。上怪之，問曰：『彼何為者？』四人前對，各言名姓，曰：東園公、甪里先生、綺里季、夏黃公。上乃大驚曰：『吾求公數歲，公辟逃我，今公何自從吾兒遊乎？』四人皆曰：『陛下輕士善罵，臣等義不受辱，故恐而亡匿。竊聞太子為人仁孝，恭敬愛士，天下莫不延頸，欲為太子死者，故臣等來耳。』上曰：『煩公幸卒調護太子。』四人為壽已畢，趨去，上目送之，召戚夫人指示四人者曰：『我欲易之，彼四人輔之，羽翼已成，難動矣！呂后真而主矣！』」

【譯文】

　　四皓，都是河內郡軹縣人，也有人說是汲縣人。他們四個人的名字是：東園公、甪里先生、綺里季、夏黃公。四皓都苦心修道，潔身自好，不符合義則不做。秦始皇時，四皓見秦國政治暴虐，便退而隱居於藍田山，作歌唱道：「巍峨的高山，山谷幽深曲折。鮮豔的紫芝，可以充饑。唐虞盛世早已逝去，我們的歸宿何在啊？乘坐華麗的駟馬高車，憂患甚大。富貴而心懷畏懼，實在不如貧賤而自肆心志、稱心如意。」於是四皓進入商洛山，隱居於地肺山，等待天下安定。秦朝滅亡後，漢高祖仰慕四皓大名而徵召，四皓沒有應徵，深深地藏匿在終南山，沒有屈節出仕。

　　美盛高明的商山四老，有著共同的胸懷和志向，遠遠地隱居於藍田以怡情悅志，以芝草為糧食以藤蘿為被子。四皓不傷天性本真，又隱居於地肺山。漢高祖劉邦應圖讖而建立漢朝，仰慕四皓，以重禮相聘，四皓最終沒有屈節出仕。

黃石公

　　黃石公者，下邳人也〔1〕。遭秦亂，自隱姓名，時人莫知者。初，張良易姓為長，自匿下邳〔2〕，步遊沂水圯上〔3〕，與黃石公相遇，未謁〔4〕，黃石公故墜履圯下，顧謂良曰：「孺子取履！」良素不知詐，愕然，

欲毆之。爲其老人也，強忍下取履，因跪進焉。公以足受，笑而去。良殊驚，公行里所〔5〕，還謂良曰：「孺子可教也。後五日平明〔6〕，與我期此〔7〕。」良愈怪之，復跪曰：「諾。」五日平旦，良往，公怒曰：「與老人期，何後也？後五日早會。」良雞鳴往，公又先在，復怒曰：「何後也？後五曰早會。」良夜半往，有頃，公亦至，喜曰：「當如是。」乃出一編書與良，曰：「讀是則爲王者師矣。後十三年，孺子見濟北，穀城山下黃石即我矣〔8〕。」遂去不見。良旦視其書，乃是《太公兵法》。良異之，因請習〔9〕。以說他人，皆不能用。後與沛公遇於陳留〔10〕，沛公用其言〔11〕，輒有功。後十三年，從高祖過濟北⑩，穀城山下得黃石，良乃寶祠之〔12〕。及良死，與石並葬焉。

何者老翁，託名黃石。蚤鑒留侯〔13〕，脫履令拾。

玉弢金版〔14〕，授之不惜。定帝謀王，穀城留迹。

【注釋】

〔1〕下邳（pī）：縣名。秦置，治所在今江蘇睢寧西北古邳鎮東，地處沂、泗兩水交會處，自古爲淮北戰場。

〔2〕自匿下邳：自行隱藏在下邳。

《史記・留侯世家》：「得力士，爲鐵椎重百二十斤。秦皇帝東遊，良與客狙擊秦皇帝博浪沙中，誤中副車。秦皇帝大怒，大索天下，求賊甚急，爲張良故也。良乃更名姓，亡匿下邳。」

〔3〕圯（yí）：橋。古東楚方言稱橋爲圯。

〔4〕未謁：未曾進見。

《史記・留侯世家》：「良嘗閒，從容步游下邳圯上，有一老父，衣褐，至良所，直墮其履圯下，顧謂良曰：『孺子，下取履！』良鄂然，欲毆之，爲其老，彊忍下取履。父曰：『履我！』良業爲取履，因長跪履之。父以足受，笑而去。良殊大驚，隨目之。父去里所，復還，曰：『孺子可教矣。後五日平明，與我會此。』良因怪之，跪曰：『諾。』五日平明，良往，父已先在，怒曰：『與老人期，後，何也？』去，曰：『後五日早會。』五日雞鳴，良往，父又先在，復怒曰：『後，何也？』去，曰：『後五日復早來。』五日，良夜未半往。有頃，父亦來，喜曰：『當如是。』出一編書，曰：『讀此則爲王者師矣。後十年興。十三年孺子見我濟北，穀城

山下黃石即我矣。』遂去,無他言,不復見。旦日視其書,乃《太公兵法》也。良因異之,常習誦讀之。」

〔5〕行里所:走了一里左右的路。所,用在數量詞後面,表示約數。

〔6〕平明:猶黎明。天剛亮的時候。《荀子・哀公》:「君昧爽而櫛冠,平明而聽朝。」唐李白《遊太山》詩之三:「平明登日觀,舉手開雲關。」

〔7〕期:相約,相會。

〔8〕穀城:張守節《史記正義》:「《括地志》云:穀城山,一名黃山,在濟州東阿縣東。濟洲,故濟北郡。孔文祥云:『黃石公,鬚眉皆白,杖丹黎,履赤舄。』」

〔9〕請習:學習。「請」字後面帶動詞時,有兩種不同意義。第一種是請對方做某事。《左傳・隱公元年》:「若弗與,則請除之。」第二種是請對方允許自己做某事。《左傳・隱公元年》:「臣請事之。」引申為請求給予。

〔10〕沛公:指劉邦。《史記・高祖本紀》:「父老乃率子弟,共殺沛令,開城門迎劉季。欲以為沛令。劉季曰:『天下方擾,諸侯並起,今置將不善,一敗塗地。吾非敢自愛,恐能薄,不能完父兄子弟。此大事,願更相推擇可者。』蕭曹等皆文吏,自愛,恐事不就後,秦種族其家,盡讓劉季。諸父老皆曰:『平生所聞劉季諸珍怪,當貴;且卜筮之,莫如劉季最吉。』於是劉季數讓,眾莫敢為,乃立季為沛公。」裴駰《集解》引《漢書音義》曰:「舊楚僭稱王,其縣宰為公。陳涉為楚王,沛公起應涉,故從楚制稱曰公。」 陳留:縣名,秦置,治所在今河南開封市東南陳留城。

〔11〕沛公用其言:《史記・留侯世家》:「後十年,陳涉等起兵,良亦聚少年百餘人。景駒自立為楚假王,在留。良欲往從之,道遇沛公。沛公將數千人,略地下邳西,遂屬焉。沛公拜良為廐將。良數以《太公兵法》說沛公,沛公善之,常用其策。良為他人言,皆不省。良曰:『沛公殆天授。』故遂從之,不去見景駒。」

〔12〕寶祠之:視為珍寶且供奉之。

《史記・留侯世家》:「子房始所見下邳圯上老父與《太公書》者,後十三年,從高祖過濟北,果見穀城山下黃石,取而葆祠之。留侯死,並葬黃石(冢)。每上冢伏臘,祠黃石。」

〔13〕蚤:通「早」。

〔14〕玉弢金版:指黃石公所賜《太公兵法》。弢(tāo),通「韜」。

【譯文】

　　黃石公，是下邳人。遭逢秦朝末年大亂，黃石公隱姓埋名，當時的人沒有知道他的。當初，張良改姓爲長，躲藏在下邳。一次，張良在沂水橋上漫步，與黃石公相遇，未曾進見，黃石公故意將鞋子掉在橋下，回頭看著張良說：「年輕人，把我的鞋子拿上來。」張良平素不知道欺詐，很是驚愕，想毆打他。因爲是一位老人，張良強忍心中怒火，到橋下把鞋子拿上來，跪著給老人穿上。黃石公伸過腳穿上鞋子，微笑著離開了。張良十分驚訝，黃石公走出一里路左右，又返回來對張良說：「這個年輕人是可以教育的。五天後黎明時，和我在這裏相會。」張良越加感到奇怪，又跪著答應說：「是。」第五天天剛亮，張良前往約會地點，黃石公生氣地說：「和老人約會，爲什麼遲到！再過五天早上約會。」張良在這一天早上雞鳴時便前往，黃石公又是先期而至，老人又生氣地說：「爲什麼又遲到？再過五天早上約會。」張良半夜時分前往約會地點，過了一會兒，黃石公也來到，高興地說：「應當是這樣的。」黃石公拿出一編書交給張良，說：「讀了這本書，就可以爲帝王師了。再過十三年，你到濟北，穀城山下黃石，那就是我。」於是離去而不見其蹤影。張良天亮後看那本書，原來是《太公兵法》。張良以爲很神奇，便認眞學習兵書。張良以兵書遊說他人，都不能信用。後來，張良在陳留遇見沛公劉邦，劉邦信用張良的謀略，屢屢有功勳。又過了十三年，張良跟隨漢高祖劉邦來到濟北，在穀城山下得到了一塊黃石，張良把它當作寶物而供奉起來。張良去世後，與那塊黃石埋藏在一起。

　　不知是何處老人，託名黃石公。黃石公很早就賞識張良，故意脫掉鞋子，命令張良拾取，將仙書《太公兵法》傳授給張良，毫不吝惜。黃石公幫助張良，使其輔佐劉邦奠定漢朝基業，又在穀城留下黃石以顯其蹤迹。

魯二徵士

　　魯二徵士者〔1〕，皆魯人也。高祖定天下，即皇帝位〔2〕。博士叔孫通白〔3〕，徵魯諸儒三十餘人，欲定漢儀禮〔4〕。二士獨不肯行，罵通曰：「天下初定，死者未葬，傷者未起〔5〕，而欲起禮樂。禮樂所由起，百年之德而後可舉。吾不忍爲公所爲。公所爲不合古，吾不行。公往矣，無污我。」通不敢致而去〔6〕。

姬魯兩生〔7〕，孔庭遺學。叔孫佐命，儀聲乃作。

謂方荊棘，難興禮樂。弗納玄纁〔8〕，翺飛寥廓。

【注釋】

〔1〕徵士：指不受朝廷徵聘的隱士。漢蔡邕《陳太丘碑文》：「徵士陳君，稟嶽瀆之精，苞靈曜之純。」《文選·顏延之〈陶徵士誄〉》：「有晉徵士，尋陽陶淵明，南嶽之幽居者也。」張銑題注：「陶潛隱居，有詔禮徵爲著作郎，不就，故謂徵士。」唐皮日休《奉獻致政裴秘監》詩：「何胤本徵士，高情動天地。」宋錢惟演《寄靈仙觀舒職方學士》詩：「徵士高懷雲在嶺，騷人秋思水周堂。」清趙翼《陔餘叢考·徵君徵士》：「有學行之士，經詔書徵召而不仕者，曰徵士，尊稱之則曰徵君。」

〔2〕即皇帝位：《史記·叔孫通列傳》：「漢五年，已併天下諸侯，共尊漢王爲皇帝於定陶。」

〔3〕叔孫通：薛人，秦時以文學徵，拜爲博士。《史記·叔孫通列傳》曰：陳涉起事，叔孫通「乃亡去之薛，薛已降楚矣。及項梁之薛，叔孫通從之，敗於定陶。從懷王，懷王爲義帝，徙長沙，叔孫通留事項王。漢二年，漢王從五諸侯入彭城，叔孫通降漢王，漢王敗而西，因竟從漢。叔孫通儒服，漢王憎之，乃變其服，服短衣楚制，漢王喜……漢王拜叔孫通爲博士，號稷嗣君。」 白：稟告。

〔4〕欲定漢儀禮：《史記·叔孫通列傳》：「群臣飲酒爭功，醉或妄呼，拔劍擊柱。高帝患之。叔孫通知上益厭之也，說上曰：『夫儒者，難與進取，可與守成。臣願徵魯諸生，與臣弟子共起朝儀。』」

〔5〕起：恢復。

〔6〕通不敢致而去：叔孫通不敢強行徵召而離去。

《史記·叔孫通列傳》：「於是叔孫通使徵魯諸生三十餘人。魯有兩生不肯行，曰：『公所事者且十主，皆面諛以得親貴。今天下初定，死者未葬，傷者未起，又欲起禮樂。禮樂所由起，積德百年而後可興也。吾不忍爲公所爲。公所爲不合古，吾不行。公往矣，無污我！』叔孫通笑曰：『若眞鄙儒也，不知時變。』遂與所徵三十人西。」

〔7〕姬魯：魯爲姬姓，故稱。

〔8〕弗納玄纁：不接受漢朝的禮聘。玄纁（xūn），黑色和淺紅色的布帛。《左

傳‧哀公十一年》：「公使大史固歸國子之元，寘之新篋，襲之以玄纁，
加組帶焉。」楊伯峻注：「此謂以紅黑色和淺紅色之帛作墊。」後世帝王
用作延聘賢士的禮品。

【譯文】

　　魯國的兩位徵士，都是魯國人。漢高祖平定天下，正式即皇帝位。博士
叔孫通建議徵召魯國三十多位大儒學者，準備制定漢朝禮儀。只有兩個人不
肯接受詔命，他們大罵叔孫通說：「天下剛剛平定，死去的人尚未安葬，受傷
的人還沒有康復，就要興起禮樂。禮樂之所以興起，只有積累百年之德方可
興起。我們不忍心做你所做的事。你所做的不符合古代的規定，我們不應召
入長安。你走吧，不要玷污我們。」叔孫通不敢強行徵聘他們，就回去了。

　　魯國二徵士，秉承孔子學說。叔孫通輔佐漢朝，制定禮樂。二徵士認為
正值大戰亂後民生凋弊，不是制禮作樂的時候。二徵士不接受漢朝的禮聘，
隱居不仕，自由自在地像閒雲野鶴一樣飛翔於天地間。

田　何

　　田何，字子莊 [1]，齊人也。自孔子授《易》，五傳至何 [2]。及秦禁
學，以《易》為卜筮之書，獨不禁，故何傳之不絕 [3]。漢興，田何以
齊諸田徙杜陵 [4]，號曰杜田生。以《易》受弟子東武王同子仲 [5]、洛
陽周王孫、丁寬、齊服生等，皆顯當世 [6]。惠帝時 [7]，何年老家貧，
守道不仕。帝親幸其廬以受業，終為《易》者宗 [8]。

　　商瞿授易 [9]，橋駬周孫 [10] ⑪。子莊嫡繼，孔脈繩繩 [11]。

　　一移客土 [12]，四嗣俱興 [13]。親勞萬乘，造拜軌經 [14]。

【注釋】

〔1〕子莊：《漢書》作「子裝」，當係班固避漢明帝劉莊諱而改。
〔2〕五傳至何：《史記》謂「六世」傳到田何。《史記‧儒林列傳‧田何》：「自
　　　魯商瞿受《易》孔子，孔子卒，商瞿傳《易》，六世至齊人田何，字子莊。」
　　　《漢書‧儒林傳》：「自魯商瞿子木受《易》孔子，以授魯橋庇子庸，子庸
　　　授江東駬臂子弓，子弓授燕周丑子家，子家授東武孫虞子乘，子乘授齊田
　　　何子裝。」

〔3〕何傳之不絕：何，田何。《漢書·儒林傳》：「及秦禁學，《易》爲筮卜之書，獨不禁，故傳受者不絕也。」

〔4〕受：授。　杜陵：西漢元康元年（前 65）改杜縣置杜陵縣，因宣帝築陵於東原上，故名。治所在今陝西省西安市東南。《漢書·儒林傳》：「漢興，田何以齊田徙杜陵，號杜田生。」顏師古注：「高祖用婁敬之言，徙關東大族，故何以舊齊田氏見徙也。初徙時未爲杜陵，蓋史家本其地追言之也。」

〔5〕東武：縣名，西漢置，治所在今山東諸城縣。隋開皇十八年（598 年）改爲諸城縣。

〔6〕皆顯當世：皆顯揚聲名於當世。《漢書·儒林傳》：「授東武王同子中，洛陽周王孫、丁寬、齊服生，皆著《易傳》數篇。」顏師古注：「田生授王同、周王孫、丁寬、服生四人，而四人皆著《易傳》也。子中，王同字也，中讀曰仲。」

〔7〕惠帝：劉盈，高祖劉邦之子。

〔8〕終爲《易》者宗：《漢書·儒林傳》：「（王）同授淄川楊何字叔元，元光中，徵爲大中大夫，齊即墨成至城陽相，廣川孟但爲太子門大夫，魯周霸、莒衡胡、臨淄主父偃皆以《易》至大官。要言《易》者，本之田何。」

〔9〕商瞿：孔子弟子，傳《易》學。

〔10〕橋馯周孫：橋，橋庇子庸。馯（hàn），馯臂子弓。周，周丑子家。孫，孫虞子乘。

〔11〕繩繩：眾多的樣子；綿綿不絕。《詩經·周南·螽斯》：「螽斯羽，薨薨兮。宜爾子孫，繩繩兮。」朱熹集傳：「繩繩，不絕貌。」《老子》：「繩繩兮不可名，復歸於無物。」唐李邕《大唐贈歙州刺史葉公神道碑》：「繩繩焉，熙熙焉，孔德之容，罔可測已。」明宋濂《元故德清縣尹陳府君墓誌銘》：「既至，僞帥延之上坐，府君爲敷陳大義，何者爲順，何者爲逆，逆則罹禍，順得受福，繩繩千餘言，僞帥不覺屈膝，城遂來歸。」

〔12〕客土：指遷居杜陵。

〔13〕四嗣：指田何的四位弟子王同、周王孫、丁寬、服生。

〔14〕造拜：登門拜謁。　軌經：遵循經典。軌，遵循，依照。《韓非子·五蠹》：「是境內之民，其言談者必軌於法。」

【譯文】

田何，字子莊，齊國人。自從孔子傳授《周易》，五代相傳至田何。秦始皇禁止私學，因爲《周易》是卜筮之書，唯獨不遭禁燬，因此田何的《周易》傳授沒有斷絕。漢朝建立後，田何以齊國大族田氏的身份被遷居杜陵，人稱「杜田生」。田何以《周易》傳授其弟子東武王同、洛陽人周王孫、丁寬、齊國人服生等，他們顯揚聲名於當世。漢惠帝時，田何年老且家境清貧，而田何終身守道，未曾出仕。漢惠帝親自到其屋舍，向田何學習《周易》。田何乃傳授《周易》的一代宗師。

魯國商瞿親受孔子《易》學，橋庇子庸、馯臂子弓、周丑子家、孫虞子乘傳授《易》學，統緒不絕。田何乃嫡系眞傳，使得孔子《易》學一脈相傳。田何遷居杜陵之後，傳授給東武王同、洛陽周王孫、丁寬、齊國人服生，使得《易》學很興盛。田何聲名甚大，致使漢惠帝親至其門而學習《易》學，並遵循《易》的法則。

王　生

王生者，漢文景時人也〔1〕。善爲黃老，退居不仕，與南陽張釋之交〔2〕。當時釋之爲公車令〔3〕，太子與梁王共車入朝，不下司馬門，於是釋之劾奏太子、梁王不敬〔4〕。文帝善之，遷至廷尉〔5〕。及文帝崩，太子代立爲帝，是爲景帝⑫。釋之恐〔6〕，稱病。欲免去，懼大誅至；欲見謝〔7〕，則未知何如。用王生計，卒乃見上，謝之，景帝不過也〔8〕。王生嘗與釋之及公卿召會庭中，立，王生襪解，顧謂釋之：「爲我結襪。」釋之前，跪而繫之。既退，或讓生曰〔9〕：「獨奈何廷辱張廷尉，使跪繫乎？」王生曰：「吾老且賤，自度終無益於張廷尉。張廷尉方今天下名臣，吾故聊辱廷尉，使跪繫，欲以重之。」諸公聞之，皆賢王生而重張廷尉。

碩矣王生，道研軒李〔10〕。斐爾張公，素交一臂。

襪解虛庭，趨風敬繫。凡百華裾〔11〕，悉高廷尉。

【注釋】

〔1〕文景：即文帝、景帝。漢文帝劉恒，公元前 179 至前 157 年在位。漢景帝劉啓，公元前 156 至前 141 年在位。

〔2〕南陽：指今河南西南部地區。戰國時分屬韓、楚二國。　張釋之：字季有，漢文帝時人，後任廷尉，執法公平，為時議所許。《史記·張釋之列傳》：「張廷尉釋之者，堵陽人也，字季有，兄仲同居，以訾為騎郎，事孝文帝，十歲不得調，無所知名……於是釋之言秦漢之間事，秦所以失，而漢所以興者久之，文帝稱善，乃拜釋之為謁者僕射。」《史記》、《漢書》皆有傳。

〔3〕公車令：秦漢衛尉屬官公車司馬令的省稱。漢未央宮有公車司馬門，專受章奏，故其長官稱公車司馬令。《漢書·百官公卿表》：「掌殿司馬門，夜徼宮中，天下上書及闕下凡所徵召皆總領之。」東漢職掌略同，秩六百石，下有公車司馬丞、尉各一人。范曄《後漢書·百官志》：「丞選曉諱，掌知非法。尉主闕門兵禁，戒非常。」東晉以後稱公車令。唐廢之。

〔4〕釋之劾奏太子、梁王不敬：太子，指劉啟，於文帝元年立為太子，後即位，乃景帝。梁王，文帝二年立皇子劉揖為梁王。《史記·張釋之列傳》：「頃之，太子與梁王共車入朝，不下司馬門。於是釋之追止太子、梁王，無得入殿門，遂劾不下公門不敬，奏之。薄太后聞之，文帝免冠謝曰：『教兒子不謹。』薄太后乃使使承詔赦太子、梁王，然後得入。」如淳注曰：「宮衛令，諸出入殿門、公車司馬門，乘軺傳者皆下，不如令，罰金四兩。」

〔5〕遷至廷尉：據《史記·張釋之列傳》，張釋之劾太子、梁王後，「文帝由是奇釋之，拜為中大夫，頃之，至中郎將」，後拜為廷尉。　廷尉：官名，秦漢時中央最高司法行政長官。廷，平也；尉，罰也，有公正執法判罪之意。秦及漢初稱廷尉，景帝時更名大理。漢武帝建元四年（前137年）復稱廷尉，為九卿之一，秩中二千石。

〔6〕釋之恐：張釋之因彈劾太子劉啟與梁王劉揖共車入朝，不下司馬門，至太子即位，是為景帝，因此而生恐懼。

〔7〕見謝：當面認錯。謝，認錯。《韓非子·內儲說》：「吳王謝而告服。」《史記·張釋之列傳》：「後文帝崩，景帝立，釋之恐，稱病，欲免去，懼大誅至，欲見謝，則未知何如。用王生計，卒見謝，景帝不過也。王生者，善為黃老言，處士也。嘗召居廷中，三公九卿盡會，立，王生老人，曰：『吾襪解。』顧謂張廷尉：『為我結襪。』釋之跪而結之。既已，人或謂王生曰：『獨奈何廷辱張廷尉，使跪結襪？』王生曰：『吾老且賤，

自度終無益於張廷尉。張廷尉方今天下名臣，吾故聊辱廷尉，使跪結襪，
欲以重之。』諸公聞之，賢王生而重張廷尉。」

〔8〕過：指責，責備。

〔9〕讓：責備。

〔10〕道研軒李：精研黃老之學。軒，軒轅黃帝。李，老子李耳。

〔11〕華裾：華麗衣服，此處代指貴族、朝廷官員。

【譯文】

　　王生，是漢文帝、景帝時代的人。王生精通黃老之術，隱居不出仕，與
南陽人張釋之相交往。當時，張釋之任公車令，太子劉啓和梁王劉揖一塊兒
乘車入朝，經過司馬門時沒有下車，於是張釋之便彈劾太子、梁王之不敬。
漢文帝很是讚賞，擢拜張釋之為廷尉。後來，漢文帝駕崩，太子劉啓即位，
這就是漢景帝。張釋之非常擔憂，遂稱病。張釋之想辭去官職，又擔心大禍
臨頭；想朝見皇帝認錯，但不知如何去做。張釋之採用了王生的計謀，最終
面見景帝謝罪，景帝並沒有指責他。王生曾經和張釋之以及百官公卿應召相
會庭中，站立著，王生的襪帶脫開了，王生回頭對張釋之說：「給我把襪帶繫
上。」張釋之便上前，跪在地上給王生繫上襪帶。退朝以後，有人責備王生
說：「你為什麼單單在朝廷上侮辱張廷尉，讓他給你跪著繫襪帶呢？」王生說：
「我年事已高且地位低賤，自己考慮終究對張廷尉沒有什麼幫助。張廷尉是
當今天下有名的大臣，我故意暫且侮辱他，讓他跪在地上繫襪帶，是想加重
他的聲望。」諸公卿聽說後，都稱讚王生的賢能，而更加敬重張釋之。

　　傑出啊王生，研習黃、老之學。文采斐然的張釋之，與王生平素有一臂
之交。王生在朝會庭中襪帶脫解，張釋之恭敬地趨前而為其繫好襪帶，當時
在場的朝廷官員都很敬重張釋之。

摯　峻

　　摯峻，字伯陵，京兆長安人也。少治清節，與太史令司馬遷交好
〔1〕。峻獨退身修德，隱於汧山〔2〕。遷既親貴〔3〕，乃以書勸峻進〔4〕，
曰：「遷聞君子所貴乎道者三〔5〕：太上立德，其次立言，其次立功。
伏惟伯陵材能絕人〔6〕，高尚其志，以善厥身〔7〕，冰清玉潔，不以細
行荷累其名〔8〕，固已貴矣，然未盡太上之所由也〔9〕。願先生少致意

焉。」峻報書曰：「峻聞古之君子，料能而行，度德而處，故悔吝去於身〔10〕。利不可以虛受，名不可以苟得。漢興以來，帝王之道，於斯始顯。能者見利，不肖者自屏〔11〕，亦其時也。《周易》：『大君有命⑬，小人勿用〔12〕。』徒欲偃仰從容〔13〕，以遊餘齒耳。」峻之守節不移如此。遷居太史官，爲李陵遊說〔14〕，下腐刑〔15〕，果以悔吝被辱。峻遂高尚不仕，卒於岍。岍人立祠，號曰岍居士。世奉祀之不絕。

　　京兆伯陵，岍峰屏躅〔16〕。太史騰書，興言報復〔17〕。

　　知足無虞，守玄袪辱〔18〕。居士靈祠，春秋自續。

【注釋】

〔1〕太史令：《周禮》春官宗伯之屬有太史，地位尊崇，掌王文書起草、策命諸侯、記載國家大事、編著史冊、收藏典籍圖書及天文曆法、祭祀等事。秦漢設太史令一人，爲太史署之長官，隸屬太常，秩六百石，掌天文曆法，其職與先秦相比，有所縮小。范曄《後漢書・百官志》本注曰：「掌天時、星曆。凡歲將終，奏新年曆。凡國祭祀、喪、娶之事，掌奏良日及時節禁忌。凡國有瑞應、災異，掌記之。丞一人，三百石。」漢武帝時，司馬遷任太史令，後人尊稱太史公，實爲敬辭。

〔2〕岍（qiān）山：又名吳山，在今陝西省隴縣東南。

〔3〕遷既親貴：指司馬遷仕爲郎中，繼任太史令。《漢書・司馬遷傳》：「於是遷仕爲郎中，奉使西征巴蜀以南，略邛、筰、昆明，還報命……而遷爲太史令，紬史記石室金鐀之書。五年而當太初元年，十一月甲子朔旦冬至，天曆始改，建於明堂，諸神受記。」

〔4〕進：仕進。

〔5〕所貴乎道者三：謂立德、立功、立言。《左傳・襄公二十四年》：「穆叔曰：『以豹所聞，此之謂世祿，非不朽也。魯有先大夫曰臧文仲，既沒，其言立，其是之謂乎？豹聞之：大上有立德，其次有立功，其次有立言，雖久不廢，此之謂不朽。』」

〔6〕惟：思，思考。

〔7〕厥：代詞，其。

〔8〕荷累：拖累，牽累。

〔9〕太上：最上，最高。此處指「立德」。《墨子・親士》：「太上無敗，其次

敗而有以成。」孫詒讓《閒詁》：「太上，對其次爲文，謂等之最居上者。」
漢司馬遷《報任少卿書》：「太上不辱先，其次不辱身……最下腐刑極矣。」
宋秦觀《心說》：「太上見心而無所取捨，其次無心，其次虛心，其次有
心。」

〔10〕悔吝：災禍。《周易・繫辭上》：「悔吝者，憂虞之象也。」應劭《風俗通・
正失・東方朔》：「文章時政頗遺失，皆所謂悔吝小疵耶。」

〔11〕不肖：不成材；不正派。肖，類似。《禮記・射義》：「發而不失正鵠者，其
唯賢者乎？若夫不肖之人，則彼將安能以中。」孔穎達疏：「不肖，謂小人
也。」《韓非子・功名》：「堯爲匹夫，不能正三家，非不肖也，位卑也。」
《漢書・武帝紀》：「代郡將軍敖、雁門將軍廣，所任不肖，校尉又背義妄
行，棄軍而北。」顏師古注：「肖，似也。不肖者，言無所象類，謂不材之
人也。」宋蘇軾《上富丞相書》：「翰林歐陽公不知其不肖，使與於制舉之
末，而發其猖狂之論。」　屛（bǐng）：退避，隱退。《禮記・曲禮》：「左
右屛而待。」

〔12〕大君有命，小人勿用：《周易・師卦》：「上六，大君有命，開國承家，小人
勿用。」意謂天子頒發命令，封賞功臣爲諸侯、爲大夫，小人不可重用。
孔穎達《周易正義》曰：「上六處《師》之極，是師之終竟也。大君謂天子
也，言天子爵命此上六，若其功大，使之開國爲諸侯；若其功小，使之承
家爲卿、大夫；『小人勿用』者，言開國承家須用君子，勿用小人也。」

〔13〕偃仰從容：俯仰從容，遊悠不迫。

〔14〕爲李陵遊說：李陵，漢隴西成紀（今甘肅秦安）人，字少卿。名將李廣之
孫。漢武帝時任騎都尉。天漢二年（前 99），率步兵五千人擊匈奴，後援
不至，戰敗降匈奴。《史記》、《漢書》皆有傳。
司馬遷《報任少卿書》：「夫僕與李陵俱居門下，素非相善也，趣舍異路，
未嘗銜杯酒，接殷勤之歡。然僕觀其爲人，自奇士。事親孝，與士信，臨
財廉，取予義，分別有讓，恭儉下人，常思奮不顧身，以殉國家之急。其
素所蓄積也，僕以爲有國士之風。夫人臣出萬死不顧一生之計，赴公家之
難，斯已奇矣。今舉事一不當，而全軀保妻子之臣隨而媒糵其短，僕誠私
心痛之。且李陵提步卒不滿五千，深踐戎馬之地，足歷王庭，垂餌虎口，
橫挑彊胡，仰億萬之師，與單于連戰十餘日，所殺過當。虜救死扶傷不給，
旄裘之君長咸震怖，乃悉徵左右賢王，舉引弓之民，一國共攻而圍之。轉

鬥千里，矢盡道窮，救兵不至，士卒死傷如積。然李陵一呼勞軍，士無不起，躬流涕，沫血飲泣，張空弮，冒白刃，北首爭死敵。陵未沒時，使有來報，漢公卿王侯皆奉觴上壽。後數日，陵敗書聞，主上爲之食不甘味，聽朝不怡。大臣憂懼，不知所出。僕竊不自料其卑賤，見主上慘淒怛悼，誠欲效其欵欵之愚。以爲李陵素與士大夫絕甘分少，能得人之死力，雖古名將不過也。身雖陷敗，彼觀其意，且欲得其當而報漢。事已無可奈何，其所摧敗，功亦足以暴於天下。僕懷欲陳之，而未有路。適會召問，即以此指推言陵功，欲以廣主上之意，塞睚眥之辭。未能盡明，明主不深曉，以爲僕沮貳師，而爲李陵遊說，遂下於理。」

〔15〕腐刑：即宮刑，古代男子閹割生殖器的酷刑。

〔16〕屏躅：退隱。躅（zhuó），足迹，蹤迹。

〔17〕興言：作書信。報復：回復。

〔18〕袪（qù）：除去。

【譯文】

　　摯峻，字伯陵，是京兆長安人。摯峻少年時便修養清高的品節，與太史令司馬遷關係很好。摯峻獨自退隱而進修德操，隱居於岍山。司馬遷成爲親近重臣之後，便寫書信勸勉摯峻，說：「我聽說君子所看重的道有三個方面：最高是立德，其次是立功，最後是立言。我認爲你的才能超越常人，志向高遠，以完善自我，冰清玉潔，並且能夠不爲小事情而牽累聲名，本來就已經很可貴了，然而還沒有達到『立德』的最高標準。希望你能夠在這方面稍加留意。」摯伯陵回信說：「我聽說古代的君子，根據自己的能力而行事，根據自己的德性而選擇進退出處，所以災禍遠離其身。利祿是不可以憑空接受的，而聲名是不可以苟且獲得的。漢朝建立以來，帝王治國之道，於這時才開始顯現。有才能的人見利而動，無才能的人自動退避，這也是時勢使然啊。《周易》說：『天子頒發命令，封賞功臣爲諸侯、爲大夫，小人不可重用。』我只想俯仰從容、遊悠不迫地生活，以安度晚年。」摯伯陵就是這樣堅守節操、絕不改易。司馬遷身爲太史令，爲投降匈奴的李陵辯解，結果被處以宮刑，果然以災禍而遭受侮辱。摯伯陵高尚其志，未曾出仕，在岍山去世。當地人爲摯伯陵建立祠廟，稱摯伯陵爲「岍居士」，世世代代供奉祭祀不絕。

　　京兆摯伯陵隱居於岍山，太史令司馬遷寫信要求摯伯陵出仕，摯伯陵作

書答覆，決意不出仕，意在知足葆眞而無憂患、專一守道而不受辱。「岍居士」
摰伯陵的靈驗的祠廟，世代祭祀不絕。

韓　福

　　韓福者，涿人也〔1〕，以行義修潔著名。昭帝時〔2〕，大將軍霍光秉
政〔3〕⑭，表顯義士〔4〕。詔郡國條奏行狀〔5〕⑮，天子謂福等五人行義最
高〔6〕，以德行徵至京兆，病不得進。元鳳元年〔7〕，詔策曰：「朕愍勞福
以官職之事〔8〕，賜帛五十匹。遣歸，其務修孝悌以教鄉里〔9〕。」福歸，
終身不仕，卒於家。

　　北郡韓福，潔白修躬。博陸調爕〔10〕，乃下旌弓〔11〕。

　　疾稽中驛，帛獎幽蹤〔12〕。荷衣鳩杖，陶陶令終〔13〕。

【注釋】

〔1〕涿：涿郡。漢高帝以戰國燕涿邑置涿郡，治所在今河北涿縣。

　　《藝文類聚》卷三六引嵇康《高士傳》：「韓福者，以行義修潔，昭帝時以
　　德行徵，病不進。元鳳元年，詔賜帛五十匹，遣長吏時以存問，常以八月
　　賜羊酒，不幸死者，賜複衾一，祠以中牢。自是至今，爲徵士之故事。福
　　終身不仕，卒於家。」

〔2〕昭帝：漢武帝少子劉弗陵，公元前 87 至前 74 年在位。《漢書・昭帝紀》：
　　「後元二年二月，上疾病，遂立昭帝爲太子，年八歲，以侍中奉車都尉
　　霍光爲大司馬、大將軍，受遺詔，輔少主。明日，武帝崩，戊辰，太子
　　即皇帝位。」

〔3〕霍光：河東平陽人，字子孟，驃騎將軍霍去病之弟。《漢書・霍光傳》：「光
　　爲奉車都尉、光祿大夫，出則奉車，入侍左右，出入禁闥二十餘年，小心
　　謹愼，未嘗有過，甚見親信。」後元二年，「上以光爲大司馬、大將軍，（金）
　　日磾爲車騎將軍，及太僕上官傑爲左將軍、搜粟都尉桑弘羊爲御史大夫，
　　皆拜臥內床下，受遺詔輔少主。明日，武帝崩，太子襲尊號，是爲孝昭皇
　　帝。帝年八歲，政事一決於光。」

〔4〕表顯：表彰顯揚。漢班固《白虎通・考黜》：「卷龍之衣服，表顯其德。」
　　《後漢書・孔融傳》：「立學校，表顯儒術。」

〔5〕條奏：逐條上奏。《漢書・元帝紀》：「有可蠲除減省以便萬姓者，條奏，毋有所諱。」行狀：履歷、事迹。

〔6〕行義：品行節義。《漢書・昭帝紀》：元鳳元年「三月，賜郡國所選有行義者涿郡韓福等五人，帛人五十匹，遣歸。詔曰：『朕閔勞以官職之事，其務修孝悌以教鄉里。令郡縣常以正月賜羊、酒，有不幸者賜衣被一襲，祠以中牢。』」

〔7〕元鳳：漢昭帝劉弗陵年號，凡六年（前80～前75）。

〔8〕愍勞：不忍心役使。愍，憐憫。《漢書・昭帝紀》鄧展注曰：「閔哀韓福等，不忍勞役以官職之事。」

〔9〕孝悌：孝敬父母、順敬兄長。弟（tì），通「悌」，順敬兄長。《漢書・龔勝傳》：「自昭帝時，涿郡韓福以德行徵至京師，賜策書束帛，遣歸。詔曰：『朕閔勞以官職之事，其務修孝悌以教鄉里。行道舍傳舍，縣次具酒肉，食從者及馬，長吏以時存問，常以歲八月賜羊一頭、酒二斛，不幸死者賜複衾一，祠以中牢。』」

〔10〕博陸：博陸侯霍光。　調燮：猶言調和陰陽，指治理國事。

〔11〕旌弓：徵聘賢士的旗幟和弓。《孟子・萬章下》：「（招）大夫以旌。」《左傳・莊公二十二年》引逸《詩》：「翹翹車乘，招我以弓。」

〔12〕帛獎：下詔書褒獎。帛，詔書。

〔13〕陶陶（yáo　yáo）：和樂的樣子。《詩經・王風・君子陽陽》：「君子陶陶。」令終：善終。

【譯文】

　　韓福，是涿郡人，以行事正義、品行高潔著名。漢昭帝時，大將軍霍光主持朝政，表彰顯揚義士，詔命地方郡國向朝廷上奏義士的事迹，漢昭帝認為韓福等五人仁義道德最高，以德行卓著而徵詔赴長安，韓福因病未能親到長安。元風元年，漢昭帝下詔命說：「我不忍心以官職之事役使韓福等，賞賜五十匹布帛。送遣他們回歸鄉里，一定要講教孝悌之義以教化鄉里。」韓福返回家鄉後，終身沒有出仕，最終死在家中。

　　北方涿郡人韓福，潔身自好品行端正。博陸侯霍光主持朝政，旌表仁賢。韓福因病逗留於驛站，未能到達帝都長安，漢昭帝遂下詔褒獎他的高潔品德。韓福乃隱於鄉里，穿荷衣而拄鳩杖，快快樂樂，得以善終。

成　公

　　成公，成帝時人〔1〕，自隱姓名，常誦《經》，不交世利〔2〕，時人號曰成公。成帝出遊，問之，成公不屈節。上曰：「朕能富貴人，能殺人。子何逆朕〔3〕？」成公曰：「陛下能貴人，臣能不受陛下之官；陛下能富人，臣能不受陛下之祿；陛下能殺人，臣能不犯陛下之法。」上不能折〔4〕，使郎二人就受《政事》十二篇。

　　成公全樸〔5〕，稱謂不傳。途遭玉輦〔6〕，峻峙幅邊〔7〕。

　　詞歸方外〔8〕，克免帝愆〔9〕。書郎乃遣，茅戶乞言〔10〕。

【注釋】

〔1〕成帝：劉驁，字太孫，元帝劉奭之子。公元前 32～前 7 年在位。

〔2〕世利：世間利祿。《晉書・潘岳傳》：「岳性輕躁，趨世利，與石崇等諂事賈謐。」宋王禹偁《擬封田千秋爲富民侯制》：「競世利於錙銖，並家人如鳥獸；務農者蓋鮮，遊食者良多。」

〔3〕逆：違逆，不順從。

〔4〕折：折服。

〔5〕全樸：葆有天眞、純樸。

〔6〕玉輦（niǎn）：秦漢後特指君后所乘的車，以玉爲飾。晉潘岳《籍田賦》：「天子乃御玉輦，蔭華蓋。」唐杜牧《洛陽長句》詩之二：「連昌繡嶺行宮在，玉輦何時父老迎？」清納蘭性德《王明君》詩：「椒庭充選后，玉輦未曾迎。」

〔7〕峻峙：嚴正地堅守。　幅邊：即邊幅，規矩、法則。此處指處事原則、操守。幅，布帛的寬度。古制，一幅爲二尺二寸。

〔8〕方外：世外，謂超然於世俗禮教之外。《文子・精誠》：「老子曰：『若夫聖人之遊也，即動乎至虛，遊心乎太無，馳於方外……不拘於世，不繫於俗。』」三國魏曹植《七啓》：「俯倚金較，仰撫翠蓋。雍容暇豫，娛志方外。」南朝宋劉義慶《世說新語・任誕》：「阮（阮籍）方外之人，故不崇禮制；我輩俗中人，故以儀軌自居。」宋陸游《白發》詩：「平昔樂方外，固與功名疏。」

〔9〕克：能夠。　愆：指責、責備。

〔10〕茅戶乞言：指漢成帝派遣郎官二人就成公學習《政事》十二篇。

【譯文】

　　成公，是漢成帝時的人，隱埋姓名，經常誦讀《經》書，不與世俗利祿之人相交往，當時人們稱他為「成公」。漢成帝出遊，召問成公入仕，成公沒有屈節答應。成帝說：「我能讓一個人富貴，也可以處死一個人。你為什麼要違背我的意願呢？」成公說：「陛下能讓一個人高貴，而我能夠不接受陛下的官職；陛下能讓一個人富有，而我能夠不接受陛下的俸祿；陛下能夠處死一個人，而我能夠不違犯陛下的法律。」成帝不能說服他，就派遣了兩個郎官去向成公學習《政事》十二篇。

　　成公葆有天真、樸素純粹，姓名不為人所知。路途遇見漢成帝出遊，成公能夠嚴正地堅守自己的節操。他的言詞乃隱士之言，最終能夠免去了漢成帝的責難。於是成帝派郎官到成公處，學習《政事》十二篇。

安丘望之

　　安丘望之者〔1〕，京兆長陵人也〔2〕。少治《老子經》，恬靜不求進宦〔3〕，號曰「安丘丈人」。成帝聞，欲見之。望之辭不肯見。上以其道德深重，常宗師焉。望之不以見敬為高〔4〕，愈日損，退為巫醫於民間〔5〕。著《老子章句》〔6〕，故老氏有安丘之學。扶風耿況、王汲等皆師事之⑯〔7〕，從受《老子》。終身不仕，道家宗焉。

　　安丘丈人，中林自命〔8〕。龍位來師〔9〕，豹潛逾勁〔10〕。

　　岐業周流〔11〕，老編刪定。振教玄玄，道家衡鏡〔12〕。

【注釋】

〔1〕安丘望之：《太平御覽》卷七三九引皇甫謐《高士傳》曰：「安丘望之病，弟子公沙都來看之，舉之於庭樹下，安丘曉然有痊，開目見雙赤李著枯枝，都仰手承李，安丘食之，所苦盡除。」又卷六六六引葛洪《抱朴子》：「安丘望之，字仲都，京兆長陵人也，修尚黃老。漢成帝從其道德，常宗師之，愈自損退。成帝請之，若值望之齋醮，則待事畢，然後往。《老子章句》有安丘之學。望之忽病篤，弟子公沙都侍於庭樹下，望之自知病有痊時。冬月，鼻聞李香，開目則見雙赤李著枯枝，望之仰手承李，自墜掌中，因食李，所苦盡除，身輕目明，遂去。莫知何在也。」又，卷九六八引嵇康《高士傳》：「長靈安丘生病篤，弟子公沙都來省之，與

安共至於庭樹下，聞李香，開目見雙赤李著枯枝，自墮掌中，安食之，所苦除盡。」

范曄《後漢書・耿弇傳》章懷太子李賢注引嵇康《高士傳》：「安丘望之，字仲都，京兆長陵人。少持《老子經》，恬淨不求進宦，號曰安丘丈人。成帝聞，欲見之。望之辭不肯見，爲巫醫於人間也。」

〔2〕長陵：西漢五陵之一。漢高帝十二年（前 195）築陵置縣。治所在今咸陽市東北。高帝死後葬此，王莽時名長平。三國魏廢。

〔3〕進宦：仕進。進身做官。晉葛洪《抱朴子・辨問》：「恐人皆知不死之可得，皆必悉委供養、廢進宦而登危浮。」

〔4〕見敬：被尊敬，受尊敬。

〔5〕巫醫：古代以祝禱爲主或兼用一些藥物來爲人消災治病的人。《逸周書・大聚》：「鄉立巫醫，具百藥以備疾災。」後泛指醫師。

〔6〕著《老子章句》：《隋書・經籍志》：漢長陵三老母丘望之注《老子》二卷。母丘望之撰《老子指趣》三卷。《經典釋文・序錄》：「母丘望之，字仲都，京兆人，漢長陵三老。撰《老子章句》二卷。」《冊府元龜》卷六〇五：「安丘望之爲長陵三老，爲《老子章句》二卷。」

〔7〕扶風：即右扶風。西漢太初元年（104 年）改主爵都尉置，治所在長安縣（今陝西西安市西北）。東漢末移治槐里縣（今陝西興平縣東南南佐村）。三國魏改名扶風郡。　耿況：范曄《後漢書・耿弇傳》：「耿弇，字伯昭，扶風茂陵人也。其先，武帝時以吏二千石自鉅鹿徙焉。父況，字俠遊，以明經爲郎，與王莽從弟伋，共學《老子》於安丘先生。」耿況後爲上谷太守。王伋：原作「王汲」，范曄《後漢書・耿弇傳》作「王伋」，王莽從弟。

〔8〕中林：林野。《詩經・周南・兔罝》：「肅肅兔罝，施於中林。」毛《傳》：「中林，林中。」馬瑞辰《通釋》：「《爾雅》：『牧外謂之野，野外謂之林。』中林，猶云中野。」中林士，在野隱居的人。

〔9〕龍位：皇位；皇帝的坐位。此指天子，漢成帝。

〔10〕豹潛：即「豹隱」。劉向《列女傳・陶答子妻》：「妾聞南山有玄豹，霧雨七日而不下食者，何也？欲以澤其毛而成文章也，故藏而遠害。」後因以「豹隱」比喻潔身自好，隱居不仕。

〔11〕岐業：指醫術。岐，岐伯，相傳爲黃帝時的名醫。今所傳《黃帝內經》，即戰國秦漢時醫家託名黃帝與岐伯論醫之作。因此，後世常以「岐黃」泛指

醫師、醫術。

〔12〕衡鏡：衡器和鏡子。衡可以稱輕重，鏡可以照美醜。比喻辨別是非善惡的標準。唐盧照鄰《五悲・悲才難》：「童子尚知其不可，矧衡鏡與蓍龜。」唐張說《中書令逍遙公墓誌銘》：「衡鏡高懸，文武矯首，才無我失，善若己有。」《舊唐書・韋嗣立傳》：「然後審持衡鏡，妙擇良能，以之臨人，寄之調俗，則官無侵暴之政，人有安樂之心。」

【譯文】

安丘望之，是京兆郡長陵縣人。安丘望之早年研治老子《道德經》，性格恬靜而不願仕進，號稱「安丘丈人」。漢成帝聞知其賢能，想見見，安丘望之推辭而不肯相見。成帝因為安丘望之的道德高深，常常向安丘望之學習。安丘望之並不因為受到成帝的敬重而自視甚高，更加謙退，退居民間而為醫師。安丘望之著有《老子章句》，因此老子學術而有「安丘之學」。扶風人耿況、王伋等人都以安丘望之為師，從其學習《老子》。安丘望之終身未曾出仕，道家尊其為一代宗師。

安丘望之自命為山野隱居之士，漢成帝前來向安丘望之學習時，安丘望之歸隱、退守的意志更加堅決了。安丘望之以巫醫身份而治病民間，隱居鄉野，並且著有《老子章句》，使得老子之學更為深妙，亦使得道家學說達到了一個更高的標準。

宋勝之

宋勝之者，南陽安眾人也〔1〕。少孤，年五歲失父母，家於穀城聚中〔2〕。孝慕甚篤〔3〕，聚中化之，少長有禮。勝之每行，見老人擔負，輒以身代之。獵得禽獸，嘗分肉與有親者〔4〕。貧依姊居，數歲乃至長安，受《易》通明〔5〕，以信義見稱。從兄襃為東平內史〔6〕，遣使召之，勝之曰：「眾人所樂者，非勝之願也。」乃去遊太原，從邙越牧羊〔7〕，以琴書自娛。丞相孔光聞〔8〕，而就太原辟之，不至。元始三年〔9〕，病卒於太原。

勝之敦孝，聚居風動。力施衰白〔10〕，食損姻眾〔11〕。

附姊饔殯〔12〕，拒兄錄用。獨綜絃歌，羲光是弄〔13〕。

【注釋】

〔1〕南陽安眾：南陽，郡名。戰國秦昭王三十五年（前 272）置，治所在宛縣（今河南省南陽市），漢轄三十六縣。安眾，縣名。侯國，故宛西鄉。有土魯山，出紫石英。

〔2〕穀城：縣名，西漢置，治所在今河南洛陽市西北。西晉廢。　聚：村落。《史記・五帝本紀》：「一年而所居成聚。」

〔3〕孝慕：指對前輩的孝敬追慕。《北史・刁沖傳》：「沖字文朗。十三而孤，孝慕過人。」《北史・孝行傳・郭文恭》：「年踰七十，父母喪亡。文恭孝慕罔極，乃居祖父墓次，晨夕跪拜。」

〔4〕嘗：通「常」，經常。

〔5〕通明：通達明於事理。《荀子・強國》：「求仁厚通明之君而託王焉。」《漢書・外戚傳下・孝成趙皇后》：「知陛下有賢聖通明之德。」唐張鷟《朝野僉載》卷六：「夫人尉遲氏，敬德之孫也，性通明彊毅。」

〔6〕從兄：堂兄弟稱從兄弟。宋褒，事迹不詳。　東平：國名。漢甘露二年（前 52）改大河郡爲東平國。治所在無鹽縣，轄縣七。　內史：西漢初，諸侯王國內置內史，職掌民政。

〔7〕郇越：《漢書・鮑宣傳》：「郇越，（郇）相同族昆弟也，並舉州郡孝廉茂材。數病去官，越散其先人貲千餘萬，以分施九族州里，志節尤高。」《山西通志》卷一〇一說：「郇越，字仲臣；郇相，字稚賓。太原人，同族昆弟也。」

〔8〕孔光（前 65～後 5）：字子夏，孔子十四世孫。漢成帝時爲博士、尚書令，掌管樞機十多年。後任御史大夫、丞相等官職。《漢書》卷八一有傳。

〔9〕元始三年：公元 3 年。元始，漢平帝劉衎年號，凡五年（公元 1 年～公元 5 年）。

〔10〕衰白：衰，衰弱；白，斑白。此處指老年人。謂人老體衰鬢髮疏落花白。語本三國魏嵇康《養生論》：「至於措身失理，亡之於微，積微成損，積損成衰，從衰得白，從白得老，從老得終，悶若無端。」唐杜甫《收京》詩之二：「生意甘衰白，天涯正寂寥。」

〔11〕姻眾：諸位親戚。

〔12〕饔飧（yōng sūn）：早飯和晚飯。此得指稱日常生活。

〔13〕羲光：溫暖和煦的陽光。

【譯文】

　　宋勝之，是南陽郡安眾縣人。宋勝之幼年時就成為孤兒，五歲時失去了父母雙親，居住在穀城縣的村落中。宋勝之甚為孝敬長輩，鄉民風氣受其教化而為之一變，男女老少都彬彬有禮。宋勝之每次外出，遇見老人背負肩挑，就親自代勞，打獵獲得禽獸，常常將肉分給親朋鄰里。宋勝之生活貧困，依靠姐姐而居住。過了幾年，宋勝之來到長安城，研習《周易》，開通而賢明，以講究信義而為人所稱許。堂兄宋襃為東平內史，派使者招致他，宋勝之說：「眾人樂意做的事，並不是我所願意的。」於是，宋勝之北遊太原，追隨郇越一塊兒放羊，以彈琴讀書而自得其樂。丞相孔光聞訊後，親自來到太原，徵召宋勝之出仕，宋勝之沒有去。漢平帝元始三年，宋勝之因病在太原去世。

　　宋勝之敦樸仁孝，居住村落中，使得鄉里民風發生了根本的變化。宋勝之努力幫助年老體衰者，也將食物分與眾親戚，依附於姐姐生活，拒絕了族兄宋襃的薦錄。宋勝之過著絃歌不輟的自得生活，享受著溫暖和煦的陽光。

張仲蔚

　　張仲蔚者，平陵人也〔1〕。與同郡魏景卿俱修道德〔2〕，隱身不仕。明天官博物〔3〕，善屬文，好詩賦。常居窮素〔4〕，所處蓬蒿沒人。閉門養性，不治榮名。時人莫識，唯劉龔知之〔5〕。

　　仲蔚遐輪〔6〕，景卿並轍〔7〕。洞探乾曜〔8〕，兼長槧業〔9〕。

　　闔戶棲神，荊榛掩絕。塵鑒何知〔10〕，馨香不滅。

【注釋】

〔1〕平陵：古縣名。西漢五陵之一，漢昭帝築陵置縣，治所在今咸陽市西北。昭帝死後葬此，三國魏改名始平。

〔2〕魏景卿：《藝文類聚》卷八二引《三輔決錄注》曰：「張仲蔚，平陵人也，與同郡魏景卿俱隱身不仕，所居蓬蒿沒人。」

〔3〕天官：天文，天象。《史記・太史自序》：「太史公學天官於唐都。」《史記》有《天官書》，司馬貞《索隱》：「天文有五官。官者，星官也。星座有尊卑，若之官曹列位，故曰天官。」　博物：通曉眾物。桓寬《鹽鐵論・雜論》：「桑大夫據當世，合時變，推道術，尚權利，辟略小辯，雖非正法，然臣儒宿學，惡然大能自解，可謂博物通士矣。」

〔4〕窮素：清貧、寒素。

〔5〕劉龔：范曄《後漢書・蘇竟傳》：「（劉）龔，字孟公，長安人。善論議，扶
　　　風馬援、班彪並器重之。」章懷太子李賢注：「《三輔決錄注》曰：『唯有孟
　　　公，論可觀者。』班叔皮《與京兆丞郭季通書》曰：『劉孟公藏器於身，用
　　　心篤固，實瑚璉之器，宗廟之寶也。』」

〔6〕逴輪：意謂捷足先登，出眾。

〔7〕並轍：並駕齊驅。

〔8〕乾曜：太陽，此處指天文。

〔9〕槧業：指擅長詩賦文章寫作。槧（qiàn），尚未書寫的書版。《說文解字》：
　　　「槧，牘樸也。」段玉裁注：「樸，素也。牘，書版也。槧謂書版之素未書
　　　者也。」

〔10〕塵鑒：世俗的評論。

【譯文】

　　張仲蔚，是平陵縣人。張仲蔚和同郡人魏景卿一塊兒修養道德，隱居不
仕。張仲蔚精通天文曆法，通曉眾物，擅長寫文章，喜好詩賦。張仲蔚平常
生活清貧，所居之處，長滿了蓬蒿雜草，掩絕門戶。張仲蔚閉門謝客，修身
養性，不關心自己的聲名。當時沒有人認識張仲蔚，只有劉龔瞭解。

　　張仲蔚超邁眾人，魏景卿也和他一樣傑特。張仲蔚深明天文學，也擅長
詩賦文章寫作。他閉戶而修養道德，以致蓬草掩蔽了門戶。世人不能理解他，
張仲蔚的風範卻永久不滅。

嚴　遵

　　嚴遵，字君平，蜀人也。隱居不仕，常賣卜於成都市〔1〕，日得百
錢以自給，卜訖則閉肆下簾〔2〕，以著書為事〔3〕。楊雄少從之遊〔4〕，
屢稱其德。李強為益州牧〔5〕，喜曰：「吾得君平為從事〔6〕，足矣。」
雄曰：「君可備禮與相見，其人不可屈也。」王鳳請交〔7〕，不許。蜀
有富人羅沖者⑰，問君平曰：「君何以不仕？」君平曰：「無以自發。」
沖為君平具車馬衣糧〔8〕，君平曰：「吾病耳〔9〕，非不足也。我有餘而
子不足，奈何以不足奉有餘？」沖曰：「吾有萬金，子無儋石〔10〕，乃
云有餘，不亦謬乎？」君平曰：「不然。吾前宿子家，人定而役未息，

尚暝皆興〔11〕⑱。晝夜汲汲〔12〕，未嘗有足。今我以卜爲業，不下床而錢自至，猶餘數百，塵埃厚寸，不知所用。此非我有餘而子不足邪？」沖大慚。君平歎曰：「益我貨者損我神，生我名者殺我身，故不仕也。」時人服之。

　　君平賣卜，子雲所師。聃文是闡〔13〕，乃作《指歸》〔14〕。

　　牧不可屈，錢常有餘。眞人淡泊，亶哉匪虛〔15〕。

【注釋】

〔1〕賣卜：占卜。謂以占卜謀生。

　　《漢書・王貢兩龔鮑傳》：「（嚴）君平卜筮於成都市，以爲『卜筮者賤業，而可以惠眾人。有邪惡非正之問，則依蓍龜爲言利害。與人子言，依於孝；與人弟言，依於順；與人臣言，依于忠。各因勢導之以善，從吾言者，已過半矣。』」

　　《華陽國志》卷一〇上：「嚴遵，字君平，成都人也。雅性澹泊，學業加妙，專精大《易》，軌於老莊。常卜筮於市，假蓍龜以教。」

〔2〕閉肆下簾：謂關門歇業。《漢書・王貢兩龔鮑傳》：嚴遵「裁日閱數人，得百錢足自養，則閉肆下簾，而授《老子》。」

〔3〕以著書爲事：《漢書・王貢兩龔鮑傳》：嚴遵「博覽亡不通，依老子、嚴周之指，著書十萬餘言。」顏師古注：「嚴周即莊周。」《華陽國志》卷一〇上：「著《指歸》，爲道書之宗。」謂嚴遵撰有《老子指歸》，今存。

〔4〕揚雄：字子雲，蜀郡成都人，西漢辭賦大家，且著有《太玄》《法言》。《漢書》卷八七有傳。《漢書・王貢兩龔鮑傳》：「揚雄少時，從遊學，以而仕京師顯名，數爲朝廷在位賢者稱君平德。」

〔5〕益州：漢武帝所置十三刺史部之一。東漢時治所在雒縣（今四川廣漢縣北），中平中移治綿竹縣（今四川德陽縣東北），興平中又移治成都縣（今四川成都市）。　牧：州牧。州長官。漢武帝初置十三部（州）刺史，秩六百石，掌奉詔巡察諸州，以六條問事。成帝綏和元年（公元前8年）改爲州牧，秩眞二千石，位次九卿，佐吏之設並依刺史。其後或稱爲州牧，或爲刺史，更易無常，其權任漸趨重大。漢末天下方亂，豪強四起，靈帝中平五年（188年）諸要州改置牧，與刺史之制並存，均凌駕於郡國之上，獨專一州軍政，且多加將軍號，封列侯，開魏晉以下刺史加將

軍之先河。《漢書‧朱博傳》:「今部刺史居牧伯之位,秉一州之統。」
《漢書‧王貢兩龔鮑傳》:「杜陵李強,素善雄,久之,爲益州牧,喜謂雄
曰:『吾眞得嚴君平矣。』雄曰:『君備禮以待之,彼人可見而不可得詘
也。』強心以爲不然。及至蜀,致禮與相見,卒不敢言以爲從事,乃歎
曰:『揚子雲誠知人。』」

〔6〕從事:官名。漢以後三公及州郡長官皆自闢僚屬,多以從事爲稱。《漢書‧
丙吉傳》:「坐法失官,歸爲州從事。」

〔7〕王鳳:字孝卿,漢成帝劉驁舅。《漢書‧元后傳》:「元帝崩,太子立,是爲
孝成帝。尊皇后爲皇太后,以鳳爲大司馬大將軍,領尚書事,益封五千戶。
王氏之興自鳳始。」

〔8〕具:準備。

〔9〕病:擔憂。《論語‧衛靈公》:「君子病無能焉。」

〔9〕儋石(dàn　shí):計量單位。一人之所負擔爲一儋。一說一石爲石,二石
爲儋。謂一人所擔負,借指少量米粟。

〔10〕尙暝皆興:天未亮皆起床勞作。暝(míng),昏暗。

〔11〕汲汲:心情急切的樣子。《禮記‧問喪》:「其往送也,望望然,汲汲然,
如有追而弗及也。」孔穎達疏:「汲汲然者,促急之情也。」宋歐陽修《試
筆‧繫辭說》:「予之言,久當見信於人矣,何必汲汲較是非於一世哉。」

〔12〕耼文:指《老子》一書。耼,老耼。

〔13〕指歸:嚴遵撰有《老子指歸》,今存。

〔14〕亶(dǎn):副詞,信然,誠然。《詩經‧小雅‧常棣》:「是究是圖,亶其然
乎?」

【譯文】

　　嚴遵,字君平,蜀郡人。嚴君平隱居不仕,經常在成都集市給人算卦,
每日能得一百錢,以解決生計問題。算卦結束後,便閉門歇業,專心致志地
著書立說。揚雄少年時跟隨嚴君平學習,經常稱讚他的美德。李強任益州牧
伯,高興地說:「我如若能讓嚴君平作屬吏,就心滿意足了。」揚雄說:「你
可以準備些禮物去拜見,嚴君平此人是不可能使之屈節而至的。」大司馬大
將軍王鳳想與嚴君平交朋友,嚴君平沒有答應。蜀郡有一個十分富有的人羅
沖,他問嚴君平說:「你爲什麼不去做官?」嚴君平說:「無法出發。」羅沖
爲嚴君平準備了出行用的車馬、衣物和糧食。嚴君平說:「我是有所擔憂,

而不是缺這些東西。我有餘而你不足，爲什麼你還要以不足來添加給我這一富有的人呢？」羅沖說：「我家藏萬金，你卻沒有一石糧食，還說很富有，這不是錯了嗎？」嚴君平說：「不對。前幾天我住在你家，人們都已入睡，而你家還在勞作，天未亮又都早早起來，晝夜忙個不停，沒有滿足的時候。而我現在以算卦爲業，不用下床就能掙到錢，尚且存有數百錢，上面的塵土足有一寸厚，不知用它來幹什麼。這難道不是我富有而你不足嗎？」羅沖聽了，十分慚愧。嚴君平歎息說：「送給我貨物者，將會損害我的精神；顯揚我聲名者，將會傷害我的身體，所以我不出仕。」當時人們很佩服他這句話。

嚴君平賣卜於成都，揚雄以其爲師。嚴君平闡述《老子》思想，而作《老子指歸》。益州牧李強不可使之屈服而爲從事，每天賣卜能得百錢，生活無憂而錢常有餘。得道眞人是淡泊無爲的，確實是這樣的啊，毫無虛誇之意。

彭城老父

彭城老父者〔1〕，楚之隱人也。見漢室衰，乃自隱修道，不治名利，至年九十餘。王莽時，徵故光祿大夫龔勝〔2〕，欲爲太子師友祭酒〔3〕。恥事二姓，莽迫之，勝遂不食而死〔4〕。莽使者及郡守以下會斂者數百人〔5〕。老父痛勝以名致禍〔6〕，乃獨入，哭勝甚悲，既而曰：「嗟乎！熏以香自燒〔7〕，膏以明自銷〔8〕。龔先生竟夭天年〔9〕，非吾徒也。」哭畢而趨出，衆莫知其誰也。

彭城老父，陸沉皓首〔10〕。炎鼎將移〔11〕，麟摧鳳蹂〔12〕。

弔哭低回，曾非儕友〔13〕。熏膏之規，哲士宜守。

【注釋】

〔1〕彭城：郡名。西漢地節元年（前69）以楚國改置，治所在彭城縣（今江蘇徐州市）。

《太平御覽》卷五一○引嵇康《高士傳》：「龔勝，楚人。王莽時遣使徵聘，義不事二姓，遂不食而死。有父老來弔，甚哀，既而曰：『嗟乎！熏以香自燒，膏以明自消。龔先生竟夭天年，非吾徒也。』趨而出，終莫知其誰也。」

〔2〕龔勝：字君賓，與龔舍（字君倩）皆楚人，二人相友，少皆好學明經，並著名節，故世謂之楚兩龔。　光祿大夫：文散官名稱。秦光祿勳屬官

有中大夫，漢武帝改稱光祿大夫。兩漢均置，無常事，僅備顧問、應對詔命。《漢書・龔勝傳》：「爲大夫二歲餘，遷丞相司直，徙光祿大夫，守右扶風。數月，上知勝非撥煩吏，乃復還勝光祿大夫。」又，「莽既篡國，遣五威將帥行天下風俗，將帥親奉羊酒存問勝。明年，莽遣使者即拜勝爲講學祭酒，勝稱疾不應徵。後二年，莽復遣使者奉璽書、太子師友祭酒印綬，安車駟馬迎勝，即拜，秩上卿，先賜六月祿直以辦裝，使者與郡太守、縣長吏、三老官屬、行義諸生千人以上入勝里致詔。」

〔3〕太子師友祭酒：太子府屬官。掌宣化道德及教育之事。師友，爲一種尊崇的稱號。祭酒，古禮，凡宴飲時必推一年高望重的人，舉酒先祭，稱爲祭酒。後爲官名。秦漢以後，多指太常所屬博士祭酒或國子監祭酒。

〔4〕不食而死：王莽逼使龔勝出仕，龔勝守義不屈，遂絕食而死。《漢書・龔勝傳》：「使者五日一與太守俱問起居……勝自知不見聽……遂不復開口飲食，積十四日死，死時七十九矣。」

〔5〕會斂：指參加葬禮。《漢書・龔勝傳》：「使者、太守臨斂，賜複衾祭祠如法。門人衰絰治喪者百數。」

〔6〕以名致禍：因聲名很大而招致災禍。

〔7〕熏：香草名，即蕙草。

〔8〕膏：油脂，油。《漢書・龔勝傳》：「有老父來弔，哭甚哀，既而曰：『嗟乎！熏以香自燒，膏以明自銷。龔生竟夭天年，非吾徒也。』遂趨而出，莫知其誰。」

〔9〕天年：自然壽命。《莊子・山木》：「此木以不材得終其天年。」《史記・刺客列傳》：「老母今以天年終，政將爲知己者用。」唐柳宗元《行路難》詩之一：「啾啾飲食滴與粒，生死亦足終天年。」

〔10〕陸沉：即「陸沉」，陸地無水而沉。比喻隱居。《莊子・則陽》：「方且與世違而心不屑與之俱，是陸沉者也。」郭象注：「人中隱者，譬無水而沉也。」

〔11〕炎鼎：漢朝政權。炎，按陰陽五行說，漢以火德而建國。鼎，九鼎，古代象徵國家政權的傳國之寶。《史記・武帝本紀》：「禹收九牧之金，鑄九鼎，象九州。」相傳成湯遷九鼎於商邑，周武王遷之於洛邑。戰國時，秦楚皆有興師到周求鼎之事。周顯王四十二年，宋大丘社亡，九鼎沒於泗水彭城下。

〔12〕麟摧鳳蹂：麒麟鳳凰這樣的祥瑞都遭受摧殘。麟鳳，喻指龔勝。

〔13〕儕友：朋友。儕，輩。

【譯文】

　　彭城老父，是楚國的隱士。彭城老父看到漢朝衰落，便隱居鄉野，潛心修道，不追求功名利祿，九十多歲了。王莽時，徵召原光祿大夫龔勝，準備任命為太子師友祭酒。龔勝認為侍奉兩姓君主十分恥辱，王莽強迫他出仕，於是龔勝絕食而死。王莽的使者和郡守以下官員參加殯殮的達數百人。彭城老父痛惜龔勝因聲名顯揚而招致災禍，遂獨自一人到靈堂前哭弔，非常悲慟，過了一會兒說：「熏草因為有香氣而被焚燒，膏油因為可以發光明而被燃銷，龔先生竟然不得盡其天年而逝，他不是我的同路人啊！」哭弔完後，快步走出，無人知道他是誰。

　　彭城老父隱姓埋名，隱居至年老而皓首白髮。漢朝政權將要轉移時，龔勝乃麒麟鳳凰一樣的祥瑞，遭受著摧殘。彭城老父哭弔龔勝極其低回哀傷，慨歎竟然不是同路人。彭城老父所說的「熏以香自燒，膏以明自銷」的規勸，仁人哲士應該牢牢堅守啊！

韓　順

　　韓順，字子良，天水成紀人也〔1〕。以經行清白辟州宰〔2〕，不詣。王莽末，隱於南山。地皇四年〔3〕，漢起兵於南陽〔4〕。順同縣隗囂等起兵〔5〕，自稱上將軍，西州大震。唯順修道山居，執操不回。囂以道術深遠，使人齎璧帛〔6〕，卑辭厚禮聘順，欲以為師。順因使謝囂曰〔7〕：「禮有來學，義無往教〔8〕。即欲相師，但入深山來。」囂聞蹙然〔9〕，不致強屈〔10〕。其後囂等諸姓皆滅，唯順山棲安然，以貧潔自終焉。

　　世道交喪，子良隱息。寧極青山，恥歌白石〔11〕。

　　求於井蛙〔12〕，責之負笈〔13〕。兔戮狐收，泰然林澤。

【注釋】

〔1〕天水：西漢元鼎三年（前 114）置郡，治所在平襄縣（今甘肅通渭縣西北）。東漢永平七年（64 年移治冀縣，即今甘肅甘谷縣東南），改名漢陽郡。三國魏復改天水郡。西晉移治上邽（今甘肅天水市）。　成紀：西漢置，屬天

水郡，治所在今甘肅靜寧縣西南。

〔2〕經行清白：通曉儒家經典，且操行清白。　州宰：兩漢稱地方州一級長官為州宰。范曄《後漢書・韋彪傳》：「宜簡嘗歷州宰，素有名者。」

〔3〕地皇：新王莽年號，凡四年（20年～23年）。

〔4〕漢起兵於南陽：劉秀起兵在地皇三年。范曄《後漢書・光武紀》：「地皇三年，南陽荒饑，諸家賓客多為小盜。光武避吏新野，因賣穀於宛。宛人李通等以圖讖說光武，云：『劉氏復起，李氏為輔。』光武初不敢當，然獨念兄伯升素結輕客，必舉大事，且王莽敗亡已兆，天下方亂，遂與定謀。於是乃市兵弩，十月與李通從弟軼等起於宛，時年二十八。」　南陽：郡名，戰國秦昭王三十五年（前272年）置，治所在宛縣（今河南南陽市）。

〔5〕隗囂（wěi áo，？～33）：字季孟，天水成紀人。王莽末年，被當地豪強擁立，自稱西州上將軍，據有天水、武都、金城等郡。建武九年（公元33年）以憂為漢軍所敗，憂憤而死。其子隗純降漢。范曄《後漢書》卷四三有傳。

〔6〕齎（jī）：贈送。　璧帛：美玉絲綢。

〔7〕因使謝囂：因，依靠，憑藉。謝，告訴。李陵《答蘇武書》：「幸謝故人，勉事聖君。」

〔8〕禮有來學，義無往教：從禮法而言有學生主動前來學習的，從道義而言卻沒有老師主動前往教學的。《韓詩外傳》卷三：「孟嘗君請學於閔子，使車往迎閔子。閔子曰：『禮有來學，無往教。致師而學不能學，往教則不能化君也。君所謂不能學者也，臣所謂不能化者也。』」又，《漢書・孫寶傳》：「禮有來學，義無往教。道不可詘，身詘何傷？且不遭者可無不為，況主簿乎？」

〔9〕矍（jué）然：驚惶四顧的樣子。班固《東都賦》：「主人之辭未終，西都賓矍然失容。」

〔10〕強屈：強行招致。

〔11〕白石：傳說中的神仙的糧食。劉向《列仙傳・白石生》：「白石生，中黃丈人弟子，彭祖時已二千餘歲……嘗煮白石為糧。」此處似借指朝廷的俸祿。

〔12〕井蛙：井底之蛙，比喻見聞狹隘，目光短淺的人。此處借指隱居於深山的韓順。《莊子・秋水》：「井蛙不可以語於海者，拘於虛也。」宋蘇軾《辨道歌》：「吾恨爾見有所遮，海波或至驚井蛙。」

〔13〕負笈：背著書箱，指游學外地。《後漢書·李固傳》「常步行尋師」李賢注
　　　引三國吳　謝承《後漢書》：「固改易姓名，杖策驅驢，負笈追師三輔，學
　　　『五經』，積十餘年。」唐白居易《相和歌辭·短歌行二》：「負笈塵中遊，
　　　抱書雪前宿。」

【譯文】

　　韓順，字子良，是天水郡成紀縣人。韓順因通曉經典且品行端正，而被
徵辟為州宰，韓順沒有接受。王莽末年，韓順隱居終南山。地皇四年（當為
「三年」），劉秀在南陽起兵。韓順同縣人隗囂等人也起兵，自稱上將軍，隴
右州郡產生了很大震動。只有韓順隱居於深山修道，堅守節操，矢志不移。
隗囂認為韓順道術深遠，派人帶著玉璧和絲綢等豐厚的禮物，言辭謙卑聘請
韓順，想拜韓順為師。韓順讓使者告訴隗囂說：「從禮法而言有學生主動前來
學習的，從道義而言卻沒有老師主動前往教學的。如果想拜我為師，請他到
深山來。」隗囂聽後甚為惶恐，再沒有強行招致韓順。後來，隗囂等起事諸
族姓都被消滅，只有韓順隱居於深山，安然無恙，以貧寒、清白而終。

　　遭逢亂世，韓順隱居高蹈，寧肯隱居以終，也不願意為俸祿而出仕。隗
囂派人於深山中求教於韓順，韓順以「禮有來學，義無往教」而責之，要隗
囂親自來求學。後來隗囂一族及起事諸族皆滅，只有韓順泰然隱居於山林。

鄭　樸

　　鄭樸，字子真，谷口人也〔1〕。修道靜默，世服其清高。成帝時，
元舅大將軍王鳳以禮聘之〔2〕，遂不屈。揚雄盛稱其德〔3〕，曰：「谷口鄭
子真，耕於岩石之下，名振京師。」馮翊人刻石祠之〔4〕，至今不絕。

　　谷口子真，甘恬秉默。非服弗服，非食弗食。

　　不答徵車，為農草澤。吁嗟《法言》，撰其玄德〔5〕。

【注釋】

〔1〕谷口：戰國秦地，在今陝西禮泉縣東北涇河畔。西漢置為谷口縣。《雍錄》
　　　卷七：「谷口，在雲陽縣西四十里。鄭樸，字子真，隱於此。楊子曰：『谷
　　　口鄭子真，耕於岩石之下，而名震於京師。』即鄭白渠出山之處。」
〔2〕王鳳以禮聘之：王鳳，（？～前22），字孝卿，東平陵（今山東濟南東）人。

妹王政君爲元帝皇后。初爲衛尉，襲父陽平侯。成帝時，以外戚爲大司馬、大將軍、領尚書事。其弟五人也都封侯。他專斷朝政，內外官吏皆出其門下。《漢書・王貢兩龔鮑傳》：「其後，谷口有鄭子眞，蜀有嚴君平，皆修身自保，非其服弗服，非其食弗食。成帝時，元舅大將軍王鳳以禮聘子眞，子眞遂不詘而終。」

〔3〕揚雄盛稱其德：揚雄《法言》卷四：「君子德名爲幾。梁齊趙楚之君，非不富且貴也，惡乎成名。谷口鄭子眞，不屈其志，而耕乎岩石之下，名震於京師，豈其卿，豈其卿？」司馬光引吳秘曰：「子眞隱居以德有名，豈其附勢於名卿哉！河平二年，王鳳聘子眞、嚴君平，皆不屈。」

〔4〕馮翊：即左馮翊，西漢太初元年（前 104 年）改左內史置，治所在長安縣（今陝西西安市西北）。東漢移治高陵縣（今陝西高陵縣西南），三國魏改置馮翊郡，移治臨晉縣（今陝西大荔縣）；北魏移治高陸縣（今陝西高陵縣）。

〔5〕玄德：潛蓄而不著於外的德性。《尚書・舜典》：「玄德升聞，乃命以位。」孔安國傳：「玄謂幽潛，潛行道德。」

【譯文】

　　鄭樸，字子眞，是谷口縣人。鄭樸專心修道，天性恬靜，世人服膺其清高。漢成帝時，元舅大將軍王鳳以重禮聘請鄭樸，鄭樸沒有屈節出仕。揚雄讚美他的高尚品德，說：「谷口人鄭子眞，在岩石山下躬耕自食，他的名聲卻遠播京城。」馮翊人刻石立碑，祭祀鄭樸，至今不絕。

　　谷口人鄭樸，心志恬靜，秉持道家玄默之道，持志自守，非其服則不服，非其食則不食，不應大將軍王鳳的禮聘，躬耕於山野之中。可敬啊，揚雄《法言》記述了鄭樸的玄妙之德性。

李　弘

　　李弘〔1〕，字仲元，蜀人也。居成都，里中化之，班白不負擔〔2〕，男女不錯行〔3〕。弘嘗被召爲縣令，鄉人共送之。仲元無心就行⑲，因共酣飲，月餘不去。刺史使人喻之，仲元遂遊奔，不之官〔4〕。惟揚雄重之〔5〕，曰：「不夷不惠〔6〕，居於可否之間。」

　　仲元所居，俗用拭新〔7〕。授之百里〔8〕，非眞素情。

中途遁絕，卒老高深。先英評許，未悉玄眞。

【注釋】

〔1〕李弘：常璩《華陽國志》卷一○：「李弘，字仲元，成都人。少讀五經，不爲章句，處陋巷，淬勵金石之志，威儀容止，邦家師之。以德行爲郡功曹，一月而去。子贅以見辱殺人，太守曰：『賢者之子，必不殺人，放之。』贅自以枉語家人，弘遣亡命。太守怒，讓弘，弘對曰：『贅爲殺人之賊，明府私弘枉法，君子不誘而誅也。石碏殺厚，《春秋》譏之。孔子稱父子相隱，直在其中，弘實遣贅，太守無以詰也。』州命從事，常以公正諫爭爲志。」

〔2〕班白：即「斑白」。頭髮花白，謂年老。

〔3〕錯行：交錯、混雜。謂男女不共處。

〔4〕之：到達。

〔5〕揚雄重之：《華陽國志》卷一○：「揚子雲稱之曰：『李仲元爲人也，不屈其志，不累其身，不夷不惠，可否之間。見其貌者肅如也，觀其行者穆如也，聞其言者愀如也。非正不言，非正不行，非正不聽，吾先師之所畏。』」又，揚雄《法言》卷八曰：「有李仲元者，（蜀）人也。其爲人也，奈何？曰：『不屈其意，不累其身。』曰：『是夷、惠之徒歟？』曰：『不夷不惠，可否之間也。』」

〔6〕不夷不惠：夷，伯夷。惠，柳下惠。殷末伯夷，堅持不仕周朝；春秋魯國柳下惠，三次被罷官而不去。不夷不惠謂折中而不偏激。《論語‧微子》：「逸民：伯夷、叔齊、虞仲、夷逸、朱張、柳下惠、少連。子曰：『不降其志，不辱其身，伯夷、叔齊與！』謂：『柳下惠、少連，降志辱身矣，言中倫，行中慮，其斯而已矣。』謂：『虞仲、夷逸，隱居放言，身中清，廢中權。我則異於是，無可無不可。』」鄭玄注：「不爲夷、齊之清，不爲惠、連之屈，故曰異於是。」漢揚雄《法言‧淵騫》：「不屈其意，不累其身，曰：『是夷惠之徒歟？』曰：『不夷不惠，可否之間也。』」

〔7〕俗用拭新：世俗風氣因之而變化一新。用，介詞，表示原因。《詩經‧小雅‧小旻》：「謀夫孔多，是用不集。」

〔8〕百里：古時一縣所轄之地約百里，因以爲縣的代稱。《漢書‧百官公卿表上》：「縣大率方百里。」漢蔡邕《太尉陳公贊》：「公在百里，有西產之惠，賜命方伯，分陝餘慶。」晉陶潛《酬丁柴桑》詩：「秉直司聰，惠於

百里。」唐王勃《上明員外啓》：「三冬文史，先兆跡於青衿；百里絃歌，
即馳芳於墨綬。」

【譯文】

　　李弘，字仲元，是蜀郡人。李弘居住在成都，鄉里都受到他的教化，年
老者不再背負東西，男女不雜處。李弘曾經被徵召爲縣令，鄉鄰共同送行。
李弘無心做官，便和大家開懷暢飲，一個多月仍未去上任。刺史派人勸喻，
李弘卻逃往外地，沒有去上任。揚雄很敬重李弘，說：「李弘既不爲伯夷、叔
齊之清而不降其志、不辱其身，也不爲柳下惠、少連之屈而降其志辱其身，
而處於可與不可之間。」

　　李弘所居之地，風俗受其感染、教化而爲之一新。朝廷任命李弘爲一介
縣令，不是他本來的眞心。李弘上任途中逃遁而去，最後隱居高山深谷以終
其天年。先賢揚雄引《論語》之言贊許李弘，並未能全面領悟李弘的深微之
處。

向　長

　　向長〔1〕，字子平，河內朝歌人也〔2〕。隱居不仕，性尙中和，好通
《老》《易》。貧無資食，好事者更饋焉〔3〕，受之，取足而反其餘〔4〕。
王莽大司空王邑辟之連年〔5〕，乃至。欲薦之於莽，固辭乃止。潛隱於
家，讀《易》至《損》《益》卦〔6〕，喟然歎曰：「吾已知富不如貧，貴
不如賤，但未知死何如生耳。」建武中〔7〕，男女娶嫁既畢，敕〔8〕：「斷
家事，勿相關，當如我死也。」於是遂肆意〔9〕，與同好北海禽慶俱遊
五嶽名山〔10〕，竟不知所終。

　　子平上哲，賦德淵沖〔11〕。玩辭觀象，損退自崇。

　　伉男儷女〔12〕，家務不宗〔13〕。周攀五嶽，禽老是同。

【注釋】

〔1〕向長：范曄《後漢書·逸民傳·向長》錄此全文。

　　《藝文類聚》卷三六引嵇康《高士傳》：「尙長，字子平；禽慶，字子夏，
　　二人相善。慶隱避不仕王莽，長通《易》、《老子》，安貧樂道，好事者更
　　饋遺，輒受之，自足還餘，如有不取也。舉措必於中和。司空王邑辟之

連年，乃欲薦之於莽，固辭乃止，遂求退。讀《易》至《損》、《益》卦，喟然歎曰：『吾知富貴不如貧賤，未知存何如亡爾！』爲子嫁娶畢，敕：『家事斷之，勿復相關，當如我死矣！』是後肆意，與同好遊五嶽名山，遂不知所在。」

〔2〕河內：河內郡，西漢高帝二年（前 205 年）置，治所在懷縣（今河南武陟縣西南）。西晉移治在野王縣（今河南沁陽市）。　朝歌：西周時衛國建都於此，西漢置縣，治所在今河南淇縣。

〔3〕更饋：輪流贈送。

〔4〕反：返，返還。

〔5〕王邑：王莽從父弟。《漢書・王莽傳》：始建國元年（公元 9 年）王莽稱帝，以步兵將軍成都侯王邑爲大司空、隆新公。

〔6〕《損》《益》卦：《損》《益》兩卦，義相關聯。《損》卦，主於損下益上。《益》卦，主於損上益下。

〔7〕建武：光武帝劉秀年號，共 32 年（公元 25 年至 56 年）。

〔8〕敕：告誡。

〔9〕肆意：遂順志意。縱情任意，不受拘束。後多含貶意，謂不顧一切，由著自己的性子。《史記・秦始皇本紀》：「凡所爲貴有天下者，得肆意極欲，主重明法，下不敢爲非，以制御海內矣。」金王若虛《〈新唐書〉辨》：「宋子京不識文章正理，而惟異之求，肆意雕鐫，無所顧忌。」

〔10〕北海：北海郡。西以景帝中元二年（前 148 年）置，治所在營陵縣（今山東昌樂縣東南）。東漢改置爲北海國，治所在劇縣（今山東昌樂縣西）。　禽慶：字子夏。清節自守，有聲名於世，不仕於王莽。生平事迹不詳。

〔11〕淵沖：深厚和平。《文選・陸機〈皇太子宴玄圃宣猷堂有令賦詩〉》：「茂德淵沖，天姿玉裕。」張銑注：「沖，深也。言茂盛之德如淵之深。」宋秦觀《代賀皇太后生辰表》：「淵沖自乎生知，慈惠本乎天縱。」明宋濂《〈吳濰州文集〉序》：「嗚呼，法之固堪法，其能以易致哉！然而淵沖之容，可以攬結，雄毅之氣，可以掇拾。」

〔12〕伉男儷女：即男婚女嫁。伉儷，配偶。

〔13〕宗：歸往，主管。

【譯文】

　　向長，字子平，是河內郡朝歌縣人。向長隱居不仕，天性崇尚中正平和，

通曉《老子》和《周易》。向長生活貧寒，經常缺吃少穿，好事者輪流贈送衣食，接受後留足自己需要的，返還多餘的。王莽的大司空王邑連年徵辟，向長才到來。王邑準備推薦給王莽，向長堅決推辭，方了卻此事。向長在家中隱居，當讀《周易》至《損》、《益》卦時，喟然感歎說：「我已經知道了富有不如貧窮、高貴不如卑賤，但是尚不知死和生是什麼樣的。」漢光武帝建武年間，男女婚嫁都已完成，告誡家人說：「斷絕一切家事，不要告知我，就當我已死去了。」於是遂順其志意，與好朋友北海人禽慶一塊兒遊歷五嶽名山，最終不知其結局。

　　向子平乃極聰慧之人，道德修養極其深厚平和。向長研究《易》之爻辭和卦象，很是推崇損抑和謙退。家中男女婚嫁之事完成後，向長不再操心家務，與好友禽慶一起周遊五嶽名山。

閔　貢

　　閔貢，字仲叔，太原人也。世稱節士〔1〕，雖周黨之潔清〔2〕，自以弗及也。黨見仲叔食無菜，遺以生蒜〔3〕。仲叔曰：「我欲省煩耳，今更作煩邪？」受而不食。建武中，應司徒侯霸之辟〔4〕。既至，霸不及政事，徒勞苦而已〔5〕。仲叔恨曰〔6〕：「以仲叔爲不足問邪，不當辟也。辟而不問，是失人也。」遂辭出，投檄而去〔7〕⑳。復以博士徵，不至。客居安邑〔8〕。老病家貧，不能得肉，日買豬肝一片，屠者或不肯與〔9〕，其令聞，敕吏常給焉。仲叔怪，問知之，乃歎曰：「閔仲叔豈以口腹累安邑邪？」遂去，客沛〔10〕。以壽終。

　　仲叔高棲，藏寶迷國〔11〕。一介弗取，卓然貞白。

　　投牒司徒〔12〕，寄形安邑。枯槁當年，風流九域〔13〕。

【注釋】

〔1〕節士：有操守之人。《東觀漢記》卷一六：「閔貢，字仲叔，太原人也。性靜養神，勿役於物。」范曄《後漢書》卷八三全錄此條文字。

〔2〕周黨：范曄《後漢書‧逸民傳》：「周黨，字伯況，太原廣武人也。家產千金，少孤，爲宗人所養，而遇之不以理。」既長，遂游學長安，光武帝建武年間，徵爲議郎，不就。隱居澠池，著書上下篇而終。

〔3〕遺：贈送。《東觀漢記》卷一六：「與周黨相友。黨每過貢，共啜菽飲水，無菜茹。黨嘗遺貢生麻（當爲『蒜』），貢歎曰：『我欲省煩耳。』受而不食。」

〔4〕侯霸：字君房，河南密人。侯霸矜嚴有威容，家產千金，不事產業，篤志好學，師事九江太守房元，治《穀梁春秋》。建武五年拜爲大司徒、關內侯。在位明察守正，奉公而行。建武十三年卒。范曄《後漢書》卷五六有傳。

〔5〕徒：僅僅。　勞苦：勞問，噓寒問暖。《東觀漢記》卷一六：「司徒侯霸辟貢，到，與相見，勞問之下，不及政事。貢曰：『被明公辟，且喜且懼。及奉見明公，喜懼皆去。所望明公問屬何以爲政、美俗成化。以貢爲不足耶，不當辟也；如以爲任用，而不使臣之，則爲失人。是以喜懼皆去。』便辭而出，客居安邑。」

〔6〕恨：後悔。

〔7〕檄：徵召的文書。

〔8〕安邑：春秋屬晉，戰國初魏國建都於此。秦置縣，治所即今山西夏縣西北禹王城。

〔9〕或不肯與：有時不肯賣給。

〔10〕客沛：客居沛縣。沛，沛縣，秦置，治所即今江蘇沛縣。北朝齊廢，隋開皇十六年（596 年）復置。《東觀漢記》卷一六：「老病家貧，不能得錢買肉，日買一片豬肝，屠或不肯爲斷。安邑令候之，問諸子何飯食，對曰：『但食豬肝，屠者或不肯與。』令出，敕市吏，後買輒得。貢怪問，其子道狀如此，乃歎曰：『閔仲叔豈以口腹累安邑耶！』遂去之沛。」

〔11〕迷國：指隱居不仕。國，諸侯國，借指地方。漢王逸《〈楚辭章句〉序》：「若夫懷道以迷國，佯愚而不言，顛則不能扶，危則不能安……蓋志士之所恥，愚夫之所賤也。」《後漢書・周爕黃憲等傳序》：「然用舍之端，君子之所以存其誠也。故其行也，則濡足蒙垢，出身以徇時；及其止也，則窮棲茹菽，臧寶以迷國。」

〔12〕司徒：指大司徒、關內侯侯霸。司徒，官名。相傳少昊始置，唐虞因之。周時爲六卿之一，曰地官大司徒。掌管國家的土地和人民的教化。漢哀帝元壽二年，改丞相爲大司徒，與大司馬、大司空並列三公。東漢時改稱司徒。歷代因之，明廢。後別稱戶部尚書爲大司徒。明尹耕《春懷》詩：「轉輸坐見司徒急，經略親看相國行。」

〔13〕九域：九州。《文選・潘勖〈冊魏公九錫文〉》：「綏爰九域，罔不率俾。」
　　　李善注：「薛君曰：九域，九州也。」晉陶潛《贈羊長史》詩：「九域甫已
　　　一，逝將理舟輿。」《晉書・孫惠傳》：「今明公名著天下，聲振九域。」

【譯文】

　　閔貢，字仲叔，是太原人。當時人們稱閔貢爲「節士」，即使周黨那樣清
高潔白的人，也自以爲比不上。周黨看到閔貢吃飯時沒有蔬荣，便送去生蒜。
閔貢說：「我本來想省去麻煩，現在卻增添了更多的麻煩。」接受了生蒜，卻
沒有吃。漢光武帝建武年間，閔貢接受了司徒侯霸的辟舉，已經到達，侯霸
沒有提及政事，只是慰問路途辛苦而已。閔貢後悔地說：「認爲我不足以詢問
政事，就不應該辟舉；辟舉而不詢問政事，則是失人。」於是告辭而出，把
辟舉之文書投於地而去。又以博士來徵辟，閔貢沒有應召。閔貢客居安邑縣，
年老多病，家境貧寒，沒有肉吃，每天買一片豬肝，屠夫們有時不肯賣給。
縣令聽到後，告誡縣吏經常給閔貢提供豬肝。閔貢很奇怪，詢問後才知道，
歎息說：「閔仲叔難道因爲充饑裹腹而拖累安邑縣嗎？」於是離去，客居沛縣，
儘其天年而終。

　　閔貢棲隱，自藏其智而隱居不仕，即使一介之物也不索取，很是堅貞清
白。閔貢拋棄大司徒侯霸的辟書，而隱居於安邑縣。閔貢當年槁首黃馘，生
活清貧，但他的風範節操永遠地影響於天下。

卷　下

王　霸

　　王霸，字儒仲，太原廣武人也〔1〕。少立清節。及王莽篡位，棄冠帶〔2〕，絕交宦。建武中，徵到尚書〔3〕，拜，稱名不稱臣。有司問其故，霸曰：「天子有所不臣，諸侯有所不友〔4〕。」司徒侯霸讓位於霸，故梁令閻陽毀之曰〔5〕：「太原俗黨儒仲頗有其風〔6〕。」遂止。以病歸。隱居守志，茅屋蓬戶〔7〕。連徵不至，以壽終。

　　儒仲處英，放獨新世〔8〕。光武中興，守禮不試〔9〕。

　　草覆野耕，甘於沈翳。賢室高明，濟成遁事。

【注釋】

〔1〕廣武：廣武縣，西漢置，治所即今山西代縣西南之古城。北魏明帝移治今代縣。范曄《後漢書‧逸民傳‧王霸》全錄此文。

〔2〕冠帶：帽子與腰帶。比喻封爵，官職。《戰國策‧魏策四》：「且夫魏一萬乘之國，稱東藩，受冠帶，祠春秋者，以為秦之強足以為與也。」

〔3〕徵到尚書：尚書，戰國時齊、秦設置，或稱掌書、主書，掌文書。秦漢屬少府，初置四人，因其職在殿中主發書，稱故。漢武帝時，地位漸重。漢成帝時設尚書五人，始分曹辦事。東漢時，光武帝架空三公實權，尚書正式成為協助皇帝處理政事的官員。魏晉以後，尚書事務益重。隋代始分尚書為六部，總隸於尚書省。唐承之，吏、戶、禮、兵、刑、工六部各設尚書一人，為正三品官，此後歷代相承。范曄《後漢書‧光武帝紀五》：「是

時太原王霸、北海逢萌，亦隱居養志，俱被聘。霸到尙書拜，不稱臣。問
其故，答曰：『天子有所不臣，諸侯有所不友。』遂以疾歸，茅屋蓬戶，不
厭其樂。」

〔4〕天子有所不臣，諸侯有所不友：天子身邊有不做臣子之人，諸侯身邊有不
做朋友之人。《禮記・儒行》：「儒有上不臣天子，下不事諸侯。愼靜而尙寬，
強毅以與人，博學以知服，近文章，砥厲廉隅。雖分國，如錙銖，不臣不
仕：其規爲有如此者。」

〔5〕梁：梁縣。秦置，治所在今河南臨汝縣西南。唐貞觀初廢。　閻陽：曾任
梁縣縣令，事迹不詳。

〔6〕太原俗黨儒仲頗有其風：謂王霸有太原人的強悍、詐力相傾之風。《漢書・
地理志下》：「太原、上黨，又多晉公族子孫，以詐力相傾，矜誇功名，報
仇過直，嫁取送死奢靡。漢興，號爲難治。常擇嚴猛之將，或任殺伐爲威。
父兄被誅，子弟怨憤，至告訐刺史二千石，或報殺其親屬。」

〔7〕茅屋蓬戶：以茅爲屋，以蓬草爲門戶，喻指簡陋的屋子。《東觀漢記》卷
一六：「王霸，建武初連徵不至，安貧賤居，茅屋蓬戶，藜藿不厭，然樂
道不怠，以壽終。」

〔8〕新世：王莽新朝。

〔9〕守禮不仕：范曄《後漢書・光武帝紀五》：「是時太原王霸、北海逢萌，
亦隱居養志，俱被聘。霸到尙書拜，不稱臣。問其故，答曰：『天子有所
不臣，諸侯有所不友。』遂以疾歸，茅屋蓬戶，不厭其樂。」

〔10〕賢室高明：室，妻子。范曄《後漢書・列女傳・王霸妻》：「太原王霸妻
者，不知何氏之女也。霸少立高節，光武時，連徵不仕……妻亦美志行。
初，霸與同郡令狐子伯爲友，後子伯爲楚相，而其子爲郡功曹。子伯乃
令子奉書於霸，車馬服從，雍容如也。霸子時方耕於野，聞賓至，投耒
而歸，見令狐子，沮作不能仰視。霸目之，有愧容。客去，而久臥不起，
妻怪問其故，始不肯告，妻請罪，而後言曰：『吾與子伯素不相若，向見
其子，容服甚光，舉措有適，而我兒曹蓬髮歷齒，未知禮則，見客而有
慚色。父子恩深，不覺自失耳。』妻曰：『君少修清節，不顧榮祿。今子
伯之貴，孰與君之高？奈何忘宿志而慚兒女子乎？』霸屈，起而笑曰：『有
是哉！』遂共終身隱遁。」

〔11〕遁事：隱居。

【譯文】

　　王霸，字儒仲，是太原郡廣武縣人。王霸少年時立有清高的節操。王莽篡奪漢朝皇位後，王霸遂棄官，斷絕交遊官宦。光武帝建武年間，王霸被徵召到尚書，參拜時只稱姓名而不稱臣。有關部門問他原因，王霸說：「天子身邊有不做臣子的人，諸侯身邊有不做朋友的人。」司徒侯霸要將自己的職位讓給王霸，原梁縣縣令閻陽詆毀說：「太原俗人王霸很有太原人的強悍、詐力相傾之風。」於是此事中止了。王霸稱病回歸鄉里，隱居而堅守志向，住在簡陋破舊的茅屋，官府多次徵召，王霸都沒有去，最後以天年而終。

　　王霸處世極其超群出眾，在王莽時特立獨行，頗有品節。光武帝中興之後，王霸又守禮而不出仕，處於草澤，躬耕而食，甘於隱姓埋名，不求聞達。王霸的妻子高雅開明，最終幫助王霸成就了隱居之事。

嚴　光

　　嚴光，字子陵，會稽餘姚人也〔1〕。少有高名，同光武遊學〔2〕。及帝即位，光乃變易姓名，隱逝不見。帝思其賢，乃物色求之〔3〕。後齊國上言〔4〕：「有一男子，披羊裘釣澤中。」帝疑光也，乃遣安車玄纁聘之，三反而後至〔5〕。司徒霸與光素舊〔6〕，欲屈光到霸所語言，遣使西曹屬侯子道奉書〔7〕。光不起，於床上箕踞抱膝發書讀訖〔8〕，問子道曰：「君房素癡，今為三公〔9〕，寧小差否〔10〕？」子道曰：「位已鼎足，不癡也。」光曰：「遣卿來何言？」子道傳霸言〔11〕。光曰：「卿言不癡，是非癡語也？天子徵我三，乃來，人主尚不見，當見人臣乎？」子道求報〔12〕。光曰：「我手不能書。」乃口授之。使者嫌少，可更足〔13〕。光曰：「買菜乎？求益也？」霸封奏其書。帝笑曰：「狂奴故態也。」車駕即日幸其館。光臥不起，帝即臥所，撫其腹曰：「咄咄子陵〔14〕，不可相助為理邪？」光又眠不應，良久，乃張目而言曰：「昔唐堯著德，巢父洗耳。士故有志，何至相迫乎？」帝曰：「子陵，我竟不能下汝邪〔15〕？」於是升輿歎息而去。復引光入，論道舊故，相對累日，因共偃臥〔16〕。除為諫議大夫〔17〕，不屈，乃耕於富春山〔18〕。後人名其釣處為嚴陵瀨焉〔19〕。建武十七年，復特徵〔20〕，不至。年八十，終於家〔21〕。

　　吁嗟子陵，少與龍潛。飛騰天位，書玉連連〔22〕。

北軍親就，內榻同眠。富春之濱，客星皎懸〔23〕。

【注釋】

〔1〕會稽：會稽郡，秦置，治所在吳縣（今江蘇蘇州市）。東漢永建四年（129年）移郡治山陰縣（今浙江紹興縣）。　餘姚：餘姚縣，西漢置，治所即今浙江餘姚縣。隸屬會稽郡。

〔2〕與光武同學：與光武帝劉秀早年同學。袁宏《後漢紀》卷五：「是歲，徵會稽嚴光、太原周黨。光，字子陵，少與世祖同學。世祖即位，下詔徵光。光變名姓，漁釣川澤。」

〔3〕物色：訪求，尋找。范曄《後漢書》章懷太子李賢注：「以形貌求之。」漢劉向《列仙傳・關令尹喜》：「老子西遊，喜先見其氣，知有眞人當過，物色而遮之，果得老子。」

〔4〕齊國：秦漢之際項羽封置，都臨淄（今山東淄博南東北臨淄北）。西漢元封元年（前110年）改爲郡，東漢復爲國。十六國時改爲郡。

〔5〕三反而後至：往返三次才徵聘至。袁宏《後漢紀》卷五：「至是，復以禮求光，光不得已，舁疾詣京師。」此文後，范曄《後漢書・逸民傳・嚴光》尚有：「舍於北軍，給床褥，太官朝夕進膳。」

〔6〕素舊：平素相識、有交情。《後漢書・逸民傳・嚴光》：「司徒侯霸與光素舊，遣使奉書。」《世說新語・德行》「初桓南郡、楊廣共說殷荊州，宜奪殷覬南蠻以自樹」劉孝標注引《桓玄別傳》：「（桓玄）與荊州刺史殷仲堪素舊，情好甚隆。」

〔7〕西曹：公府及州郡縣佐吏。漢公府置西曹掾、屬，主府史署用，執掌府中署用吏屬之事。晉以後州置西曹書佐、西曹從事，郡縣則有西曹掾等，公府若領武職、置軍府，則置爲西曹參軍，皆省稱西曹。《漢書・丙吉傳》：「吉馭吏耆酒，數逋蕩，嘗從吉出，醉歐丞相車上。西曹主吏白欲斥之，吉曰：『以醉飽之失去士，使此人將復何所容？』」

〔8〕箕踞：一種輕慢、不拘禮節的坐的恣態。即隨意張開兩腿坐著，形似簸箕。《莊子・至樂》：「莊子妻死，惠子弔之，莊子則方箕踞鼓盆而歌。」成玄英疏：「箕踞者，垂兩腳如簸箕形也。」

〔9〕三公：古官名，天子以下的最高輔佐官。三公說法不一，職掌亦前後有異。秦漢時，以丞相、御史大夫和太尉爲三公。漢哀帝元壽二年（前 1

年），改丞相爲大司徒，御史大夫爲大司空，與大司馬合稱三公。東漢改以太尉、司徒、司空爲三公。東漢末，又罷三公，復置丞相、御史大夫。侯霸爲司徒，爲三公之一。

〔10〕寧：豈不，是否。　小差：稍稍好一些。

〔11〕子道傳霸言：范曄《後漢書・逸民傳・嚴光》：「司徒侯霸與光素舊，遣使奉書。使人因謂光曰：『公聞先生至，區區欲即詣造，迫於典司，是以不獲。願因日暮自屈，語言。』光不答，乃投箚與之。」

〔12〕求報：要求回復。

〔13〕更足：補充完整。范曄《後漢書・逸民傳・嚴光》：「口授曰：『君房足下：位至鼎足，甚善。懷仁輔義天下悅，阿諛順旨要領絕。』霸得書，封奏之。」

〔14〕咄咄（duō duō）：感歎聲，表示感慨。《後漢書・逸民傳・嚴光》：「咄咄子陵，不可相助爲理邪？」晉陸機《東宮》詩：「冉冉逝將老，咄咄奈老何！」唐李益《北至太原》詩：「咄咄薄遊客，斯言殊不刊。」

〔15〕下汝：使你屈就。袁宏《後漢紀》卷五：「上就見光曰：『子陵不可相助邪？』光臥而應曰：『士固有執節者，何至相逼乎？』天子欲以爲三公，光稱病而退，不可得而爵也。」

〔16〕偃（yǎn）臥：偃，仰臥。范曄《後漢書・逸民傳・嚴光》：「復引光入，論道舊故，相對累日，帝從容問光曰：『朕何如昔時？』對曰：『陛下差增於往。』因共偃臥，光以足加帝腹上。明日，太史奏客星犯御座甚急。帝笑曰：『朕故人嚴子陵共臥耳。』」

〔17〕諫議大夫：東漢光祿勳屬官，掌顧問應對，議論政事，秩六百石，無定員，由西漢諫大夫改名而來。

〔18〕富春山：西漢屬富春縣，即今浙江桐廬縣西南富春山。《大清一統志》卷二三四：「《太平寰宇記》：桐廬縣有嚴陵山，境尤勝麗，夾岸是錦峰繡嶺。《舊志》：富春山在縣西三十里，前臨大江，上有東西二釣臺。王思任《遊越雜記》：『由客星亭右徑二十餘折，上西臺亭，日留鼎，一絲復從龍脊上騎過，東臺亭曰垂竿百尺。』」

〔19〕嚴陵瀨：瀨（lài），沙石灘，沙岸。范曄《後漢書》章懷太子李賢注：「顧野王《輿地志》曰：七里灘，在東陽江下，與嚴陵瀨相接，有嚴山。桐廬縣南有嚴子陵漁釣處，今山邊有石，上平，可坐十人，臨水，名爲嚴陵釣壇也。」

〔20〕特徵：特別徵召。別於平常的鄉舉里選。《後漢書‧郎顗傳》：「天之生固，必爲聖漢，宜蒙特徵，以示四方。」北齊顏之推《顏氏家訓‧後娶》：「建光中，公車特徵，至拜侍中。」金元好問《王黃華墓碑》：「避漢末之亂，徙居遼東。曹公特徵，不應，隱居終身。」

〔21〕終於家：范曄《後漢書‧逸民傳‧嚴光》：「帝傷惜之，詔下郡縣，賜錢百萬，穀千斛。」

〔22〕書玉：指天子徵召之文書。

〔23〕客星：對天空中新出現的星的統稱。《史記‧天官書》：「客星出天廷，有奇令。」明無名氏《觀象玩占》：「客星，非常之星，其出也無恒時，其居也無定所，忽見忽沒，不可推算，寓於星辰之間，如客，故謂之客星。」此處特指嚴光。范曄《後漢書‧逸民傳‧嚴光》：「因共偃臥，光以足加帝腹上。明日，太史奏客星犯御座甚急。帝笑曰：『朕故人嚴子陵共臥耳。』」

【譯文】

嚴光，字子陵，是會稽郡餘姚縣人。嚴光少年有很高的名聲，與光武帝劉秀共同學習。後來劉秀即皇帝位，嚴光便改換姓名，隱居鄉野而不見。光武帝思念他的賢能，派人到處訪求。後來齊國報告說：「有一個男子，身披羊皮，在水澤中釣魚。」光武帝懷疑這個人就是嚴光，便派人用舒適的車子、禮物前往聘請，先後請了三次，嚴光才來。司徒侯霸和嚴光早有交往，想讓嚴光屈尊到自己的住所來談活，派遣西曹屬官侯子道帶送去書信。嚴光沒有起身，兩腿展開、抱著膝蓋很輕慢地坐在床上，打開書信讀後，問侯子道說：「侯君房（侯霸）原來比較笨，現在做了三公，是否稍稍好了一些？」侯子道說：「身居高官，並不笨啊。」嚴光說：「他派你來有什麼話？」侯子道傳達了侯霸的話。嚴光說：「你說他不笨，他所說的不是癡語嗎？天子徵召三次，我才來。天子，我尚且不願見，應當去見人臣嗎？」侯子道要求回復，嚴光說：「我手不能寫字。」於是口授話語。侯子道嫌話太少，請求再多說一些。嚴光說：「這是買菜嗎？要求那麼多呢？」侯霸將嚴光書信，加封後上奏給皇帝。光武帝笑著說：「狂士的老樣子。」光武帝當日親自到嚴光住所。嚴光臥床不起，光武帝到嚴光臥室，用手撫摸著嚴光的肚皮，說：「哎呀子陵！難道不願意幫助我治理天下嗎？」嚴光又睡著不答應，過了很久，他才睜開眼睛說：「從前唐堯建樹道德，巢父有洗耳之事。士人本來就有自己的志向，爲什

麼要強迫行事呢？」光武帝說：「子陵，我竟然不能使你屈身出仕呀！」於是坐上車駕，歎息著回去了。光武帝又請嚴光入宮，談論昔日朋友，並且同榻而臥。光武帝拜嚴光爲諫議大夫，嚴光沒有接受。嚴光後來親自耕種於富春山下，後人把他釣魚的地方叫做「嚴陵瀨」。建武十七年（公元 41 年），又特別徵召，嚴光仍沒有去。嚴光八十歲時，在家中去世。

　　可敬啊嚴子陵，少年時與光武帝劉秀爲同學。當劉秀即皇帝位後，再三下詔徵召嚴子陵。光武帝劉秀親自到嚴子陵下榻的北軍去看望，又將嚴光招至皇宮內同榻而眠。嚴光隱居於富春江邊，他高潔的品行如星月一樣皎潔。

牛　牢

　　牛牢，字君直。世祖爲布衣時與牢交遊〔1〕，嘗夜共請說讖言云〔2〕：「劉秀當爲天子。」世祖曰：「安知非我？萬一果然，各言爾志。」牢獨默然。世祖問之，牢曰：「丈夫立義，不與帝友。」眾大笑。及世祖即位，徵牢，稱疾不至。詔曰：「朕幼交牛君，眞清高士也。恒有疾，州郡之官常先到家致意焉。」刺史、郡守是以每輒奉詔，就家存問〔3〕。牢恒被髮稱疾，不答詔命。

　　君直峻守，恥交萬乘。清夜片言，終身爲信。

　　卯金復興〔4〕，幣玉不應〔5〕。葆蓋煌煌〔6〕，遵廬慰問〔7〕。

【注釋】

〔1〕世祖：漢光武帝劉秀。《後漢書》卷一《光武帝紀》「世祖光武皇帝諱秀字文叔」，李賢注：「禮：祖有功而宗有德。光武中葉興，故廟稱世祖。諡法：能紹前業曰光，克定禍亂曰武。」

〔2〕讖言：預言吉凶得失之言。范曄《後漢書・鄧晨傳》：「王莽末，光武嘗與兄伯升及（鄧）晨俱之宛，與穰人蔡少公等燕語。少公頗學圖讖，言『劉秀當爲天子』。或曰：『是國師公劉秀乎？』光武戲曰：『何用知非僕邪？』坐者皆大笑，晨心獨喜。」劉歆，字子駿，劉向之子。《漢書・劉歆傳》：「初，歆以建平元年改名秀，字穎叔云。及王莽篡位，歆爲國師。」顏師古注引應劭曰：「《河圖赤伏符》云：『劉秀發兵捕不道，四夷雲集龍鬥（在）野，四七之際火爲主。』故改名，幾以趣也。」范曄《後漢書・光武紀》：「《讖

記》曰：『劉秀發兵捕不道，卯金修德爲天子。』」

〔3〕存問：慰問。多指尊對卑，上對下。《史記·高祖本紀》：「病癒，西入關，至櫟陽，存問父老。」唐鄭棨《開天傳信記》：「路之父老負擔壺漿，遠近迎謁，上皆親加存問，受其獻饋。」宋李綱《論唐三宗禮遇大臣》：「光弼畏禍不敢入朝，代宗猶輦致其母，存問甚渥。」

〔4〕卯金：即「劉」字。

〔4〕幣玉：帛和玉，此處指用以徵召賢人的禮物。

〔5〕葆蓋：車蓋，指車子。古代車子上用鳥羽裝飾的車蓋。又稱葆車，用五採鳥羽裝飾車蓋的車。《後漢書·光武帝紀下》：「益州傳送公孫述瞽師、郊廟樂器、葆車、輿輦，於是法物始備。」李賢注：「葆車謂上建羽葆也。合聚五採羽名爲葆。」清金農《登陽臺觀》詩：「清齋朝盥入山行，怳忽松幢葆蓋迎。」

〔6〕遵：循也，到也。

【譯文】

　　牛牢，字君直。漢光武帝劉秀還是平民時，與牛牢爲友而遊歷四方，曾經在夜晚談論讖言，說：「劉秀當爲天子。」光武帝說：「怎麼知道不是我呢？萬一我做了天子，你們大家說說各自的志向。」牛牢獨自默默無語。光武帝詢問他，牛牢說：「大丈夫秉持正義，不與皇帝做朋友。」眾人聽了大笑。等到劉秀即皇帝位，徵召牛牢，牛牢稱病不往。光武帝下詔說：「我少年時與牛牢相交往，他眞是一個清高的人。牛牢常常有病，州郡長官要經常到他家中慰問。」刺史、郡守因此常常奉詔書，到牛牢家中慰問。牛牢經常披頭散髮，聲稱有病，而不應答詔命。

　　牛牢嚴格保守自己的節操，不屑於和皇帝交往。當初世祖光武帝劉秀爲布衣時，牛牢深夜曾說讖言「劉秀當爲天子」，並且終身相信。當光武帝復興漢朝之後，多次徵召牛牢，牛牢皆不應。此後華美高大的車子，常到牛牢門前來慰問。

東海隱者

　　東海隱者，不知何許人也，漢故司直王良之友〔1〕。建武中，良以清節徵用，歷位至一年復還〔2〕。通友〔3〕，不肯見，而讓之曰〔4〕：「不

有忠信奇謀而取大位，自知無德，曷爲致此而復遽去〔5〕？何往來屑屑不憚煩也〔6〕？」遂距良〔7〕，終身不納。論者高之。

　　隱者閒曠，避世滄瀛。其友樹節，乃餌華纓〔8〕。

　　進輕退促，舉動不經。交攜長絕，時議所欽。

【注釋】

〔1〕司直：漢監察官。武帝元狩五年（前 118 年）置，位在司隸校尉之上，掌助丞相檢舉不法。東漢改屬司徒，掌督錄各州郡所舉上奏。　王良：《東觀漢記》卷一五曰：「王良，字仲子，東海人。少清高，爲大司徒司直，在位恭儉，妻子不之官舍，布被瓦器。時司徒吏鮑恢以事到東海，過候其家，而良妻布裙徒跣，曳柴從田中歸，恢曰：『我司徒吏，故來受書，欲見夫人。』妻曰：『妾是也。』恢乃下拜，歎息而還。良以疾歸，一歲，復徵，至滎陽疾篤，不任進道，乃過其友人。友人不肯見，曰：『不有忠言奇謀而取大位，何其往來屑屑不憚煩也。』遂拒之。良慚，自後連徵輒稱疾。」

〔2〕歷位：在位，在任上。范曄《後漢書・王良傳》說王良多次陞遷，以病辭官，一年後又被徵召。曰：「少好學，習小夏侯《尙書》。王莽時，稱病不仕，教授諸生千餘人。建武二年，大司馬吳漢辟，不應；三年，徵拜諫議大夫。數有忠言，以禮進止，朝廷敬之。遷沛郡太守，至蘄縣，稱病不之府，官屬皆隨就之。良遂上疾篤乞骸骨，徵拜太中大夫。六年代宣秉爲大司徒司直……後以病歸，一歲，復徵，至滎陽，疾篤，不任進道，乃過其友人。」

〔3〕通友：拜訪友人。通，交往，拜謁。

〔4〕讓：責備。

〔5〕曷：何故，爲什麼。　致此：謂辭官。致，歸還。《國語・魯語》：「致祿而不出。」

〔6〕屑屑：勞瘁匆迫的樣子。《左傳・昭公五年》：「禮之本末將於此乎在，而屑屑焉習儀以亟。」

〔7〕距：通「拒」，拒絕。

〔8〕餌：誘餌。用作動詞，以誘餌來獲得。

【譯文】

東海隱者，不知是哪裏人，乃漢朝司直王良的朋友。東漢建武年間，王良以清正守節被徵用，在位一年後，王良辭職而去。王良拜謁友人，友人不肯見面，並責備說：「沒有忠信大義和奇策良謀而獲取高位，自己知道無有才德，爲什麼又辭官而匆匆離去呢？」於是拒絕王良，終身不再接納。當時論者很是讚賞東海隱者。

東海隱者閒雅高曠，隱居避世於東海之濱。他的朋友王良以清正守節而名世，實乃以清正守節爲誘餌而獲取高官厚祿罷了。王良輕易地入仕卻又倉促地退出，他的舉動實在不合常理。東海隱者因此和王良絕交，大爲當時的輿論所欽佩。

梁　鴻

梁鴻，字伯鸞，扶風平陵人也 [1]。遭亂世，受業太學 [2]，博覽不爲章句 [3]。學畢，乃牧豕上林苑中 [4]。曾誤遺火 [5]，延及他舍，鴻乃尋訪燒者，問其所去失，悉以豕償之。其主猶爲少，鴻又以身居作 [6]，執勤不懈。鄰家耆老見鴻非恒人 [7]，乃共責讓主人而稱鴻長者。於是始敬異焉，悉還其豕，鴻不受而去。歸鄉里，勢家慕其高節，多欲女之 [8]，鴻並絕不娶 [9]。同縣孟氏有女，狀醜 [10]，擇對不嫁 [11]。父母問其故，女曰：「欲得賢如梁伯鸞者。」鴻聞而聘之。及嫁，始以裝飾入門。七日而鴻不答，妻乃下請 [12]，鴻曰：「吾欲裘褐之人，可與俱隱深山者爾。今乃衣綺縞 [13]，傅粉墨 [14]，豈鴻所願哉？」妻曰：「以觀夫子之志耳。妾自有隱居之服。」乃更爲椎髻 [15]，著布衣，操作而前 [16]。鴻大喜曰：「此真梁鴻妻也。能奉我矣！」字之曰德曜，名孟光①。居有頃，乃共入霸陵山中 [17]，以耕織爲業，詠《詩》《書》，彈琴以自娛。仰慕前世高士，而爲四皓以來二十四人作頌。因東出關 [18]，過京師 [19]，作《五噫之歌》[20]。肅宗求鴻不得 [21]。乃易姓運期，名耀，字侯光，與妻子居齊、魯之間。有頃，又去適吳，居皋伯通廡下 [22]，爲人賃春 [23]。每歸，妻爲具食 [24]，舉案齊眉。伯通察而異之，乃方舍之於家。鴻潛閉著書十餘篇。疾，且告主人曰：「昔延陵季子葬於嬴、博之間 [25]，不歸鄉里。慎勿令我子持喪歸去。」及卒，伯通等爲求葬地於吳要離旁

〔26〕。

　　伯鸞者何，脩遠之子〔27〕。介恥攀龍〔28〕，貧資畜豕。

　　仰頌逸民〔29〕，庶追芳趾〔30〕。貞配孟光，骨埋吳土。

【注釋】

〔1〕扶風：即右扶風郡。　平陵：縣名，西漢昭帝時置，治所在今陝西咸陽市西北。漢昭帝劉弗墓在此。

〔2〕受業太學：太學，古代國學。漢武帝元朔五年（前 124 年）始置太學，立五經博士掌之。隋初置國子寺，煬帝時改稱國子監。唐仍置太學。但唐太學已同國子學、四門學等統屬國子監，成爲國學之一。《東觀漢記‧梁鴻傳》：「梁鴻少孤，以童幼詣太學受業，治《禮》、《詩》、《春秋》……鴻家貧而尚節，博覽無不通。

〔3〕章句：剖章析句。經學家解說經義的一種方法。亦泛指書籍注釋。《東觀漢記‧明帝紀》：「親自製作五行章句。每鄉射禮畢，正坐自講，諸儒並聽，四方欣欣。」《顏氏家訓‧勉學》：「空守章句，但誦師言，施之世務，殆無一可。」

〔4〕上林苑：古宮苑名，故址在今陝西西安市西及周至、戶縣界，周三百餘里。秦漢時爲帝王謝獵、遊樂之所。秦都咸陽時置，始皇三十五年（前 212 年）營建朝宮於苑中。漢初荒廢，漢高帝十二年（前 195 年）許民入苑開墾，武帝時收爲宮苑，苑內放養禽獸，供皇帝射獵，並建離宮、觀、館數十處。

〔5〕遺火：失火。

〔6〕居作：做傭工。

〔7〕恒人：常人，普通人。

〔8〕女之：以女嫁之爲妻。

〔9〕並絕：拒絕。並，通「屏」，屏棄，拒絕。

〔10〕狀醜：相貌醜陋。《東觀漢記‧梁鴻傳》：「鴻鄉里孟氏女，容貌醜而有節操，多求之不肯，父母問其所欲，曰：『得賢壻如梁鴻者。』鴻聞，乃求之。」又，范曄《後漢書‧梁鴻傳》：「同縣孟氏有女，狀肥醜而黑，力舉石臼，擇對不嫁，至年三十，父母問其故，女曰：『欲得賢如梁伯鸞者。』鴻聞而聘之。」又，袁宏《後漢紀》卷一一：「父母曰：『伯鸞清高，汝安能稱之哉！』後鴻聞而求之，遂許焉。」

〔11〕擇對：擇偶。對，配偶。

〔12〕妻乃下請：袁宏《後漢紀》卷一一：「爲嫁服畢，女求作布衣、麻履及織作之具。乃衣新婦衣，入門積七日，鴻不答。婦跪床下曰：『竊聞夫子高義，曾逐數婦，而妾亦偃蹇數夫，故來歸夫子，而不見採擇，敢請罪。』」又，范曄《後漢書·梁鴻傳》：「妻乃跪床下請曰：『竊聞夫子高義，簡斥數婦，妾亦偃蹇數夫矣。今而見擇，敢不請罪。』」

〔13〕乃：你。綺縞：精美而有花紋的絲織品。縞，白色精紡的繒帛。《楚辭·招魂》：「纂組綺縞，結琦璜些。」洪興祖補注：「綺，文繒也；縞，音杲，素也，一曰細繒。」

〔14〕粉墨：婦女化妝用的白粉與黛墨。

〔15〕椎（chuí）髻：一撮之髻，其形如椎。《史記·貨殖列傳》：「程鄭，山東遷虜也，亦冶鑄，賈椎髻之民，富埒卓氏，俱居臨邛。」《漢書·李陵傳》：「兩人皆胡服椎結。」顏師古注：「結讀曰髻，一撮之髻，其形如椎。」唐玄奘《大唐西域記·婆羅疴斯國》：「或斷髮，或椎髻，露形無服，塗身以灰，精勤苦行，求出生死。」

〔16〕操作而前：拿著勞動工具來上前來。《後漢紀》卷一一作「操作具而前」。

〔17〕霸陵：縣名，西漢文帝九年（前171年）以芷陽縣改名，治所在今陝西西安市東北，漢文帝劉恒墓在焉。袁宏《後漢紀》卷一一：「頃之，妻曰：『常聞夫子欲隱居避世，不欲榮爵以致憂患，今何其嘿嘿也？得無欲低頭就之耶？』鴻曰：『諾。』乃相隨之霸陵山，耕耘織作，以供衣食；彈琴誦詩，以娛其志。」

〔18〕東出關：東出函谷關。函谷關，西漢元鼎三年（前114年）徙置，在今河南新安縣東，西去秦函谷關三百里。

〔19〕京師：指洛陽。東漢定都於洛陽。《詩·大雅·公劉》：「京師之野，于時處處。」馬瑞辰通釋：「京爲豳國之地名……吳斗南曰：『京者，地名；師者，都邑之稱，如洛邑亦稱洛師之類。』其說是也。」「京師」之稱始此。後世因以泛稱國都。《公羊傳·桓公九年》：「京師者何？天子之居也。」《史記·儒林列傳》：「教化之行也，建首善自京師始，由內及外。」唐韓愈《御史臺上論天旱人饑狀》：「京師者，四方之腹心，國家之根本。」

〔20〕五噫之歌：范曄《後漢書·梁鴻傳》引《五噫之歌》曰：「陟彼北芒兮，噫！顧覽帝京兮，噫！宮室崔嵬兮，噫！人之劬勞兮，噫！遼遼未央兮，

噫！」

〔21〕肅宗：漢章帝劉炟，公元 76 年至 88 年在位。

〔22〕廡（wǔ）：堂下兩旁的屋子，泛指屋舍。

〔23〕賃舂：雇用舂米。

〔24〕具食：準備食物。《東觀漢記・梁鴻傳》：「每歸，妻爲具食，不敢於鴻前仰視，舉案常齊眉。伯通察而異之，曰：『彼傭賃，能使其妻敬之如此，非凡人也。』鴻常閉戶吟詠書記，遂潛思著書十餘篇。」

〔25〕嬴博之間：嬴，嬴邑，在今山東萊蕪縣西北，秦置爲縣。博，博邑，在今山東泰安縣東南，西漢置爲縣。《禮記・檀弓下》：「延陵季子適齊，於其反也，其長子死，葬於嬴、博之間。孔子曰：『延陵季子，吳之習於禮者也，往而觀其葬焉。』」

〔26〕要離：春秋時刺客。吳公子光既弑王僚，又謀殺慶忌。要離獻謀，先使吳斷其右手，殺其妻子，然後詐以負罪出奔，見慶忌於衛。慶忌喜，與之謀奪吳國。至吳地，渡江，要離於中流刺中慶忌要害，慶忌釋之，令還吳。要離渡至江陵，亦伏劍自殺。事詳《吳越春秋・闔閭內傳》。《東觀漢記》卷一一：「後伯通等爲求葬處，有要離冢高燥，眾人曰：『要離，古烈士；今伯鸞亦清高，令相近。』遂葬要離冢傍。子孫歸扶風。」

〔27〕修遠：梁鴻父梁讓，封修遠伯。范曄《後漢書・梁鴻傳》：「父讓，王莽時爲城門校尉，封修遠伯。使奉少昊，後寓於北地而卒。」

〔28〕介：耿介。　攀龍：謂依附權勢。《東觀漢記・梁鴻傳》：「初與京邑蕭友善，約不爲陪臣。及友爲郡吏，鴻以書責之而去。」

〔29〕仰頌：仰慕、頌揚。指梁鴻爲四皓以來二十四人作頌。

〔30〕芳趾：指先賢的遺迹。

【譯文】

梁鴻，字伯鸞，是扶風郡平陵縣人。梁鴻遭逢亂世，入太學學習，博覽群書，而不從事章句之學。學業結束後，梁鴻在上林苑放牧豬。曾經因失火，燒及他人的房舍，梁鴻便尋訪被燒毀的人家，詢問燒毀了什麼東西，全部以豬來賠償。房舍主人尚且認爲不夠，梁鴻又親自作傭工，勤勤懇懇，從不懈怠。鄰家老人看到梁鴻不是平常人，於是都責備主人太過分，而稱讚梁鴻有忠厚長者的美德。於是，主人才開始尊敬梁鴻，詫異於梁鴻的品德，全部將

豬歸還，梁鴻沒有接受。梁鴻回歸鄉里，勢要之家仰慕梁鴻的高風亮節，許多人都想把女兒嫁給他爲妻，梁鴻謝絕不娶。同縣孟家有個婦女兒，容貌很醜，選擇配偶，一直未嫁。父母詢問原因，女子說：「想嫁給像梁伯鸞那樣賢能的人。」梁鴻聞訊，遂禮聘之。等到出嫁之日，孟女穿著華麗的新婚服飾進入梁家。七天了，梁鴻沒有同她說話。妻子跪在地上請問原因，梁鴻說：「我原本想得到一位穿著粗布衣服的妻子，能夠與我一同隱居深山。現在你卻穿著華麗的綢緞衣服，塗脂抹粉，難道這是我所希望的嗎？」妻子說：「我這樣做，是想看看你的志向罷了。我自有隱居所穿的服飾。」於是，重新將頭髮紮成椎髻樣，穿上粗布衣服，拿著勞動工具來到梁鴻的面前。梁鴻很高興，說：「這眞是我的妻子，能夠侍奉我。」於是給她取字「德曜」，名叫「孟光」。過了一段時間，兩人共同進入霸陵山隱居，以耕田、織布爲業，吟詠《詩》《書》，彈琴以自娛自樂。梁鴻仰慕前代的高士，並且爲漢朝商山四皓以來的二十四人寫「頌」稱讚。後來，梁鴻東出函谷關，經過京城洛陽，寫作了《五噫之歌》。漢章帝尋訪梁鴻，沒有找到。梁鴻於是改姓運期，取名「耀」，字曰「侯光」，和妻子居住在齊魯地區。過了一段時間，又遷往吳地，住在皋伯通家裏廡廊下，爲人雇用春米。每當幹活回來時，妻子爲他準備好了飯食，並且十分尊敬地雙手將飯舉到眉毛一樣高的位置。皋伯通發現後，感到十分驚訝，才把他們安頓到家中居住。梁鴻隱居閉門，寫作文章十多篇。當他病重時，對皋伯通說：「從前延陵季子死後埋葬在贏、博之間，沒有回歸故里。請不要讓我的兒子將我的屍首運回故里埋葬。」梁鴻去世後，皋伯通等人將他埋葬在吳要離墳墓旁邊。

梁鴻是什麼人呢？他是修遠伯梁讓的兒子。梁鴻耿介自守，恥於依附權貴，家貧，依靠放牧豬來生活。梁鴻非常仰慕商山四皓等逸民，希望能夠學習、效法他們。他的妻子孟光賢明堅貞，梁鴻死後埋葬在吳地。

高　恢

高恢，字伯達，京兆人也〔1〕。少治《老子經》，恬盧不營世務〔2〕。與梁鴻善，隱於華陰山中〔3〕。及鴻東遊思恢，作詩曰：「鳥嚶嚶兮友之期〔4〕，念高子兮僕懷思，想念恢兮爰集茲〔5〕。」二人遂不復相見。恢亦高抗匿耀〔6〕，終身不仕焉。

高恢總髮〔7〕，道德是求。伯鸞齊志，泉石胥遊〔8〕。

東飛西駐，歌以寫憂。形容萬里〔9〕，遠蹈同流。

【注釋】

〔1〕京兆：京兆尹，西漢太初元年（前104年）改右內史置，治所在長安縣（今陝西西安市西北）。范曄《後漢書・梁鴻傳》：「初，鴻友人京兆高恢少好《老子》，隱於華陰山中。及鴻東遊，思恢，作詩曰：『鳥嚶嚶兮友之期，念高子兮僕懷思，想念恢兮爰集茲。』二人遂不復相見。恢亦高抗，終身不仕。」

〔2〕恬虛：恬淡虛靜。

〔3〕華陰：縣名。西漢高帝六年（前201年）以寧秦邑改置，治所在今陝西華陰縣東南。縣南有華山。

〔4〕鳥嚶嚶兮友之期：《詩經・小雅・伐木》：「伐木丁丁，鳥鳴嚶嚶。出自幽谷，遷於喬木。嚶其鳴矣，求其友聲。」後因以「嚶鳴」比喻朋友同氣相求。

〔5〕爰：語助詞，無義。

〔6〕高抗：剛正不屈。抗，剛正、高尚。《後漢書・逸民傳・梁鴻》：「恢（高恢）亦高抗，終身不仕。」《南史・孔靖傳》：「或諫奐曰：『不宜高抗。』奐曰：『吾性命有在，豈有取媚凶醜，以求全乎？』」明都穆《南濠詩話》：「元杭州吾子行先生，博學好古，精篆籀之學。晚年爲姦家所累，有司逮之。子行素高抗，不能忍辱。」　匿耀：收斂光曜。耀，光曜。

〔7〕總髮：束髮。古代男孩成童時束髮爲髻，因以代指成童之年。漢賈誼《新書・容經》：「古者年九歲入就小學，蹦小節焉，業小道焉；束髮就大學，蹦大節焉，業大道焉。」晉陶潛《晉故征西大將軍長史孟府君傳》：「始自總髮，至於知命，行不苟合，言無誇矜，未嘗有喜慍之容。」北周庾信《蕩子賦》：「羅敷總髮，弄玉初笄。」宋岳飛《五嶽祠盟記》：「余發憤河朔，起自相臺，總髮從軍，歷二百餘戰。」

〔8〕胥：副詞，表示全指範圍，相當於「皆」、「都」。

〔9〕形容：形體容貌。《管子・內業》：「全心在中，不可蔽匿，和於形容，見於膚色。」《北史・夏侯道遷傳》：「時日晚天陰，空中微闇，咸見夬在坐，衣服形容，不異平昔。」宋王禹偁《賃宅》詩：「老病形容日日衰，十年賃宅住京師。」

【譯文】

　　高恢，字伯達，是京兆人。高恢少年時研治老子《道德經》，性格恬淡虛靜，不願從事世俗之事。與梁鴻相友善，隱居於華陰山中。梁鴻東遊，思念高恢，作詩曰：「鳥兒嚶嚶鳴叫呀，渴望朋友相聚；想念高恢呀，我情懷深重；想念高恢呀，在此相會吧！」倆人一直沒有見面。高恢也是剛正不屈、隱匿自己的才華的人，終身沒有出仕。

　　高恢很小時就研治《道德經》，他和梁鴻志同道合，共同隱居於華陰山中，遊賞泉石風景。梁鴻東遊，而高恢仍留在華陰，梁鴻作詩以寄託思念高恢之情。雖然相隔萬里之遙，但他們志同道合，皆隱居而修道養德。

臺　佟

　　臺佟，字孝威，魏郡鄴人也〔1〕。不仕，隱武安山中峰〔2〕，鑿穴而居，採藥自業。建初中，州辟不就。魏郡刺史執棗栗為贄見佟〔3〕，語良久，刺史曰：「孝威居身如此，甚苦，如何？」佟曰：「佟幸得保終正性，存神養和。不屏營於世事以勞其精〔4〕，除可欲之志，恬淡自得，不苦也。如明使君綏撫牧養〔5〕，夕惕匪忒〔6〕，反不苦耶？」遂去隱逸，終身不見。

　　孝威特邁，稅趾武安〔7〕。獸居土穴，不願彈冠〔8〕。

　　郡公溫勞〔9〕，有語足寬。終齡超遂，大璞得完〔10〕。

【注釋】

〔1〕魏郡：西漢高帝十二年（前195年）置，治所在鄴縣（今河北臨漳西南鄴鎮）。　鄴：古都邑名。春秋齊桓公始築城，戰國魏文侯建都於此。秦置縣。西漢為魏郡治所。東漢末年後又先後為冀州、相州治所。建安十八年（213）曹操為魏王，定都於此。曹丕代漢，定都洛陽，鄴仍為五都之一。十六國時後趙、前燕、北朝東魏、北齊皆定都於此。

〔2〕武安山：即太行山東麓，在今河北武安縣境內。

〔3〕棗栗：棗子與栗子。古代婦女早間拜見長輩時常獻的果品。寓早起而虔敬之意。《儀禮·士昏禮》：「質明，贊見婦於舅姑……婦執笲棗栗，自門入，升自西階進拜，奠於席。」賈公顏疏：「棗栗，取其早自謹敬。」《國語·

魯語上》：「夫婦贄不過棗栗，以告虔也。」韋昭注：「棗，取蚤起；栗，取
敬肅。」亦指晉見之禮。　贄（zhì）：初見尊長時所送的禮品。范曄《後
漢書·逸民傳·臺佟》：「建初中，州辟不就。刺史行部乃使從事致謁，佟
載病往謝。刺史乃執贄見佟。」章懷太子李賢注：「嵆康《高士傳》曰：『刺
史執棗栗之贄往。』」

〔4〕屏（bīng）營：惶恐，彷徨。《國語·吳語》：「王親獨行，屏營傍徨於山林
之中。」曹植《感婚賦》：「顧有懷兮妖嬈，用搔首兮屏營。」

〔5〕綏撫：安定撫慰。《漢書·翟方進傳》：「是以廣立王侯，並建曾玄，俾屏我
京師，綏撫宇內。」《舊唐書·令狐楚傳》：「楚綏撫有方，軍民胥悅。」　牧
養：治理，教育。《漢書·鮑宣傳》：「陛下上為皇天子，下為黎庶父母，為
天牧養元元，視之當如一，合《尸鳩》之詩。」《後漢書·班勇傳》：「前所
以時有叛者，皆由牧養失宜，還為其害故也。」明張居正《陳六事疏》：「仍
乞敕下吏部，慎選良吏，牧養小民。」

〔6〕夕惕匪忒：即「夕惕若厲」。謂朝夕戒懼，如臨危境，不敢稍懈，不敢有任
何差錯。《周易·乾》：「君子終日乾乾，夕惕若厲，無咎。」孔穎達疏：「夕
惕者，謂終竟此日，後至向夕之時，猶懷憂惕。若厲者，若，如也，厲，
危也。言尋常憂懼，恒如傾危，乃得無咎。」忒（tè）：差誤。

〔7〕稅（tuō）趾：猶息足。稅，通「脫」。趾，足。

〔8〕彈冠：彈去冠上的灰塵；整冠。《楚辭·漁父》：「吾聞之，新沐者必彈冠，
新浴者必振衣。」王逸注：「拂土芥也。」遂比喻相友善者援引出仕。晉葛
洪《〈抱朴子〉自敘》：「內無金張之援，外乏彈冠之友。」宋孫光憲《北夢
瑣言》卷七：「唐襄陽孟浩然，與李太白交遊。玄宗徵李入翰林。孟以故人
之分，有彈冠之望，久無消息，乃入京謁之。」

〔9〕溫勞：慰問。

〔10〕大璞：謂質樸的天性。璞，未經玉人加工雕琢的玉。

【譯文】

　　臺佟，字孝威，是魏郡鄴縣人。臺佟不願出仕，隱居在武安山中峰，開
鑿山洞而居，採集草藥為生。漢章帝建初年間，刺史徵辟薦舉臺佟，而臺佟
未應徵辟。魏郡刺史帶著大棗和板栗為禮物來拜見臺佟，談論了很久，刺史
說：「你這樣生活，非常清苦，為什麼呢？」臺佟說：「我有幸能夠自始至終
地保持自己的天性，保全精神、修養天和。不憂慮於世事而繁勞精神，消除

欲念，恬靜淡泊，沒有什麼痛苦。像你這樣安撫、統管百姓，朝夕戒懼，如臨危境，不敢有任何差錯，反而不痛苦嗎？」於是去隱居，終身不見。

臺孝威特立獨行，超邁同輩，隱居於武安山中，像野獸一樣居於洞穴之中，而不願被好友援引出仕。魏郡刺史親臨慰問，而臺孝威能夠闡明大道來寬解。臺孝威能夠終身如願，隱居不仕，葆眞養性，得以遂其天性。

韓　康

韓康〔1〕，字伯休，京兆霸陵人也。常遊名山採藥，賣於長安市中，口不二價者三十餘年。時有女子買藥於康，怒康守價〔2〕，乃曰：「公是韓伯休邪？乃不二價乎〔3〕？」康歎曰：「我欲避名，今區區女子皆知有我〔4〕，何用藥爲？」遂遁入霸陵山中，博士公車連徵不至〔5〕。桓帝時〔6〕，乃備玄纁、安車以聘之。使者奉詔造康〔7〕，康不得已，乃佯許諾。辭安車，自乘柴車，冒晨先發〔8〕。至亭，亭長以韓徵君當過〔9〕，方發人、牛修道橋。及見康柴車幅巾〔10〕，以爲田叟也，使奪其牛。康即釋駕與之。有頃，使者至，奪牛翁乃徵君也。使者欲奏殺亭長，康曰：「此自老子與之，亭長何罪？」乃止。康因中路逃遁，以壽終。

伯休謝俗，副藥青冥〔11〕。通都樹價〔12〕，細女舉名〔13〕。

飄然改業，遐蔽霸陵〔14〕。佯隨國聘，俄蹈虛眞〔15〕。

【注釋】

〔1〕韓康：范曄《後漢書・逸民傳・韓康》所載與此條略同，曰：「韓康，字伯休，一名恬休，京兆霸陵人。家世著姓，常採藥名山，賣於長安市，口不二價三十餘年。」

〔2〕守價：堅持價錢，不討價還價。范曄《後漢書・逸民傳・韓康》作「守價不移」。

〔3〕乃不二價乎：范曄《後漢書・逸民傳・韓康》作「那乃不二價乎」。那乃，哪能。

〔4〕區區：小，形容微不足道。

〔5〕博士：戰國時已有博士，僅爲一般博學者的通稱，非官職。戰國末至秦，漸成爲掌議論政事及禮儀的官員。秦有博士七十人。漢沿置，屬太常，但與太常其它屬官有異。《漢書・百官公卿表》：「博士，秦官，掌通古今，秩

比六百石，員多至數十人。」漢武帝時重儒學，建元五年（前 136 年）置
五經博士，所教授的弟子稱博士弟子。博士之長，秦漢稱博士僕射，東漢
稱博士祭酒。博士主要職責爲「掌教弟子，國有疑問，掌承問對」，充分君
主參謀和顧問，有時並能參預政事或奉使外出巡察。　公車：官車。漢代
以公家車馬遞送應徵的人，此處指以公車徵召。《周禮·春官·巾車》：「巾
車掌公車之政令。」鄭玄注：「公，猶官也。」《後漢書·霍諝傳》：「服闋，
公車徵，再遷北海相，入爲尚書僕射。」漢代設公車令，爲衛尉的下屬機
構，掌管宮殿司馬門的警衛。天下上事及徵召等事宜，經由此處受理。後
以指此類官署。《史記·滑稽列傳》：「朔初入長安，至公車上書，凡用三千
奏牘。」《後漢書·丁鴻傳》：「賜御衣及綬，稟食公車，與博士同禮。」李
賢注：「公車，署名。公車所在，因以名。諸待詔者，皆居以待命，故令給
食焉。」

〔6〕桓帝：漢桓帝劉志，公元 147 年至 167 年在位。

〔7〕造：往，到，拜訪。

〔8〕冒晨：淩晨，早晨。冒，頂著，迎著。

〔9〕亭：秦漢鄉以下的行政區域。《漢書·百官公卿表上》：「大率十里一亭，亭
有長。十亭一鄉，鄉有三老、有秩、嗇夫、遊徼。」又，亭亦可釋爲亭長
所屬的官屬，可以居留行旅，聽訴訟，亦可防盜賊。這樣有都亭和野亭之
分，居郡、國、縣、道治所域內的爲都亭，其餘皆爲野亭。　亭長：縣小
吏。戰國時諸國邊境多置亭，以守望防敵。秦漢城鄉皆有亭，各置亭長，
掌捕劾盜賊，兼理亭部民事、辭訟等，多以曉習武事有勇力者充任。　徵
君：對徵士的尊稱。徵士，指不接受朝廷徵聘的隱士。漢蔡邕《陳太丘碑
文》：「徵士陳君，稟嶽瀆之精，苞靈曜之純。」《後漢書·黃憲傳》：「友人
勸其仕，憲亦不拒之，暫到京師而還，竟無所就。年四十八終，天下號曰
徵君。」《文選·顏延之〈陶徵士誄〉》：「有晉徵士，尋陽陶淵明，南嶽之
幽居者也。」張銑題注：「陶潛隱居，有詔禮徵爲著作郎，不就，故謂徵士。」
清趙翼《陔餘叢考·徵君徵士》：「有學行之士，經詔書徵召而不仕者，曰
徵士，尊稱之則曰徵君。」

〔10〕幅巾：古代男子以全幅細絹裹頭的頭巾。後裁出腳即稱襆頭。《東觀漢記·
鮑永傳》：「更始歿，永與馮欽共罷兵，幅巾而居。」

〔11〕斸（zhù）：大鋤，引申爲挖掘。　青冥：青色的天空，此處謂雲煙飄渺的
高山。

〔12〕通都：全城市。

〔13〕細女：小女子。

〔14〕遐蔽：遠遠地隱居。

〔15〕虛真：虛，虛靜。真，天性。此謂隱居而得葆存天性。

【譯文】

韓康，字伯休，是京兆郡霸陵縣人。韓康經常遊歷名山而採藥，在長安城市中出售，三十多年來從不討價還價。當時，有一女子向韓康買藥，很生氣韓康的不討價還價，於是說：「你是韓伯休嗎？哪能不討價還價？」韓康歎息說：「我本想逃避名聲，現在一個小女子都知道有我這個人，為什麼還用賣藥作掩蔽呢？」於是韓康逃入霸陵山中。博士公車接連徵辟，韓康都沒有去。漢桓帝時，又準備了禮物和舒適的安車聘請韓康。使者帶著詔書拜訪韓康，韓康不得已，假裝答應。謝絕乘坐安車，自己坐著破舊的柴車，早晨首先出發，來到一個亭，亭長因為韓康要經過這裏，正在徵集人力、牛畜修理道路和橋梁。當看到韓康乘坐破舊柴車頭戴幅巾，以為是個老農夫，便派人搶奪了他的牛。韓康就從車子上解下來並交出了牛。過了一會兒，使者趕到，被搶奪了牛的老人是朝廷徵召的人。使者準備上奏朝廷殺死亭長，韓康說：「這是老頭兒我自己主動給他的，亭長有什麼罪過呢？」於是使者中止了此事。韓康半路上逃走了，最後以盡其天年而善終。

韓康遠別世俗，入深山採藥。在大都市長安城賣藥從不討價還價，致使小女子都知道韓康其人其名。於是韓康飄然改換行業，隱居於霸陵。韓康假意隨朝廷使者的徵召，路途中逃遁而隱居不出了。

丘 訢

丘訢〔1〕，字季春，扶風人也。少有大材，自謂無伍〔2〕。傲世不與俗人為群。郡守始召見，曰：「明府欲臣訢耶〔3〕？友訢邪？師訢邪？明府所以尊寵人者，極於功曹〔4〕；所以榮祿人者，已於孝廉〔5〕。一極一已，皆訢所不用也。」郡守異之，遂不敢屈。

季春傲俗，自矜無伍。國守逢迎〔6〕，翩翩鳳舉〔7〕。

寵祿塵如，清言爛吐〔8〕。鄙爾扶風，誰攀冠屨〔9〕。

【注釋】

〔1〕訢（xīn）：喜悅，高興。

〔2〕無伍：沒有對手。伍，同列，等輩。

〔3〕臣：使……爲僚屬。

〔4〕功曹：漢代司隸屬吏有功曹從事、功曹書佐，郡縣有功曹史，漢末州亦置功曹書佐，皆掌選署功勞，位居佐吏之右，爲各府綱紀之任。省稱功曹。魏晉沿置，或改作西曹書佐，主吏及選舉事，位任頗重，至有擅州郡之政、名重一時者。

〔5〕已：極，達到頂點。　孝廉：漢代選拔人才的科目之一。孝，孝悌；廉，廉吏。漢初規定地方郡國從所屬吏民中每年推舉孝、廉各一人。至東漢把舉孝、廉合爲一，規定地方郡國每年從二十萬人中推舉孝廉一人，邊遠郡縣每十萬人推舉一人。孝廉至中央往往任以「郎」官，爲兩漢入仕的重要途徑。亦指被推選的士人。《漢書·武帝紀》：「元光元年冬十一月，初令郡國舉孝廉各一人。」顏師古注：「孝謂善事父母者，廉謂清潔有廉隅者。」宋周煇《清波雜志》卷三：「俾鄉人舉其孝廉。孝者，當兵火擾攘之際，供母養無缺；廉者，雖在窮約，人或賙之，有所不受。」

〔6〕國守：地方長官。國，郡國。

〔7〕鳳舉：如鳳凰飛舉，飄然高舉。漢劉歆《甘泉宮賦》：「廻天門而鳳舉，蹳黃帝之明庭。」三國魏曹植《王仲宣誄》：「翕然鳳舉，遠竄荊蠻。」

〔8〕爛：隨意，任情，眞摯坦率。

〔9〕冠屨：即「冠履」，帽與鞋。帽與鞋。頭戴帽，腳穿鞋。因以喻上下、尊卑。此處喻指富貴勢要。《史記·儒林列傳》：「冠雖敝，必加於首；履雖新，必關於足。何者，上下之分也。」《楚辭·王逸〈九思·悼亂〉》：「茅絲兮同綜，冠屨兮失絇。」原注：「上下無別。」

【譯文】

　　丘訢，字季春，是扶風郡人。丘訢少年時有大才，自稱當世無雙，傲世獨立，不與世俗之人來往。郡守起初召見，丘訢說：「長官你是想讓我作僚屬嗎？與我作朋友嗎？還是要以我爲老師呢？你能夠尊重、寵愛人的，最高也只是讓做一個州的功曹；能夠給他人以榮譽和利祿的，最大的是舉爲孝廉。這兩個最高的待遇，都是我用不上的。」郡守聽了，十分吃驚，於是再沒敢強迫使之屈從。

丘季春輕視流俗，自認爲當世無雙。扶風郡守親自迎接丘季春，丘季春神采奕奕，如鳳凰飛舉。丘季春視恩寵和榮祿如同糞土，並且隨意說出了清雅高妙的話語。小小的扶風郡，哪值得讓人去攀援富貴呢！

矯 愼

矯愼〔1〕，字仲彥，扶風茂陵人也〔2〕。少慕松、喬導引之術〔3〕，隱遁山谷。與南郡太守馬融、并州刺史蘇章鄉里並時〔4〕，然二人純遠不及愼也〔5〕。汝南吳蒼甚重之〔6〕，因遺書以觀其志曰〔7〕：「蓋聞黃、老之言，乘虛入冥〔8〕，藏身遠遁，亦有理國養人〔9〕，施於爲政〔10〕。至如登山絕迹，神不著其證，人不敘其驗。吾從先生欲其可者，於意何如？昔伊尹不懷道以待堯舜之君〔11〕。方今明明，四海開闢。巢、許無爲箕山〔12〕，夷、齊悔入首陽〔13〕。足下審能騎龍弄鳳〔14〕，翔嬉雲間者，亦非狐兔燕雀所敢謀也〔15〕。」愼不答。年七十餘，竟不肯娶。後忽歸家，自言死日，及期果卒〔16〕。後人有見愼於燉煌者〔17〕，故前世異之，或云神仙焉。愼同郡馬瑤〔18〕，隱於汧山〔19〕，以兔罝爲事〔20〕。所居俗化，百姓美之，號馬牧先生焉。

仲彥鸞揚，孤翔不娶。友牘殷勤〔21〕，淡無應界〔22〕。

入島尋仙，還家告逝。復見他邦，的然靈異〔23〕。

【注釋】

〔1〕矯愼：范曄《後漢書‧逸民傳》作「喬愼」，章懷太子李賢注：「《風俗通》：晉大夫矯父之後也。」

〔2〕茂陵：漢武帝劉徹墓，在今陝西興平縣東北。西漢建元二年（前 139）置縣。西晉時縣廢。今茂陵爲全國重點文物保護單位之一。是漢帝王陵墓中最大的一處。

〔3〕松、喬導引之術：松，赤松子。喬，王子喬。神話傳說中的兩個仙人。 導引：導氣引體。古醫家、道家的養生術。實爲呼吸和軀體運動相結合的體育療法。近年出土的西漢帛畫有治疾的《導引圖》。《素問‧異法方宜論》：「其民食雜而不勞，故其病多痿厥寒熱，其治宜導引按蹻。」唐慧林《一切經音義》卷一八：「凡人自摩自捏，申縮手足，除勞去煩，名爲導引。若

使別人捏搦身體，或摩或捏，即名按摩也。」

〔4〕南郡：戰國秦昭王二十九年（前 278 年）置，治所在郢（今湖北江陵縣
西北紀南城），不久遷治江陵（今湖北江陵縣）。東漢時置爲郡。　馬融：
公元 79～166 年在世。范曄《後漢書‧馬融傳》曰：「馬融，字季長，扶
風茂陵人也……爲人美辭貌，有俊才。」安帝時爲校書郎中，於江觀典校
秘書。桓帝時爲南郡太守。才高博洽，爲世通儒，學生常有千數。常坐高
堂，施絳帳，前授生徒，後列女樂，弟子以次相傳，鮮有入其室者。盧植、
鄭玄皆出其門。著述豐富，有《三傳異同說》，注《孝經》、《論語》、《詩》、
《易》、《三禮》、《尙書》、《列女傳》、《老子》、《淮南子》、《離騷》等。　并
州：西漢武帝置，爲「十三刺史部」之一。東漢治所在晉陽縣，隋改太原，
在今山西太原市西南。　蘇章：東漢扶風平陵人，字孺文。少博士學善屬
文。安帝時，舉賢良方正，對策高第。順帝時，任冀州刺史。范曄《後漢
書‧蘇章傳》曰：「故人爲清河太守，（蘇）章行部案其奸贓，乃請太守，
爲設酒肴，陳平生之好甚歡，太守喜曰：『人皆有一天，我獨有二天。』
章曰：『今夕蘇孺文與故人飲者，私恩也；明日冀州刺史案事者，公法也。』
遂舉正其罪。州境知章無私，望風畏肅。」後爲并州刺史，因摧折豪強免
官。

〔5〕純遠：品行純正，志向遠大。

〔6〕汝南：郡名，西漢高帝四年（前 203 年）置，治所在上祭縣（今河南上
蔡縣西南）。東漢移治平輿縣（今河南平輿縣北）。其後治所屢遷。隋開皇
初廢，大業及唐天寶、至德時又曾分別改蔡州、豫州爲汝南郡。　吳蒼：
事迹不詳。

〔7〕遺書：贈送書信。遺（wèi），送，贈送。范曄《後漢書‧逸民傳‧喬愼》：
「汝南吳蒼甚重之，因遺書以觀其志，曰：『仲彥足下：勤處隱約，雖乘雲
行泥，棲宿不同，每有西風，何嘗不歎？蓋聞黃老之言，乘虛入冥，藏身
遠遁，亦有理國養人，施於爲政。至如登山絕迹，神不著其證，人不覩其
驗，吾欲先生從其可者，於意何如？昔伊尹不懷道以待堯舜之君。方今明
明，四海開闢，巢、許無爲箕山，夷、齊悔入首陽。足下審能騎龍弄鳳，
翔嬉雲間者，亦非狐兔燕雀所敢謀也。』」

〔8〕乘虛入冥：深入玄虛、深微。

〔9〕理國養人：治理國家，牧養人民。

〔10〕為政：治理國政。《論語・為政》：「子曰：為政以德，譬如北辰，居其所而眾星共之。」

〔11〕伊尹：商湯臣。名摯，是湯妻陪嫁的奴隸。後佐湯伐夏桀，被尊為阿衡（宰相）。湯死後，孫太甲破壞商湯法制，伊尹把他放逐到桐宮，三年後迎之復位。一說伊尹放逐太甲，自立七年；太甲還，殺伊尹。今《尚書》有《湯誓》、《咸有一德》、《伊訓》、《太甲》等篇，相傳為伊尹所作。

〔12〕巢許：巢父、許由，堯時的兩位隱者。　箕山：一名嶽嶺，又名許由山，在今河南登封縣東南。相傳堯時巢父、許由隱於箕山。

〔13〕夷齊：伯夷、叔齊。　首陽山：在今山西永濟縣西南。

〔14〕審：確實，果真。《論衡・知實》：「孔子如審先知，當早易道。」　騎龍弄鳳：比喻成仙。范曄《後漢書・逸民傳・喬慎》章懷太子李賢注：「《列仙傳》曰：『蕭史，秦繆公時善吹簫，公女弄玉好之，以妻之。遂教弄玉作鳳鳴，居數十年，吹鳳皇聲，鳳來止其室，為作鳳臺。夫婦止其上，一旦皆隨鳳皇飛去。』又曰：『陶安公，六安冶師，數行火，火一旦散上，紫色衝天。須臾，赤雀止冶上，曰：「安公，安公，冶與天通。七月七日，迎汝以赤龍。」至時，安公騎之而去也。』」

〔15〕狐兔燕雀：凡物，喻指吳蒼自己。

〔16〕期：約定的時間，期限。

〔17〕燉煌：即敦煌。西漢元鼎六年（前 111 年）置敦煌郡，治所在敦煌縣（今甘肅敦煌市西）。

〔18〕馬瑤：事迹不詳。

〔19〕汧山：即岍山，在今陝西隴縣西南。

〔20〕兔罝：罝（jū），捕兔的網子。范曄《後漢書・逸民傳・喬慎》章懷太子李賢注：「罝，兔網也。《毛詩序》曰：『《兔罝》，后妃之化也。《關雎》之化行，則莫不好德，賢人眾多。』故（馬）瑤以為事焉。」《詩經・周南・兔罝》曰：「肅肅兔罝，椓之丁丁。赳赳武夫，公侯干城。肅肅兔罝，施於中逵，赳赳武夫，公侯好仇。肅肅兔罝，施於中林。赳赳武夫，公侯腹心。」

〔21〕牘：書簡，書信。

〔22〕應畀：答應。畀（bì），給予，賜與。

〔23〕的然：確實。的（dì），確實，實在。

【譯文】

　　矯慎，字仲彥，是扶風郡茂陵人。矯慎少年時仰慕傳說中赤松子和王喬的導引養生之術，隱居在山谷中。矯慎與南郡太守馬融、并州刺史蘇章是同鄉、同時代人，然而馬融、蘇章二人在品性的純樸、志向的遠大上趕不上矯慎。汝南人吳蒼很是敬重矯慎，因此寫信以觀察矯慎志向，說：「我聽說黃帝和老子的言論，追求玄虛深微，藏身隱居，遠離人世，也主張治理國家、安撫百姓，施行於治理國政。至於進入深山、屏絕蹤迹，鬼神不能顯示其證明，世人不能目睹其效驗。我想追隨先生學習能夠達到的東西，不知你意下如何？從前伊尹並不心懷遠大志向以等待堯、舜一樣的英明君主。現在正逢盛世，天下清泰。巢父、許由這樣的隱士也不在箕山隱居了，伯夷、叔齊這樣的高人後悔隱居於首陽山。先生確實能夠騎龍鳳而成仙，飛翔嬉戲於青雲端，也不是像我這樣的狐兔燕雀一類人所敢想的。」矯慎沒有答覆。矯慎七十多歲，終究不肯娶妻。後來，矯慎突然回到家裏，自己說出死亡時間，到了約定的那天，果然死了。後來，有人在敦煌看見過矯慎，因此前代人很驚奇，有人說矯慎是神仙。矯慎的同鄉馬瑤隱居在汧山，織捕兔的網子爲生。馬瑤所居之地，風俗教化，百姓讚美他，稱爲「馬牧先生」。

　　矯仲彥如同鸞鳳一樣高飛，並不婚娶。朋友汝南吳蒼來信殷勤勸勉，矯仲彥淡泊處之而不作答。矯仲彥入海島尋找仙人，回家後告知家人他的死亡時間。後來有人又在遙遠的敦煌見到了矯仲彥，確實是很靈異的啊。

任　棠

　　任棠〔1〕，字季卿。少有奇節，以《春秋》教授，隱身不仕。龐參爲漢陽太守〔2〕，到，先就家俟焉〔3〕。棠不與言，但以薤一本〔4〕、水一盂，置戶屏前，自抱孫兒，伏於戶下。主簿白以爲倨傲〔5〕。參思其微意，良久曰：「棠置一盂水者，欲諭太守清也；投一本薤者，欲諭太守擊強宗也〔6〕；抱孫兒當戶者，欲諭太守開門恤幼也。」終參去，不言。詔徵，不至。及卒，鄉人圖畫其形。至今稱任徵君也。

　　季眞懿資〔7〕②，弘通卜藝〔8〕。超峙區表〔9〕，棄榮絕利。

　　龐守來瞻，默形三喻〔10〕。鳳色鴻姿，圖傳鄉地。

【注釋】

〔1〕任棠：漢陽人。《東觀漢記・龐參傳》：「龐參，字仲達，拜漢陽太守。郡民任棠者，有奇節。參到，往候之，棠不與言，但以薤一本、水一杯，置戶屏前，自抱孫兒，伏於戶下。參思其微意，良久，曰：『棠是欲曉太守也。水者，欲吾清也；拔大本薤，欲吾擊強宗也；抱兒當戶，欲吾開門恤孤也。』於是歎息而還。參在職，果能抑豪助弱，以惠政得民。」又，范曄《後漢書・龐參傳》所載與此條略同。

〔2〕龐參：字仲達，河南緱氏人。任漢陽太守、護羌校尉、太尉等，以惠政得民。范曄《後漢書》卷八一有傳。

〔3〕俟（sì）：等待。

〔4〕薤（xiè）：多年生草本植物，地下鱗莖可供食用，亦可入藥。　本：草木的根或莖幹。引申為計量花木的單位。

〔5〕主簿：戰國時秦置，掌文書簿籍之事。此後歷代多沿置，為中央與地方諸官的屬吏。漢代中央及州郡縣諸官署多置主簿，職主省署簿書，錄門下眾事。西漢時地位尚低，時有「兩府高士向不為主簿」（《漢書・孫寶傳》）之說。但主簿在吏職中與府主日子為親近，至東漢遂日見重要，地位漸崇，其職亦不限於簿書，凡匡畏拾遺，出宣教命，奉送要函，招待賓客，以至府主家務私事，亦多所兼及。遂為門下諸職之首，有「股肱近臣」之譽。魏晉以下，多居將帥重臣幕僚之右，參與機要，總領府事。　倨（jù）：傲慢。

〔6〕強宗：豪族。

〔7〕懿資：聰慧的天資。

〔8〕卜藝：占筮之術。

〔9〕區表：境域，天下。

〔10〕形：設置。

【譯文】

　　任棠，字季卿。任棠少年時有高尚節操，以《春秋》教授諸生，隱居不仕。龐參任漢陽太守，到任後，先到任棠家等候拜訪。任棠不與龐參講話，只是拿來一棵薤和一盂水，放在門前，自己抱著孫子爬伏在門前。主簿稟白，認為任棠很傲慢。龐參思考任棠深微的用意，很久，說：「任棠放置了一盂水，

是想曉諭太守要清廉；放了一棵薤，是想告訴太守要打擊豪強勢力；抱著孫子匍匐在門口，是想告訴太守要體恤孤幼。」一直到龐參離去，任棠始終沒有說話。朝廷徵召任棠，都不去。任棠去世後，鄉里之人圖畫其形貌。至今稱之為「任徵君」。

　　任棠非常聰慧，精通卜筮之學。超然立於世間，能夠絕棄恩榮與利益。漢陽太守龐參前來看望，任棠默不作聲地設置了三個奇妙的比喻。他的姿儀風神，被圖畫後傳於鄉里民間。

摯恂

　　摯恂，字季直，伯陵之十二世孫也〔1〕。明《禮》《易》，遂治五經，博通百家之言。又善屬文，詞論清美。渭濱弟子扶風馬融、沛國桓驎等自遠方至者十餘人〔2〕。既通古今，而性復溫敏，不恥下問，故學者宗之。嘗慕其先人之高，遂隱於南山之陰。初，馬融如恂受業〔3〕，恂愛其才，因以女妻之。融後果為大儒文魁，當世以是服恂之知人。永和中〔4〕，常博求名儒，公卿薦恂：「行侔顏、閔〔5〕，學擬仲舒〔6〕，文參長卿〔7〕，才同賈誼〔8〕，實瑚璉器也〔9〕。宜在宗廟，為國碩輔。」由是公車徵，不詣。大將軍竇武舉賢良〔10〕，不就。清名顯於世，以壽終。三輔稱獎〔11〕。

　　摯氏之恂，光於祖德。博貫無倫，幽潛不惑。

　　聲薄九霄〔12〕，經傳四國〔13〕。樂矢弗諼〔14〕，空勞物色。

【注釋】
〔1〕伯陵：摯峻，字伯陵。漢武帝時人，與司馬遷為友，司馬遷有《與摯伯陵書》。
〔2〕沛國：沛郡，西漢高帝改泗水郡置，治所在相縣（今安徽濉溪縣西北）。東漢改為沛國，三國魏移治沛縣（今江蘇沛縣）。西晉還舊治，後復為郡。　桓驎：東漢文學家，著有《七說》。《太平御覽》卷五一二引張隲《文士傳》曰：「桓驎，字符鳳。伯父焉，官至太尉。精察好學，年十三四在焉坐，有宿年客，焉告之曰：『吾此弟子，頗有異才。今已涉獵書傳，殊能作詩賦，為口賦詩與之。』客乃為詩曰：『甘羅十二，揚烏九齡。昔有二子，今則桓

生。參差等蹤，異世齊名。』驎即答曰：『邈矣甘羅，超等絕倫。卓彼揚烏，命世稱賢。嗟予蠢弱，殊才棄年。仰慚二子，俯愧前言。』」

〔3〕馬融如恂愛業：如，往，到。范曄《後漢書·馬融傳》：「初，京兆摯恂以儒術教授，隱於南山，不應徵聘，名重關西。融從其游學，博通經籍。恂奇融才，以女妻之。」章懷太子李賢注引《三輔決錄注》曰：「恂，字季直，好學善屬文，隱於南山之陰。」

〔4〕永和：東漢順帝劉保年號（136～141年）。

〔5〕侔（móu）：齊等，等同。　顏、閔：顏回、閔子騫，孔子弟子，學行卓著。

〔6〕仲舒：董仲舒。公元前179年至前104年。漢廣川人。少治《春秋公羊傳》，景帝時為博士，下帷講讀，三年不窺園。武帝時，以賢良對策稱旨見重，拜江都相。後因言災異事下獄，恐久而獲得罪，乃告病免官家居；朝廷每有大事，常遣使就其家諮詢。生平講學著書，推尊儒術，抑黜百家。著有《春秋繁露》等書。《史記》、《漢書》均有傳。

〔7〕長卿：司馬相如，字長卿。公元前179年至118年，西漢著名文學家，擅長辭賦，著有《子虛賦》、《上林賦》、《大人賦》等。《史記》、《漢書》皆有傳。

〔8〕賈誼：公元前201至前169年。西漢洛陽人，年少才高，能通諸家書，文帝召為博士，遷太中大夫。誼改正朔，易服色，製法度，興禮樂。又數上疏陳政事，言時弊，為大臣所忌，出為長沙王太傅，遷梁懷王太傅而卒，年三十三。《史記》、《漢書》有傳。

〔9〕瑚璉器：瑚、璉，皆為古代祭祀時盛黍稷的器皿，因其貴重，常用以比喻人有才能，堪當大任。《論語·公冶長》：「子貢問曰：『賜也何如？』子曰：『女，器也。』曰：『何器也？』曰：『瑚璉也。』」

〔10〕竇武：字游平，扶風平陵人。安豐戴侯竇融之玄孫。范曄《後漢書·竇武傳》：「武少以經行著稱，常教授於大澤中，不交時事，名顯關西。延熹八年，長女選入掖庭，桓帝以為貴人，拜武郎中。其冬，貴人立為皇后，武遷越騎校尉，封槐里侯，五千戶。明年多，拜城門校尉。在位多辟名士，清身疾惡，禮賂不通，妻子衣食裁充足而已。」桓帝崩，竇武擁立靈帝劉宏，拜為大將軍，封聞喜侯。因謀誅操弄權柄的宦官，竇武「又徵天下名士廢黜者，前司隸李膺、宗正劉猛、太僕杜密、廬江太守朱寓等，列於朝廷。請前越巂太守荀昱為從事中郎，辟潁川陳寔為屬，共定計策。於是天

下雄俊，知其風旨，莫不延頸企踵，思奮其智力。」事泄，爲宦官所逼自殺。

〔11〕三輔：即西漢時於京畿之地所設京兆尹、左馮翊、右扶風的合稱，相當今陝西關中地區。後世政區劃分雖有更改，但習慣上仍稱其地爲三輔。

〔12〕薄：迫近。

〔13〕四國：四方。《周易・明夷》：「初登於天，照四國也。」孔安國傳：「居高而有，則當照及四方也。」

〔14〕矢：通「誓」，發誓。　諼（xuān）：欺詐。

【譯文】

　　贄恂，字季直，是贄伯陵的十二代孫子。贄恂精通《禮》和《易》，於是專門研治五經，博覽通達百家之言。贄恂又善於寫文章，文辭清雅華美。贄恂的渭濱弟子，有扶風郡馬融、沛國桓驎等從遠方而來的有十多人。贄恂博通古今，而性情溫和，敏而好學，不恥下問，學者都推崇他。贄恂仰慕其先祖贄伯陵的高風亮節，遂隱居在終南山之陰。當初，馬融到贄恂處學習，贄恂愛惜他的才能，並將女兒嫁給他。馬融後來果然成爲一代大儒，當世之人因此而佩服贄恂的知人之明。漢順帝永和年間，朝廷經學廣泛搜求名儒，百官公卿紛紛推薦贄恂，認爲贄恂：「行爲比得上顏回、閔子騫，學識比得上董仲舒，文采比得上司馬相如，才能比得上賈誼，實在是堪當大任的大才。應當在朝廷之上，成爲治理國家的宰輔。」因此，朝廷公車特別徵召，贄恂不應徵。大將軍竇武舉薦爲賢良，贄恂也不應徵。贄恂清高的聲名顯於當世，以盡天年而終。三輔之人稱讚不已。

　　贄伯陵的後人贄恂，能夠光大祖先的德業。贄恂博古通今，無人能比，但又隱居潛處而不張揚，通達事理。他的名聲頗盛，上達朝廷，而所作經疏則流傳四方。贄恂樂於隱居而不忘記自己的志向，徒勞朝廷再三徵召了。

法　眞

　　法眞，字高卿〔1〕，扶風郿人也〔2〕。學無常家〔3〕，博通內外圖典〔4〕，關西號爲大儒〔5〕。弟子自遠而負笈嘗數百人。眞性恬靜寡欲，不涉人間事〔6〕。太守請見之，眞乃輻巾詣謁。太守曰：「昔魯哀公雖爲不肖〔7〕，而仲尼稱臣。太守虛薄，欲以功曹相屈，光贊本朝〔8〕，何如？」眞曰：

「以明府見待有禮〔9〕，故敢自同賓末。若欲吏之〔10〕，眞將在北山之北、南山之南矣〔11〕。」太守懼然不敢復言〔12〕。凡辟公府、賢良皆不就〔13〕，同郡田羽薦眞曰〔14〕：「處士法眞，體兼四業〔15〕，學窮典奧，幽居恬泊，樂以忘憂，將蹈老氏之高蹤，不爲玄纁屈也。臣願聖明就加衮職〔16〕，必能唱清廟之歌〔17〕，致來儀之鳳矣〔18〕。」會順帝西巡〔19〕，羽又薦之。帝虛心欲致，前後四徵。眞曰：「吾既不能遁形遠世，豈飮洗耳之水哉！」遂深自隱絕，終不降屈。友人郭正稱之曰：「法眞名可得聞，身難得而見，逃名而名我隨，避名而名我追，可謂百世之師者矣。」乃共刊石頌之〔20〕，號曰玄德先生。年八十九，中平五年〔21〕，以壽終。

　　高卿宿學，門衆紛如。功曹面卻，孤峻所希。

　　再薦知己，四下鸞書〔22〕。杳然長絕，德撰穹碑〔23〕。

【注釋】

〔1〕高卿：范曄《後漢書・逸民傳・法眞》所收文字與此條略同。章懷太子李賢注：「高，一作喬。」又，《三國志・蜀志・法正傳》：「法正，字孝直，右扶風郿人也。祖父眞，有清節高名。」裴松之注引《三輔決錄注》曰：「眞，字高卿。少明五經，兼通讖緯，學無常師，名有高才。常幅巾見扶風守。守曰：『哀公雖不肖，猶臣仲尼；柳下惠不去父母之邦，欲相屈爲功曹，何如？』眞曰：『以明府見待有禮，故四時朝覲。若欲吏使之，眞將在北山之北、南山之南矣。』扶風守遂不敢以爲吏。初，眞年未弱冠，父在南郡，步往候父。已，欲去，父留之待正旦，使觀朝吏會。會者數百人，眞於窗中窺其與父語。畢，問眞：『孰賢？』眞曰：『曹掾胡廣有公卿之量。』其後廣果歷九卿、三公之位。世以服眞之知人。前後徵辟，皆不就。友人郭正美之號曰『玄德先生』。年八十九，中平五年卒。」

〔2〕郿（méi）：郿縣，西漢縣，治所在今陝西眉縣東渭河北岸。北魏太平眞君六年（445年）改名平陽縣。隋大業二年（606年）復改渭濱縣爲郿縣，治所不改。唐武德三年（620年）移治今眉縣。1964年改爲眉縣。

〔3〕學無常家：謂不拘守一家，轉益多師。

〔4〕內外圖典：指內典和外典，即儒家經書和緯書。東漢儒生以七緯爲內學，以六經爲外學。范曄《後漢書・方術傳序》：「自是習爲內學，尚奇文，貴異數，不乏於時矣。」章懷太子李賢注：「內學，謂圖讖之書也。其事秘密，

故稱內。」清人何焯《義門讀書記・前漢書》:「張衡謂『讖起哀平』,則夏賀良其漢人內學之祖歟?」

〔5〕關西:秦、漢、唐等時代泛指故函谷關（今河南靈寶縣東北）或今潼關以西地區。《漢書・蕭何傳》王衛尉曰:「關中搖足,則關西非陛下有也。」范曄《後漢書・虞詡傳》諺語曰:「關西出將,關東出相。」

〔6〕不涉人間事:《藝文類聚》卷六五引謝承《後漢書》曰:「法眞隱居大澤,講論術藝,歷年不問園圃。」

〔7〕魯哀公雖爲不肖:《史記・孔子世家》謂魯哀公十一年,孔子自衛返魯,「孔子去魯凡十四歲而反乎魯。魯哀公問政,對曰:『政在選臣。』季康子問政,曰:『舉直錯諸枉,則枉者直。』康子患盜,孔子曰:『苟子之不欲,雖賞之不竊。』然魯終不能用孔子,孔子亦不求仕。」魯哀公十六年四月孔子卒。

〔8〕光贊:猶光輔,顯揚輔佐。漢楊脩《答臨淄侯箋》:「宣昭懿德,光贊大業。」《文選・潘岳〈爲賈謐作贈陸機〉詩》:「齊轡羣龍,光讚納言。」李善注引鄭玄《周禮》注:「贊,佐也。」

〔9〕明府:對太守的尊稱。明,賢明。府,公府、官府。《管子・君臣上》:「君發其明府之法,瑞以稽之。」尹知章注:「府,謂百吏所居之官曹也。立府必有明法,故曰明府之法。」漢魏以來對郡守牧尹尊稱「明府」,又稱「明府君」。《漢書・韓延壽傳》:「今旦明府早駕,久駐未出,騎吏父來至府門,不敢入。」《後漢書・張湛傳》:「明府位尊德重,不宜自輕。」李賢注:「郡守所居曰府。明者,尊高之稱。《前書》韓延壽,爲東郡太守,門卒謂之明府,亦其義也。」漢亦有以「明府」稱縣令,唐以後多用以專稱縣令。《後漢書・吳祐傳》:「國家製法,因身犯之。明府雖加哀矜,恩無所施。」王先謙集解引沈欽韓曰:「縣令爲明府,始見於此。」唐杜甫《北鄰》詩:「明府豈辭滿,藏身方告勞。」

〔10〕吏之:使之爲吏。之,指代詞,此處指法眞。

〔11〕北山之北、南山之南:喻指遼遠的、不可到達之地。

〔12〕懼（jué）然:驚慌的樣子。

〔13〕公府:古稱諸侯國君之府爲公府。漢以下三公之官府稱公府,置諸曹掾史等。《漢書・陳遵傳》:「（與張竦伯）相親友,哀帝之末俱著名字,爲後進冠。併入公府。公府掾史率皆贏車小馬,不上鮮明。」後世三公不開府,

逐沿稱居宰相之位者爲公，其府亦沿稱公府。

賢良：即賢良方正，一稱賢良文學，漢代察舉的科目之一。始於漢文帝時詔郡國舉賢良方正，舉賢良重在文學知識。漢武帝時儒學大師董仲舒即曾以賢良對策稱譽天下。《史記·平準書》：「當是之時（漢武帝）招尊方正，賢良、文學之士，或至公卿大夫。」至唐宋賢良方正爲制科之一。

〔14〕田羽：事迹不詳。

〔15〕四業：指《詩》、《書》、《禮》、《樂》。

〔16〕袞（gǔn）職：三公之職。古代指三公的職位。亦借指三公。漢蔡邕《陳太丘碑文》：「弘農楊公，東海陳公，每在袞職，群僚賀之。」《三國志·魏志·崔林傳》：「（崔林）誠臺輔之妙器，袞職之良才也。」唐玄宗《集賢書院成送張說上集賢學士賜宴得珍字》詩：「集賢招袞職，論道命臺臣。」袞，古代帝王及上公穿的繪有卷龍的禮服。《周禮·春官·司服》：「享先王則袞冕。」鄭玄注引鄭司農曰：「袞，卷龍衣也。」孫詒讓正義：「案卷龍者，謂畫龍於衣，其形捲曲，其字《禮記》多作卷。鄭《王制》注云：『卷俗讀也，其通則曰袞。』是袞雖取卷龍之義，字則以袞爲正，作卷者借字也。」

〔17〕清廟之歌：《詩經·周頌·清廟》：「於穆清廟，肅雝顯相。濟濟多士，秉文之德，對越在天，駿奔走在廟。不顯不承，無斁於人斯！」《毛詩序》以爲祀文王之樂歌，鄭玄《注》以爲清廟爲祀文王之宮。此詩頌美文王之德業，表示無限仰慕之情。清，肅穆清靜。

〔18〕來儀之鳳：《尚書·益稷》：「簫韶九成，鳳皇來儀。」孔安國《傳》：「備樂九奏而致鳳皇，則作鳥獸不待九而率舞。」後以鳳凰來儀爲祥瑞。

〔19〕會：正值。　順帝：劉保，公元 126 年至 144 年在位。

〔20〕刊石：刻石。刊，刻。

〔21〕中平：東漢靈帝劉宏年號，凡六年（184 年～189 年），中平五年，乃公元188 年。

〔22〕鸞書：仙書，喻指皇帝的詔書。

〔23〕穹碑：高大的石碑。穹，古人認爲天似穹隆，引申爲指天，又引申爲高、大。司馬相如《長門賦》：「正殿塊以造天兮，鬱並起而穹崇。」

【譯文】

　　法眞，字高卿，是扶風郡郿縣人。法眞做學問，不拘守一家，博覽群書，精通儒學經典和讖緯圖書，關西稱爲「大儒」，弟子從遠方背著書籍而來求

學的有數百人。法眞天性恬靜少欲望，不涉足世俗之事。太守請他相見，法眞則頭戴束髮幅巾前往拜謁。太守說：「從前魯哀公雖然不賢能，而孔子卻向他稱臣。我品德不高、才能薄弱，我想請你委屈而出任功曹，顯揚輔佐朝廷，怎麼樣呢？」法眞說：「因爲你以禮相待，所以我敢前來附於賓客之末而作客。如果想讓我爲吏，我將處於北山之北、南山之南，永無相見之期。」太守聽了很驚悚，沒有再敢多言。凡是辟舉公府、徵召賢良，法眞都不去，同郡人田羽舉薦法眞，說：「處士法眞，兼通《詩》、《書》、《禮》、《樂》，學問窮究典雅深微，隱居淡泊，樂以忘憂，學習和跟隨老子的足迹，不接受官府的禮聘。我希望聖明的君主能委任他高官，他一定會頌贊朝廷，招致賢能啊。」正值漢順帝西巡，田羽又舉薦法眞。順帝虛心想招致法眞，前後四次徵召。法眞說：「我既然不能隱居而遠離塵世，難道能喝許由洗耳的河水嗎！」於是隱居絕世，終究沒有屈節入仕。友人郭正稱讚說：「法眞聲名能夠聽聞，其人卻難以見到，躲避聲名而聲名卻追隨法眞，致使聞名天下，眞是百世之師啊！」於是刊刻石碑而稱頌之，稱爲「玄德先生」。法眞享年八十九歲，於中平五年去世。

　　法眞乃碩學大儒，弟子眾多。法眞當面推辭了太守以功曹之職相聘，他所希求的是孤高嚴正的品德。同郡田羽兩次向朝廷推薦知己法眞，漢順帝四次下詔書徵召。而法眞隱居於深山，世人刊刻高大的石碑以記述法眞的卓絕品德。

漢濱老父

　　漢濱老父者〔1〕，不知何許人也。桓帝延熹中幸竟陵〔2〕，過雲夢〔3〕，臨沔水〔3〕，百姓莫不觀者，有老父獨耕不輟。尙書郎南陽張溫異之〔5〕，使問曰：「人皆來觀，老父獨不輟，何也？」老父笑而不答。溫下道百步，自與言。老父曰：「我，野人也，不達斯語。請問天下亂而立天子邪？理而立天下子邪？立天子以父天下邪〔6〕？役天下以奉天子邪？昔聖王宰世〔7〕，茅茨採椽〔8〕，而萬人以寧。今子之君，勞人自縱，逸遊無忌，吾爲子羞之，子何忍欲人觀之乎？」溫大慚，問其姓名，不告而去。

　　漢濱老父，操鉏沔上，翠華雷動，不屑瞻仰。

　　臺臣屈問〔9〕，理辯如響。俯首含羞，匆匆塵鞅〔10〕。

【注釋】

〔1〕漢濱老父：范曄《後漢書・逸民傳》作「漢陰老父」，所錄文字與此條同。又，《太平御覽》卷五○二引謝承《後漢書》「漢陰老父」，亦略同於此條。又，《太平御覽》卷三九二引《漢晉春秋》：「桓帝幸樊城，百姓莫不觀。有一老父獨耕不輟，議郎張溫使問焉。父嘯而不答。」

〔2〕延熹：東漢桓帝劉志年號（158 年～160 年）。 竟陵：縣名。原為戰國楚竟陵邑，秦置縣，治所在今湖北潛江縣西北。

〔3〕雲夢：地跨今湖北新州、安陸、雲夢、鍾祥、荊門、枝江、松滋、監利、洪湖等縣，春秋、戰國時楚王曾遊獵於此。

〔4〕沔（miǎn）水：即今漢江及其北源陝西留壩縣西沮水。《尚書・禹貢》梁州：「浮於潛，逾於沔。」據《水經注》，北源出自今陝西留壩西一名沮水者為沔，西源出自今寧強北者為漢，二源合流後通稱沔水或漢水，北源長而西源短。

〔5〕尚書郎：屬尚書臺或尚書省，又稱曹郎。西漢置四人，其一人主匈奴單于營部，一人主羌夷吏民，一人主戶口墾田，一人主財帛委輸。光武帝分尚書為六曹之後，共置三十四人，主作文書起草。 南陽：指今河南西南部地區，戰國時分屬韓、楚二國。秦昭王三十五年（前 272 年）置郡，治所在宛縣（今河南南陽市），秦漢因之。西晉改為國，南朝宋復為郡。 張溫：南陽人，官至司空、司徒、太尉。漢獻帝初平二年（191）十月為董卓所殺。《後漢書》無專傳。《後漢書》卷一○九下《儒林傳》論曰：「然所談者仁義，所傳者聖法也。故人識君臣父子之綱，家知違邪歸正之路。自桓靈之間，君道秕僻，朝綱日陵，國隙屢啟。自中智以下，靡不審其崩離，而權彊之臣，息其闚盜之謀，豪俊之夫，屈於鄙生之議者，人誦先王言也，下畏逆順，執也。至如張溫、皇甫嵩之徒，功定天下之半，聲馳四海之表，俯仰顧盼，則天業可移，猶鞠躬昏主之下，狼狽折箠之命，散成兵，就繩約而無悔心。暨乎剝橈自極，人神數盡，然後群英乘其運，世德終其祚。跡衰敝之所由致，而能多歷年所者，斯學之效乎！故先師垂典文，襃勵學者之功篤矣切矣。」《太平御覽》卷二九六引謝承《後漢書》：「張溫以司空加車騎將軍，徵韓遂。丙辰，引溫見於崇德殿，溫以軍禮長揖不拜。」

〔6〕父天下：以父親的恩德來養育天下。父，名詞作動詞用。

〔7〕宰世：掌管、治理天下。《弘明集・正誣論》：「且夫聖之宰世，必以道蒞之。」
《南史・宋紀上・武帝》：「朕聞先王之宰世也，庸勳尊賢，建侯胙土，褒
以寵章，崇其徽物。」

〔8〕茅茨採椽：以茅草蓋屋頂、以砍伐的樹木爲椽。謂住所簡陋。《韓非子・五
蠹》：「堯之王天下也，茅茨不剪，採椽不斫。」

〔9〕臺臣：指宰輔重臣。後亦泛指朝廷大臣。宋周密《齊東野語・洪君疇》：
「今臺臣爭之不勝，則諸閣所畏者誰歟！」《元史・張起巖傳》：「臺臣按
劾百官，論列朝政，職使然也。」明李東陽《送張修撰養正擢僉都御史
北巡》詩：「共道臺臣出中祕，不比御史尚書郎。」

〔10〕塵鞅：世俗事務的束縛。鞅，套在馬頸上的皮帶。唐牟融《寄羽士》詩：
「使我浮生塵鞅脫，相從應得一盤桓。」宋范成大《送關壽卿校書出守簡
州》詩：「京洛知心塵鞅裏，江吳攜手暮帆邊。」

【譯文】

漢濱老父，不知哪裏人。延熹年間，漢桓帝巡幸竟陵郡，經過雲夢澤，
來到沔水，百姓無不紛紛前來觀看，有一個老父獨自耕作不停。尚書郎南陽
郡人張溫感到奇怪，派人詢問：「別人都來觀看皇帝出巡的場面，老人家獨自
耕作不停，爲什麼呢？」老父笑而不回答。張溫走下道路一百餘步，親自與
老人講話。老父說：「我，是——個鄉野之人，聽不懂你的話。請問是天下大
亂而擁立天子呢？還是天下安定而擁立天子呢？擁立天子是爲了像父親一樣
恩德養育天下呢？還是役使天下來侍奉天子一人呢？從前聖明君主統治天
下，屋舍簡陋，而百姓安居樂業。現在你的君主，搔擾百姓自我放縱，肆志
而遊玩，無所諱忌，我爲你感到羞愧，你爲什麼還忍心讓人們去觀看呢？」
張溫大爲慚愧，詢問他的姓名，老父不告訴而離去了。

漢濱老父在沔水邊親身耕作，漢桓帝巡幸的隊列盛大，觀者歡聲雷動，
唯獨漢濱老父不屑去觀瞻。尚書郎張溫親自前去詢問，漢濱老父析理辯論，
如同聲音回應一樣快捷、準確。尚書郎張溫低首含羞，慚愧不已，深感自己
被世俗事務所羈絆住了。

徐　稚

徐稚，字孺子，豫章南昌人也〔1〕。少以經行高於南州〔2〕。桓帝時，

汝南陳蕃爲豫章太守〔3〕，因推薦稚於朝廷〔4〕，由是五舉孝廉、賢良〔5〕，皆不就。連辟公府，不詣，未嘗答命。公薨，輒身自赴弔〔6〕。太守黃瓊亦嘗辟稚〔7〕。至瓊薨，歸葬江夏〔8〕，稚既聞，即負笈徒步豫章三千餘里，至江夏瓊墓前，致酹而哭之〔9〕。後公車三徵〔10〕，不就。以壽終。

孺子清妙，超絕代俗〔11〕。屢辟鴻臣，不瑕皎玉。

萬里赴喪，炙雞茅束〔12〕。以力粥饘，安安自足。

【注釋】

〔1〕豫章：郡名，西漢高帝六年（前201年）分九江郡置，治所在南昌縣（今江西南昌市）。隋開皇中改爲洪州，大業三年（607年）復爲豫章郡。 南昌：縣名，西漢置，治所即今南昌市。

〔2〕南州：泛指南方州郡。《太平御覽》卷四二五引謝承《後漢書》：「徐稚，字孺子，豫章南昌人也。少爲諸生，隱處篤行，常自躬耕。非其衣不服，非其食不食。糠粃不厭，所居閭里，服其德化。」范曄《後漢書·徐稚傳》：「家貧，常自耕稼，非其力不食。恭儉義讓，所居服其德。屢辟公府，不起。」

〔3〕汝南：郡名，西漢高帝四年（前203年）置，治所在上蔡縣（今河南上蔡縣西南）。東漢移治平輿縣（今河南平輿縣北）。其後治所屢遷。隋開皇初廢，大業及唐天寶、至德時又曾分別改蔡州、豫州爲汝南郡。 陳蕃：字仲舉，東漢汝南平輿人。官樂安、豫章太守，遷至太尉、太傅，封高陽侯。爲人剛正不阿，崇尚氣節，因與竇武謀誅當權宦官曹節、王甫等，事泄遇害，年七十餘。范曄《後漢書》卷六六有傳。

〔4〕推薦稚於朝廷：范曄《後漢書·徐稚傳》：「時陳蕃爲太守，以禮請署功曹，稚不免之，既謁而退。蕃在郡不接賓客，唯稚來，特設一榻，去則縣之。後舉有道，家拜太原太守，皆不就。延熹二年，尚書令陳蕃、僕射胡廣等上疏薦稚等曰：『臣聞善人天地之紀，政之所由也。《詩》云：「思皇多士，生此王國。」天挺俊乂，爲陛下出，當輔弼明時，左右大業者也。伏見處士豫章徐稚、彭城姜肱、汝南袁閎、京兆韋著、潁川李曇，德行純備，著於人聽。若使擢登三事，協亮天工，必能翼宣盛美，增光日月矣。』桓帝乃以安車玄纁備禮徵之，並不至。帝因問蕃曰：『徐稚、袁閎、韋著孰爲先後？』蕃對曰：『閎生出公族，聞道漸訓。著長於三輔

禮義之俗，所謂不扶自直，不鏤自雕。至於稚者，爰自江南卑薄之域，而角立傑出，宜當爲先。』」

〔5〕五舉孝廉、賢良：《太平御覽》卷七一一引謝承《後漢書》曰：「徐稚，字孺子，公車五徵，皆不降志。某有喪，負笈赴弔，行五里地。」

〔6〕公薨，輒身自赴弔：曾經薦舉過徐稚的諸公去世，徐稚親自前去弔祭。公，謂徵辟薦舉徐稚諸公。《太平御覽》卷八一九引謝承《後漢書》曰：「徐稚不就諸公之辟，及有喪者，萬里赴弔。」

〔7〕黃瓊：字世英，江夏安陸人，魏郡太守黃香之子也。黃瓊初以父任爲太子舍人，辭病不就，遭父憂服闋，五府俱辟，連年不應。尙節義，剛正不阿。任尙書令、司徒、太尉，上疏請誅權臣梁冀。延熹七年卒，年七十九。范曄《後漢書》卷六一有傳。

〔8〕江夏：郡名。西漢高帝六年（前 201 年）置，治所在西陵縣（今湖北新州縣西）。三國廢。

〔9〕酹：澆酒於地，表示祭奠。范曄《後漢書・徐稚傳》：「稚嘗爲太尉黃瓊所辟，不就。及瓊卒歸葬，稚乃負糧徒步到江夏赴之，設雞酒薄祭，哭畢而去，不告姓名。時會者四方名士郭林宗等數十人，聞之，疑其稚也，乃選能言語生茅容輕騎追之。及於塗，容爲設飲，共言稼穡之事。臨訣去，謂容曰：『爲我謝郭林宗。大樹將顚，非一繩所維，何爲棲棲，不遑寧處？』」

〔10〕公車三徵：公車三次徵召。范曄《後漢書・徐稚傳》：「靈帝初，欲蒲輪聘稚，會卒，時年七十二。」

〔11〕代俗：世俗，時俗。指當時社會的風俗習慣。《文子・道原》：「矜僞以惑世，畸行以迷眾，聖人不以爲世俗。」《史記・循吏列傳》：「施教導民，上下和合，世俗盛美，政緩禁止，吏無姦邪，盜賊不起。」

〔12〕炙雞茅束：《太平御覽》卷八一九引謝承《後漢書》曰：「徐稚不就諸公之辟，及有喪者，萬里赴弔。常以家預炙雞一隻，以一兩綿絮漬酒中，曝乾，至門，以綿絮置水中，候有酒氣，以雞置前，祭畢便去。」

【譯文】

　　徐稚，字孺子，是豫章郡南昌縣人。徐稚少年時以經明行修而聞名於南方。漢桓帝時，汝南郡陳蕃爲豫章太守，於是推薦徐稚給朝廷，因此先後五次被辟舉爲孝廉、賢良，徐稚都不去。多次被公府徵辟，不去。凡是舉薦過

徐稚的諸公去世後，徐稚就親自前往弔唁。太守黃瓊也曾經徵辟徐稚，黃瓊去逝後，歸葬江夏。徐稚聞訊後，立即背著書籍，從豫章步行三千多里，到達江夏黃瓊墓前，將醑酒祭奠，放聲痛哭。後來公車三次徵召，徐稚都沒有去，以壽年而終。

徐穉清妙高絕，超邁時俗。屢次被大臣徵辟，但徐穉絕不自行玷污其高潔的品行。徐穉曾經不辭萬里之遙，親赴江夏黃瓊墓前弔誄。他以自己的能力來獲得薄食以度日，卻是非常的知足安樂。

夏馥

夏馥，字子治，陳留圉人也〔1〕。少為諸生，質直不苟〔2〕，動必依道。同縣高儉及蔡氏凡二家豪富，郡人畏事之，唯馥閉門不與高、蔡通〔3〕。桓帝即位，災異數發，詔百司舉直言之士各一人。太尉趙戒舉馥〔4〕，不詣，遂隱身。久之，靈帝即位，中常侍曹節等專朝〔5〕，禁錮善士，謂之黨人。馥雖不交時官，然聲名為節等所憚，遂與汝南范滂、山陽張儉等數百人並為節所誣〔6〕，悉在黨中。詔下郡縣，各捕以為黨魁〔7〕。馥乃頓足而歎曰：「孽自己作，空污良善，一人逃死，禍及萬家，何以生為！」乃自剪鬚變服易形〔8〕，入林慮山中〔9〕，為冶工客作〔10〕。形貌毀悴〔11〕，積傭三年，而無知者。後詔委放，儉等皆出，馥獨歎曰：「已為人所棄，不宜復齒鄉里矣。」留賃作不歸。家人求不知處。其後人有識其聲者，以告同郡上黨太守濮陽潛〔12〕③，使人以車迎馥，馥自匿不肯，潛車三返〔13〕，乃得馥。

八顧夏馥〔14〕，不通紈綺〔15〕。抱影煙霞，灰情辟舉〔16〕。

秦綱載張〔17〕，天形遂毀。客作將終，固迎歸止〔18〕。

【注釋】

〔1〕陳留：陳留郡，西漢元狩三年（前122年）置，治所在陳留縣（今河南開封東南陳留城）。　圉（yǔ）：圉縣。西漢置，治所即今河南杞縣西南圉鎮，隸屬陳留郡。

〔2〕質直不苟：質樸耿直而不苟且。

〔3〕通：交通，交往。

袁宏《後漢紀》卷二二：「陳留人夏馥，字子治，安貧樂道，不求當世。郡
內多豪族，奢而薄德，未嘗過門。躬耕澤畔，以經書自娛。由是為豪勢所
非，而馥志業逾固，為海內所稱，諸府交辟，天子玄纁徵，皆不就。嘗奔
喪經洛陽，歷太學門，諸生曰：『此太學門也。』馥曰：『東野生希遊帝王
之庭。』徑去不復顧，公卿聞而追之不得而見也。」

〔4〕太尉：秦官。不常置。秦統一全國後為最高軍事長官，金印紫綬，與掌政
務、監察的丞相、御史大夫合稱三公，其尊與丞相等。漢承秦制，中央也
設太尉，但漢初時置時廢，官名也有變化。漢武帝元狩二年（前 139 年）
罷太尉。元狩四年（前 119 年）改稱大司馬，並加「大將軍」稱號，實際
權力在丞相之上。東漢光武帝建武二十七年（51 年）復改大司馬為太尉，
常與太傅一起參錄尚書事，地位提高，綜理軍政，與司徒、司空合稱三公。
太尉置府，但自東漢中葉以後，三公職權漸為尚書所侵奪，太尉若不領尚
書事，則在皇帝左右，備參謀、顧問而已。　　趙戒：范曄《後漢書・李固
傳》章懷太子李賢注引謝承《後漢書》：「戒，字志伯，蜀郡成都人也。戒
博學，明經講授，舉孝廉，累遷荊州刺史。梁商弟讓為南陽太守，恃椒房
之寵不奉法。戒到州劾奏之，遷河間相，以冀部難理，整厲威嚴。遷戒南
陽太守，糾豪傑，恤吏人，奏免中官貴戚子弟為令長貪濁者。徵拜為尚書
令，出為河南尹，轉拜太常。永和六年，特拜司空也。」

〔5〕曹節：范曄《後漢書・曹節傳》：「曹節，字漢豐，南陽新野人也。其本魏
郡人，世吏二千石。順帝初，以西園騎遷小黃門。桓帝時，遷中常侍、奉
車都尉。建寧元年，持節將中黃門虎賁羽林千人北迎靈帝，陪乘入宮。及
即位，以定策封長安鄉侯、六百戶。」專權擅殺，迫害善士，導致東漢之
衰亡。

〔6〕范滂：范曄《後漢書・范滂傳》：「范滂，字孟博，汝南征羌人也。少厲清
節，為州里所服，舉孝廉、光祿四行。時冀州饑荒，盜賊群起，乃以滂為
清詔使，案察之。滂登車攬轡，慨然有澄清天下之志。」每至州境，貪污
之守令皆聞風離去。以得罪宦官，繫黃門北寺獄，事釋得歸。靈帝建寧二
年大殺黨人，詔下急捕范滂等，主動到牢獄，其母訣別說：「汝今得與李（膺）
杜（密）齊名，死亦何恨！」死時年僅三十三歲。　　山陽：山陽郡，西漢
景帝置山陽國，武帝改為郡，治所在昌邑縣（今山東金鄉縣西北）。　　張儉：
范曄《後漢書・張儉傳》：「張儉，字符節，山陽高平人。」桓帝時，舉劾

中常侍侯覽罪惡，請誅之，侯覽誣嶽張儉私結朋黨，「於是刊章討捕，儉得亡命，困迫遁走，望門投止，莫不重其名行，破家相容。」中平元年黨事解，乃得還鄉里。

〔7〕黨魁：朋黨領袖。魁，首領。范曄《後漢書・黨錮傳・夏馥》：「馥雖不交時宦，然以聲名為中官所憚，遂與范滂、張儉等俱被誣陷，詔下州郡捕為黨魁。及儉等亡命，經歷之處，皆被收考，辭所連引，布徧天下。」

〔8〕自翦鬚變服易形：自己剪去鬍鬚，脫去士人衣服而穿上百姓衣服，改變容貌。

〔9〕林慮山：本名隆慮山，因避東漢殤帝劉隆諱，改名林慮山，在河南林縣西。

〔10〕冶工：冶煉金屬的工匠。《淮南子・俶真訓》：「今夫冶工之鑄器，金踴躍於爐中。」　客作：傭工。袁宏《後漢紀》卷二二：「黨事之興，馥名在捕中，馥乃髡髭髮，易姓名，匿迹遠竄，為人傭賃。」

〔11〕毀瘁：損毀憔悴。范曄《後漢書・黨錮傳・夏馥》：「乃自剪鬚變形，入林慮山中，隱匿姓名，為冶家傭，親突煙炭，形貌毀瘁，積二三年，人無知者。」

〔12〕上黨：上黨郡。戰國韓置，秦漢治所在長子縣（今山西長子縣西南）。東漢末移治壺關縣（今山西長治市北古驛）。其後屢有遷移，轄境漸小，隋初廢。濮陽潛：姓濮陽，名潛，為東漢名士，事迹不詳。范曄《後漢書・爰延傳》：「（外黃）縣令隴西牛述好士知人，乃禮請（爰）延為廷掾，范丹為功曹，濮陽潛為主簿，常共言談而已。」

〔13〕潛車：謂暗中派遣車輛。

袁宏《後漢紀》卷二二：「馥弟靜駕車馬、載絹，餉之於澄陽縣。客舍見馥，顏色毀瘁，不能復識也，聞其聲乃覺之，起向之拜，馥避之不與言。夜至靜所，呼靜語曰：『吾疾惡邪佞，不與交通，以此獲罪，所以不恥飢寒者，求全身也。奈何載禍相餉也？』明旦各遂別去，以獲免於是。」

范曄《後漢書・黨錮傳・夏馥》：「後，馥弟靜乘車馬、載縑帛追之於涅陽市中，遇馥，不識，聞其言聲，乃覺而拜之。馥避不與語，靜追隨至客舍共宿，夜中密呼靜曰：『吾以守道疾惡，故為權宦所陷。且念營苟全以庇性命，弟奈何載物相求？是以禍見追也。』明旦別去。黨禁未解而卒。」

〔14〕八顧：東漢士大夫互相標榜，各有名稱。范曄《後漢書・黨錮傳序》：「自是正直廢放，邪枉熾結，海內希風之流，遂共相摽搒，指天下名士為之稱

號。上曰三君，次曰八俊，次曰八顧，次曰八及，次曰八厨，猶古之八元、八凱也。」稱郭林宗、宗慈、巴肅、夏馥、范滂、尹勳、蔡衍、羊陟爲八顧。顧，就是能夠以自己的德行影響別人的意思。

〔15〕紈綺：精美的絲織品。引申爲勢要富貴之人，紈袴子弟。晉潘岳《秋興賦》：「珥蟬冕而襲紈綺之士，此焉遊處。」宋葉適《致政通值錢公輓歌詞》：「盡與詩書癖，勿令紈綺攀。」

〔16〕灰情：謂心灰意冷。

〔17〕秦綱：謂嚴刑峻法。因秦之刑法嚴酷，故有此稱。綱，綱紀，法律。晉殷仲堪《答桓玄論四皓書》：「若夫四公者，養志巖阿，道高天下。秦綱雖虐，遊之而莫懼；漢祖雖雄，請之而弗顧。」《山堂肆考》卷一三〇「原廟銘」：「柳宗元作《漢沛國原廟銘》，略云：秦綱既離，鹿駭東夏。長蛇封豕，蹈躍中野。」《江西通志》卷一二六幸元龍《筠州高胡壇記》：「秦綱解紐，楚陳涉起蘄，縣郡多殺長吏應涉。」

〔18〕歸止：回歸鄉里，歸宿。

【譯文】

夏馥，字子治，是陳留郡圉縣人。夏馥少年時作縣學學生，質樸耿直，不苟合世俗，一言一行皆依照禮制規範。同縣人高儉和蔡氏是兩大富豪，郡中之人都很怕他們而謹愼侍奉，只有夏馥閉門而不與高、蔡二家來往。漢桓帝即位後，災異多次發生，遂下詔命讓各個部門各辟舉一名直言敢諫之人。太尉趙戒舉薦夏馥，夏馥不去，於是隱居鄉里。許久以後，漢靈帝即位，中常侍曹節等人專斷朝政，禁錮善良士大夫，叫做「黨人」。夏馥雖然不與官員交往，然而他的聲名還是爲曹節等人所忌憚，於是夏馥與汝南人范滂、山陽人張儉等數百人全部被曹節誣陷，皆名列「黨人」。朝廷下詔，命令各郡縣作爲「黨魁」抓捕。夏馥聞訊，頓足歎息說：「罪孽是自己造成的，徒然玷污良善之人，一人逃生，而災禍延及萬家，活著還有什麼意義呢？」便自己剪去鬚鬢，脫去士人衣服而穿上百姓衣服，逃入林慮山，給冶工作傭工。夏馥形貌毀損憔悴，做傭工三年，而沒有人知道。後來，朝廷下詔釋放「黨人」，張儉等人都出來了，夏馥獨自歎息說：「已被人拋棄，不應該再被家鄉之人所提及。」於是留下來繼續作傭工，而不回歸鄉里。家人尋找而沒有下落，後來有人聽出了夏馥的聲音，並且告訴了時任上黨太守的陳留郡人濮陽潛，濮陽

潛派人駕車迎接夏馥，夏馥躲藏起來不肯出來，暗中派遣車子三次，才找到夏馥。

東漢號稱「八顧」之一的夏馥，不通勢要，隱居不仕，不願意接受朝廷的辟舉。當黨錮禍起，法網嚴厲之時，夏馥遂毀其形貌，隱姓埋名。當他作傭工將要結束時，被堅持迎歸家鄉了。

郭　泰

郭泰〔1〕，字林宗，太原人也〔2〕。少事父母，以孝聞。身長八尺餘〔3〕。家貧〔4〕，郡縣欲以爲吏，歎曰：「丈夫何能執鞭斗筲哉〔5〕！」乃辭母，與同縣宋仲至京師〔6〕④，從屈伯彥學《春秋》〔7〕，博洽無不通，又審於人物〔8〕，由是名著於陳、梁之間〔9〕。步行遇雨，巾一角墊，衆人慕之，皆故折巾角〔10〕。士爭往從之，載策盈車〔11〕。凡泰知之於無名之中六十餘人〔12〕，皆言後驗。以母喪歸，徐稚來弔，以生芻一束頓太廬前而去〔13〕。泰曰：「此必南州高士徐孺子也〔14〕。《詩》不云乎『生芻一束，其人如玉』，吾不堪此喻耳。」凡司徒黃瓊辟、太常趙典舉有道〔15〕⑤，皆不就。以建寧二年卒於家〔16〕。

介休林宗〔17〕，行師伯彥。廬膳常虛，躬衣不掩〔18〕。

察觀乾象，懷珍高卷。有道之碑〔19〕，揚光竹簡。

【注釋】

〔1〕郭泰：又名「郭太」，范曄避其父名諱而改。范曄《後漢書・郭太傳》章懷太子李賢注：「范曄父名泰，故改爲此『太』。」

〔2〕太原：太原郡。戰國秦莊襄王四年（前246年）置，治所在晉陽（今山西太原市西南古城營西古城），漢文帝改置太原國，不久復改爲太原郡。

〔3〕身長八尺餘：《太平御覽》卷三八八引《郭林宗別傳》曰：「林宗儀貌魁岸，身長八尺，音聲如鍾，當時以爲準的。」

〔4〕家貧：《太平御覽》卷四八五引《郭林宗別傳》曰：「林宗家貧，初欲游學，無資，就姊夫貸五千錢，乃遠至成皋從師受業，並日而食，衣不蔽形，常以蓋幅自障出入，入則護前，出則掩後。」

〔5〕執鞭：爲人駕馭車馬，意謂給他人服役。　斗筲：筲（shāo），是一種竹器，

僅容一斗二升，一說容五升，斗和筲都是很小的容器，比喻才短識淺。范曄《後漢書‧郭太傳》：「郭太，字林宗，太原界休人也。家世貧賤，早孤，母欲使給事縣廷，林宗曰：『大丈夫焉能處斗筲之役乎！』」

〔6〕宋仲：原作「宗仲」，袁宏《後漢紀》作「宋仲」，形近而訛，據改。

袁宏《後漢紀》卷二三曰：「同邑宋仲，字雋，有高才，諷書日萬言，與相友善，閒居逍遙。泰謂仲曰：『蓋昔之君子，會友輔仁，夫周而不比，群而不黨，皆始於將順，終於匡救，濟俗變化，隆教之道也。』於是仰慕仲尼，俯則孟軻，周流華夏，採諸幽滯。泰始中，至京師，陳留人符融見而歎曰：『高雅奇偉，達見清理，行不苟合，言不誇毗，此異士也。』」

〔7〕屈伯彥：成皋（成皋縣，西漢置，治所即今河南滎陽縣西北汜水鎮）人，精於《春秋》，事迹不詳。范曄《後漢書‧郭太傳》：「就成皋屈伯彥學三年業，畢，博通墳籍，善談論，美音制。」

〔8〕審於人物：有知人之鑒，善於品評人物。

范曄《後漢書‧郭太傳》：「性明知人，好獎訓士類，身長八尺，容貌魁偉，褒衣博帶，周遊郡國。」

《太平御覽》卷四四四引《郭林宗別傳》曰：「郭泰，字林宗，入潁川則友李元禮，至陳留則結符偉明，之外黃則親韓子助，過蒲亭則師仇季智，止學舍則收魏德功，觀耕者則拔茅季偉，皆爲名士。至汝南見袁閎，不宿而去，從黃憲三日乃去。過新蔡，薛勤問之曰：『足下見袁奉高不宿而去，從黃叔度乃彌日，何也？』泰曰：『奉高之流，雖清而易挹；叔度汪汪，若千頃之波，澄之不清，撓之不濁，難測量也。』」

〔9〕陳梁：漢代所置陳國與梁國的並稱，地在今豫東平原。陳國，東漢章和二年（前 88 年）改淮陽國置，治所在陳縣（今河南淮陽縣），獻帝時改爲陳郡，三國魏改爲陳國，後復爲郡。梁國，西漢高帝五年（前 202 年）改秦之碭郡置，治所在睢陽縣（今河南商丘縣南）。三國魏改置梁郡。

〔10〕故折巾角：巾以葛爲之，本野人居士之服。范曄《後漢書‧郭太傳》：「嘗於陳、梁間行，遇雨巾一角墊，時人乃故折巾一角，以爲林宗巾。其見慕皆如此。」

〔11〕策：書信。

〔12〕凡泰知之於無名之中六十餘人：《太平御覽》卷一八七引《後漢書》：「史叔賓者，陳留人也。少有盛名，郭林宗見而告人曰：『牆高基下，雖得必失。』

後果以論議阿枉毀名云。」又，卷四百七引《後漢書》：「王允字子師，同
郡郭林宗一見奇之，日：『王生一日千里，王佐才也。』遂定交。」又，卷
四一四引《郭林宗別傳》日：「茅容，字季偉，陳留人，年四十餘，耕於野。
時與等輩避雨樹下，眾皆夷踞，獨容危坐愈恭。林宗見而奇異，與共言，
因請寓宿。且日容殺雞為饌，林宗謂為己設，既而以供其母，自以菜蔬與
客同飯，林宗起拜之日：『卿賢乎哉！』因勸令學，卒以成德。」又，卷七
五七引《郭林宗別傳》日：「鉅鹿孟敏，客居太原，墮甑不顧。林宗見而問
之，對日：『甑已破矣，視之無益。』林宗勸使學，果為美士。」

〔13〕生芻：活草。　頓：安置，安放。　太廬：謂祭祀靈堂。

〔14〕南州高士：謂德高望重、才識優異的人。南州，泛指南方。范曄《後漢
書・徐稚傳》：「及林宗有母憂，稚往弔之，置生芻一束於廬前而去。眾
怪，不知其故。林宗日：『此必南州高士徐孺子也。《詩》不云乎：「生芻
一束，其人如玉。」吾無德以堪之。』」

〔15〕司徒：西周始置。據文獻記載，司徒主管民事。春秋時沿置，西漢哀帝元
壽二年，丞相更名「大司徒」，東漢時改稱「司徒」，為三公之一。　黃瓊，
字世英，江夏安陸人。　趙典：字仲經，蜀郡成都人。桓帝時曾任太常。
范曄《後漢書・趙典傳》：「頃之，轉太僕，遷太常。朝廷每有災異疑議，
輒諮問之。典據經正對，無所曲折。每得賞賜，輒分與諸生之貧者，後以
諫爭違旨，免官就國。」　又，范曄《後漢書・郭太傳》：「司徒黃瓊辟，
太常趙典舉有道，或勸林宗仕進者，對日：『吾夜觀乾象，晝察人事，天之
所廢，不可支也。』遂並不應。」　太常：掌宗廟祭祀、禮樂及文化教育
的官員。秦時日奉常，西漢景帝中元六年（前 144 年）改稱太常，有欲令
國家盛大，社稷常存之意。為漢九卿之首，秩中二千石，常以列侯忠信孝
慎者居之。主要屬官有太常丞、太樂令、太祝令、太宰令、太史令、太卜、
太醫令及博士等官。　有道：漢代選舉科目之一。《太平御覽》卷六一三引
《郭林宗別傳》日：「泰以有道君子徵，同邑宋子俊勸使往，泰遂辭以疾，
闔門教授。」

〔16〕建寧二年：即公元 169 年。建寧，漢靈帝劉宏年號（168 年至 172 年）。范
曄《後漢書・郭太傳》：「明年春，卒於家，時年四十二。四方之士千餘人
皆來會葬，同志者乃共刻石立碑。」

〔17〕介休：即界休，縣名。秦置，治所在今山西介休縣東南，西晉改為介休縣。

〔18〕躬衣不掩：參見注〔3〕。郭泰儀貌魁偉，身長八尺，而生活貧困，以致衣不蔽體。

〔19〕有道之碑：謂郭泰墓碑。范曄《後漢書‧郭太傳》：「蔡邕爲文既，而謂涿郡盧植曰：『吾爲碑銘多矣，皆有慚德，唯郭有道無愧色耳。』」《太平御覽》卷三八八引《郭林宗別傳》曰：「林宗秀立高峙，澹然淵停。蔡伯喈告盧子乾、馬日磾曰：『爲天下作碑銘多矣，未嘗不有慚色，唯郭先生碑頌無愧色耳。』」

【譯文】

　　郭泰，字林宗，是太原郡人。郭泰少年時，侍奉父母，以孝敬而聞名於世。郭泰身高八尺多，家境貧寒，郡縣長官想讓郭泰做官，他感歎說：「大丈夫怎麼能夠爲人執鞭、做瑣屑小事呢！」於是辭別母親，與同縣人宋仲一塊兒來到京城，師從屈伯彥，學習《春秋》，知識淵博，無不通達，又善於品鑒人物，因此聲名著稱於陳、梁之間。有一次郭泰外出，步行遇雨，帽巾的一角折起，眾人仰慕，都特意折起頭巾一角。士人爭相前來追隨郭泰，以致介紹的書信裝滿了車子，郭泰總共從無名之人中知賞而薦舉的有六十多人。因爲母親去世而歸鄉，徐稚前來弔唁，手拿一束青草，放在祭堂門前而離去。郭泰說：「這一定是南方高士徐稚。《詩經》不是說『生芻一束，其人如玉』嗎，我承受不起這個比喻啊。」司徒黃瓊辟舉郭泰爲太常，趙典薦舉有道科，郭泰都不去。郭泰於漢靈帝建寧二年在家中去世。

　　太原郡介休人郭林宗，師從屈伯彥。郭林宗家貧，常常食不裹腹、衣不蔽體。郭林宗夜觀天象、晝察人事，唯願高蹈不仕。蔡邕所撰郭有道碑，揚名史策。

申屠蟠

　　申屠蟠，字子龍，陳留外黃人也〔1〕，少有名節〔2〕。同縣緱氏女玉爲父報仇，外黃令梁配欲論殺玉〔3〕。蟠時年十五，爲諸生，進諫曰：「玉之節義，足以感無恥之孫，激忍辱之子。不遭明時，尚當表旌廬墓〔4〕，況在清聽〔5〕，而不加哀矜！」配善其言，乃爲讞得減死論〔6〕。鄉人稱之。蟠父母卒，哀毀思慕〔7〕，不飲酒食肉十餘年。遂隱居學，治《京氏易》、《嚴氏春秋》、《小戴禮》〔8〕。三業先通〔9〕，因博貫五經，兼明圖緯〔10〕，學無常師。始與濟陰王子居同在太學〔11〕，子居病困，以身託

蟠。蟠即步負其喪，至濟陰，遇司隸從事於河、鞏之間〔12〕，從事義之，爲符傳護送蟠〔13〕，蟠不肯，投傳於地而去。事畢還家。前後凡蒲車特徵〔14〕，皆不就。年七十四，以壽終。

子龍尙節，抗論生枯〔15〕。博經舉贄，殯友浮河〔16〕。

榜標初熾〔17〕，獨歎坑虞〔18〕。巢依梁碭〔19〕，得以安歌。

【注釋】

〔1〕外黃：秦置縣。治所在今河南民權縣西北。秦末劉邦、項羽自雍丘還攻外黃，即此。西漢時，陳留郡都尉治此，唐貞觀六年（632）廢。

〔2〕少有名節：范曄《後漢書・申屠蟠傳》：「申屠蟠，字子龍，陳留外黃人也。九歲喪父，哀毀過禮，服除，不進酒肉十餘年，每忌日，輒三日不食。」《太平御覽》卷九五五引謝承《後漢書》曰：「陳留申屠蟠，恥郡無處士，遂閉門養志，處蓬室，依大桑樹以爲棟梁。」

〔3〕論：判罪，判決。袁宏《後漢紀》卷二五：「同縣大女侯玉爲父報仇，殺夫之從母兄，姑怒執玉送吏。時縣令梁配將斷其獄。」又，范曄《後漢書・申屠蟠傳》：「同郡緱氏女玉爲父報仇，殺夫氏之黨。吏執玉以告外黃令梁配，配欲論殺玉。」

〔4〕表旌：即旌表。表彰。自漢以來，歷代王朝，提倡封建禮教，對「義夫、節婦、孝子、順孫」，常由官府立牌坊，賜匾額，稱爲旌表。

〔5〕清聽：明察善斷。聽，審察，治理。

袁宏《後漢紀》卷二五：「蟠年十五，自精舍詣縣，奏記曰：『伏聞大女侯玉爲父報讎，獄鞫以法，不勝感悼己情，敢陳所聞。昔太原周黨感《春秋》之義，辭師復仇，當時論者猶高其節。況玉女弱，內無同生之謀，外無交遊之助，直推父子之情，手刃莫大之仇，當時聞之，人無勇怯，莫不張膽增氣，輕身重義，攘臂高談，稱羨其美。今聞玉幽執牢檻，罪名已定，皆心低意阻，惆悵悲歎。蟠以玉之節義，歷代未有，足以感無恥之孫，激忍辱之子。若其在昔，尙當旌閭表墓，以顯後嗣；況事在清聽，不加以義！』」

〔6〕讞（yàn）：審判定案。

〔7〕哀毀思慕：哀傷以致損毀形貌，思念仰慕。

范曄《後漢書・申屠蟠傳》：「家貧，傭爲漆工，郭林宗見而奇之。同郡蔡邕深重蟠，及被州辟，乃辭讓之曰：『申屠蟠稟氣玄妙，性敏心通，喪親盡

禮，幾於毀滅。至行美義，人所鮮能；安貧樂潛，味道守眞。不爲燥濕輕
重，不爲窮達易節，方之於邑，以齒則長，以德則賢。』後郡召爲主簿，
不行。」

〔8〕《京氏易》：西漢京房著《京氏易傳》三卷。京房傳焦延壽《易》學，以陰
　　陽五行之說，把自然界的災變現象，附會成人事變化禍福的迹兆，宣揚「天
　　人感應」。漢元帝時立於學官，置博士，成爲漢代《易》學的一大流派。　《嚴
　　氏春秋》：指東漢嚴彭祖所著《嚴氏春秋》。荀悅《前漢紀》卷一九：「（嚴）
　　彭祖有才藝，學《春秋》，明經傳，作注，即名《嚴氏春秋》也。官至左馮
　　翊太子太傅，不求當世，爲儒者宗。」《春秋》學的傳授，在漢代傳授譜系
　　甚明。范曄《後漢書·董鈞傳》：「齊胡母子都傳《公羊春秋》，授東平嬴公，
　　嬴公授東海孟卿，孟卿授魯人睦孟，睦孟授東海嚴彭祖、魯人顏安樂。彭
　　祖爲《春秋嚴氏學》，安樂爲《春秋顏氏學》。又瑕丘江公傳《穀梁春秋》，
　　三家皆立博士，梁太傅賈誼爲《春秋左氏傳訓詁》，授趙人貫公。」　《小
　　戴記》：指西漢戴聖所編定《禮記》，共四十九篇，採自先秦舊籍。有漢鄭
　　玄《注》及唐孔穎達《正義》。以同時戴德別有《記》八十五篇，稱《大戴
　　禮》，此書亦稱《小戴禮》。

〔9〕三業：此處指《京氏易》、《嚴氏春秋》、《小戴禮》。

〔10〕圖緯：圖讖和緯書。《文選·蔡邕〈郭有道碑文〉》：「遂孝覽六位，探綜圖
　　緯。」李喜注：「圖，河圖也；緯，六經及《孝經》皆有緯也。」

〔11〕濟陰：濟陰郡。西漢建元三年（前 138 年）改濟陰國爲郡，治所在定陶縣
　　　（今山東定陶縣西北）。甘露二年（前 52 年）改爲定陶國，後復爲濟陰郡。
　　　袁宏《後漢紀》卷二五：「蟠學無常師，博覽無不通。初在太學，濟陰王子
　　　居病困，臨卒，託蟠致喪。蟠即自負其屍，遂致濟陰。道遇司隸從事，嘉
　　　蟠志義，愍其負重，爲封過所傳，蟠不受，投地而去。」
　　　范曄《後漢書·申屠蟠傳》：「遂隱居精學，博貫五經，兼明圖緯。始與濟
　　　陰王子居同在太學，子居臨歿，以身託蟠。蟠乃躬推輦車，送喪歸鄉里。
　　　遇司隸從事於河、鞏之間，從事義之，爲封傳護送，蟠不肯受，投傳於地
　　　而去。」

〔12〕司隸從事：漢武帝徵和四年（前 80 年）置司隸校尉，掌持節率中都官徒以
　　　捕巫蠱、督京師姦邪。後罷兵去節，專察京師百官非法違法，諸侯、外戚、
　　　三公以下不論尊卑，無所不糾，出則專道而行，入則專席而坐。又兼統畿

輔七郡，如刺史察部之制，省稱司隸。其屬官有都官從事、功曹從事、別駕從事、簿曹從事、兵曹從事及七部郡（國）從事，凡十二員，皆秩百石，時爲泛稱司隸從事。　河鞏：河，黃河。鞏，鞏縣。秦置，治所在今河南鞏縣西南。北齊廢，隋開皇十六年（596 年）復置，移治於今鞏縣東鞏縣老城。

〔13〕符：古代憑證符券、符節、符傳等信物的總稱。《管子・輕重乙》：「令富商蓄百符而一馬，無有者取於公家。」郭沫若等集校引安井衡曰：「符，券也。貸財於人，符券及百者，使之獻馬一匹，無有馬者，買之公家。」《戰國策・秦策三》：「穰侯使者，操王之重，決裂諸侯，剖符於天下，征敵伐國，莫敢不聽。」鮑彪注：「符，信也，謂軍符。漢制，以竹，長六寸，分而相合……《漢文紀》云：『郡國守相爲銅虎符、竹使符。』《索隱》云：『《漢舊儀》，銅虎符發兵，竹使符出入徵發。』」《韓非子・守道》：「爲符，非所以豫尾生也，所以使衆人不相謾也。」《呂氏春秋・上德》：「陽城君令守於國，毀璜爲符，約曰：『符合聽之。』」《東觀漢記・郭丹傳》：「從宛人陳洮買符入函谷關。」　符傳：古代符信之一。用於出入門關。《墨子・號令》：「諸城門若亭，謹候視往來行者符，符傳疑，若無符，皆詣縣廷言，請問其所使。」孫詒讓《間詁》：「《周禮・司關》有『節傳』，鄭注云：『傳，如今移過所文書。』《釋名・釋書契》云：『過所或曰傳。傳，轉也，轉移所求執以爲信也。』崔豹《古今注》云：『凡傳，皆以木爲之，長五寸，書符信於上，又以一板封之，皆封以御史印章，所以爲信也。』」岑仲勉簡注：「即護照或通行證。」

〔14〕蒲車：用蒲草裹著車輪的車子，又稱「安車蒲輪」。古時常用於封禪或迎接賢士。

〔15〕抗論：立論。直言不阿曲。抗，高。漢趙壹《報皇甫規書》：「高可敷玩墳典，起發聖意；下則抗論當世，消弭時災。」《陳書・孫瑒傳》：「時興皇寺朗法師該通釋典，瑒每造講筵，時有抗論，法侶莫不傾心。」　生枯：即枯骨生肉之意，此處謂使之活命。

〔16〕殯：安葬。　浮河：渡過黃河。

〔17〕榜標：謂東漢標榜「黨人」。

〔18〕獨歎坑虞：獨自感歎有坑儒之憂慮。虞，憂慮。
袁宏《後漢紀》卷二二：「申屠蟠嘗遊大學，退而告人曰：『昔戰國之世，

處士橫議，列國之王爭為擁彗先驅，卒有坑儒之禍，今之謂矣。』乃絕迹
於梁、碭之間，居三年而（范）滂及難。」

范曄《後漢書‧申屠蟠傳》：「先是，京師遊士汝南范滂等非訐朝政，自公
卿以下皆折節下之，太學生爭慕其風，以為文學將興，處士復用。蟠獨歎
曰：『昔戰國之世，處士橫議，列國之王，至為擁篲先驅，卒有坑儒燒書之
禍，今之謂矣。』乃絕迹於梁、碭之間。因樹為屋，自同傭人，居二年，
滂等果罹黨錮，或死或刑者數百人，蟠礭然免於疑論。」

〔19〕巢依：謂隱居。　　梁碭：梁縣和碭縣。梁縣，秦置，治所在今河南臨汝縣
西南。碭縣，秦置，治所在今河南夏邑縣東南。

袁宏《後漢紀》卷二五：「初，申屠蟠隱於梁、碭之間，免於黨人之禍，亦
為（何）進所辟，逾年不至。進恨之，欲脅以威刑，使同郡黃忠與蟠書曰：
『大將軍幕府初開，徵辟海內，並延英俊，雖有高名盛德，不獲異遇。至
如先生，特加殊禮，優而不名，設几杖之坐，引領東望，日夜以冀，彌秋
歷冬，經邁二載，深拒以疾，無惠然之顧。重令爰中郎曉暢殷勤，至於再
三，而先生抗志彌高，所執益固。將軍於是憮然失望而有媿色，自以德薄，
深用咎悔。僕竊論之，先生高則有餘，智則不足。當今西戎作亂，師旅在
外，軍國異容，動有刑憲。今潁川荀爽輿病在道，北郡鄭玄北面受署，彼
豈樂羈牽者哉！知時不可佚豫也。且昔人之隱，雖遭其時，猶放聲絕迹，
巢棲茹薇；其不遇也，則裸身大笑，被髮狂歌。今先生處平壤，遊人間，
吟典籍，襲衣裳，行與昔人謬，而欲蹈其迹，擬其事，不亦難乎！僕願先
生優遊俯仰，貴處可否之間。孔氏可師，何必首陽。備託臭味，庶同休戚。
是以假飛書以喻左右。』蟠不答其書，亦無懼色……舉有司，公車徵，諸
所聘禮皆不就。董卓初征天下賢雋，皆起家登宰相。蟠得徵書，時人皆勸
之行，蟠笑而不答。居無何，而王室大亂。」

【譯文】

　　申屠蟠，字子龍，是陳留郡外黃縣人。申屠蟠少年時就有節操。同縣女
子緱玉為父親報仇，外黃縣令梁配準備判處緱玉死刑。當時申屠蟠只有十五
歲，是縣學學生，進諫說：「緱玉為父報仇的氣節正義，足以感動那些無恥之
子孫，激勵那些忍辱負重的子女。如果緱玉沒有遇上盛明的時代，尚且應當
加以旌表；何況現在正值清明善斷，而不加以哀痛和憐憫！」梁配贊同他的

言論，於是判案得以減去死罪。鄉人稱賞申屠蟠的行爲。父母親去世，申屠蟠哀傷思念，守孝而沒有吃肉喝酒達十多年。於是，申屠蟠隱居專心學習，研治京房《周易》，嚴彭祖《春秋》和《小戴禮》。精通這三門學業，於是博學而通曉五經，兼擅圖讖、緯書，做學問不固守一師之論。當初，申屠蟠和濟陰人王子居一塊兒在太學讀書，王子居病重，以後事託付於申屠蟠。申屠蟠便背著王子居遺體徒步趕往濟陰，在鞏縣黃河邊遇到司隸從事，司隸從事讚賞他的義舉，發印信護送申屠蟠，申屠蟠不肯接受，將印信擲在地上而離去。辦完事後回到家中。前後公府多次派蒲車迎接，申屠蟠都沒有去。七十四歲時，申屠蟠以盡天年而去世。

　　申屠蟠崇尚節義，發表高論，使得爲父報仇的奇女子緱玉得以減去死罪，真是枯骨生肉啊！申屠蟠拜師學習，博通經典。申屠蟠親自將友人王子居的遺骸送歸鄉里。當黨人清議初起時，唯獨申屠蟠則慨歎、憂慮禍亂將及。申屠蟠歸隱於梁、碭之間，得以安閒高歌以度餘生。

袁 閎

　　袁閎〔1〕，字夏甫，汝南人也。築室於庭中〔2〕，閉門不見客，旦暮於室中向母禮拜，雖子往亦不得見也。子亦向戶拜而去。首不著巾，身無單衣，足著木履。母死，不列服位〔3〕。公車兩徵，不詣，范滂美而稱之曰：「隱不違親，貞不絕俗〔4〕，可謂至賢矣。」

　　汝南夏甫，杜門深處〔5〕。日朝母氏，揮絕賓侶。

　　科頭自放〔6〕，不閒俗禮〔7〕。長歌《白駒》〔8〕，逍遙桑梓〔9〕。

【注釋】

〔1〕袁閎：字夏甫，太傅袁安之玄孫。

　　袁宏《後漢紀》卷二二：「袁閎，字夏甫，太傅安之玄孫。自安至閎，四世三公，貴傾天下。閎玄靜履貞，不慕榮宦，身安茅茨，妻子御糟糠。父爲彭城太守，喪官，閎兄弟五人，常步行隨柩車，號泣晝夜。從叔逢、隗，並爲公輔，前後贈遺，一無所受。二公忿之，至於州府辟召、州郡禮命，皆不就。」

　　范曄《後漢書·袁閎傳》：「閎，字夏甫，（袁）彭之孫也。少勵操行，苦身

修節。父賀爲彭城相，閎往省謁，變名姓，徒行無旅。既至府門，連日吏
不爲通。會阿母出，見閎，驚入白夫人，乃密呼見，既而辭去，賀遣車送
之。閎稱眩疾，不肯乘，反郡界，無知者。及賀卒郡，閎兄弟迎喪，不受
賻贈。縗絰扶柩，冒犯寒露，體貌枯毀，手足血流，見者莫不傷之。服闋，
累徵聘舉召，皆不應。居處側陋，以耕學爲業，從父逢、隗並貴盛，數饋
之，無所受。」

〔2〕庭中：庭院中。

〔3〕不列服位：不穿孝服，不設祭祀之神位。

〔4〕貞不絕俗：守節義卻能夠不棄絕世俗。范曄《後漢書・郭太傳》：「或問汝
　　南范滂曰：『郭林宗何如人？』滂曰：『隱不違親，貞不絕俗，天子不得臣，
　　諸侯不得友，吾不知其它。』」

〔5〕杜門深處：范曄《後漢書・袁閎傳》：「閎見時方險亂，而家門富盛，常對
　　兄弟歎曰：『吾先公福祚，後世不能以德守之，而競爲驕奢，與亂世爭權，
　　此即晉之三郤矣！』延熹末，黨事將作，閎遂散發絕世，欲投迹深林，以
　　母老不宜遠遁，乃築土室，四周於庭，不爲戶，自牖納飲食而已。旦於室
　　中東向拜母，母思閎時，往就視，母去便自掩閉。兄弟妻子，莫得見也。
　　及母歿，不爲制服設位，時莫能名，或以爲狂生，潛身十八年。黃巾賊起，
　　攻沒郡縣，百姓驚散，閎誦經不移。賊相約語，不入其閭，鄉人就閎避難，
　　皆得全免。年五十七，卒於土室。」

〔6〕科頭：光頭。謂不戴冠帽，裸露頭髻。《戰國策・韓策一》：「秦帶甲百餘萬，
　　車千乘，騎萬匹，虎摯之士，跿跔科頭，貫頤奮戟者，至不可勝計也。」
　　鮑彪注：「科頭，不著兜鍪。」晉葛洪《抱朴子・刺驕》：「或亂項科頭，或
　　裸袒蹲夷……此蓋左衽之所爲，非諸夏之快事也。」《資治通鑑・漢獻帝建
　　安元年》：「（呂）布將河內郝萌夜攻布，布科頭袒衣，走詣都督高順營。」
　　胡三省注：「科頭，不冠露髻也。今江東人猶謂露髻爲科頭。」

〔7〕閑：限制。《左傳・昭公六年》：「是故閑之以義。」

〔8〕白駒：白馬。《詩經・小雅・白駒》：「皎皎白駒，食我場苗。」《毛詩序》
　　謂大夫刺宣王不能用賢而作。《春秋穀梁傳》晉范甯序：「君子之路塞，則
　　《白駒》之詩賦。」《文選・晉曹顏遠〈思友人〉》詩：「感時歌《蟋蟀》，
　　思賢詠《白駒》。」

〔9〕桑梓：《詩經・小雅・小弁》：「惟桑與梓，必恭敬止。」桑與梓爲古代住宅

旁常栽之樹木，東漢以來遂用以喻故鄉。《文選·漢張平子〈南都賦〉》：「永世克孝，懷桑梓焉；真人南巡，敘舊里焉。」

【譯文】

袁閎，字夏甫，是汝南郡人。袁閎在庭院中修建土室，閉門不接待客人，早晚在屋中向母親行跪拜禮，既是兒子前往土室，也無法見到。兒子便朝著門跪拜，而後離去。袁閎頭上不戴幅巾，身上連單衣也未穿，腳上穿著木鞋。母親去世時，袁閎沒有穿孝服，沒有設祭祀之神位。公府兩次徵召，袁閎不去。范滂稱美且贊許說：「隱居而不遠離親人，守節而不脫離社會，可以稱得上是大賢啊！」

汝南袁夏甫閉門隱居不出，每天早晚向母親跪拜問安，棄絕賓客。袁夏甫閒散自在，不戴冠帽，裸露著髮鬢，不受世俗禮法的限制。袁夏甫在黃巾亂起時，高唱著思慕賢人的《白駒》詩，逍遙地在家鄉以度歲月。

姜 肱

姜肱，字伯淮，彭城廣戚人也〔1〕。家世名族，兄弟三人皆孝行著聞。肱年最長，與二弟仲海、季江同被臥，甚相親友〔2〕。及長，各娶，兄弟相愛，不能相離。肱習學五經，兼明星緯〔3〕，弟子自遠方至者三千餘人，聲重於時。凡一舉孝廉，十辟公府，九舉有道、至孝、賢良，公車三徵皆不就。仲、季亦不應徵辟。建寧二年，靈帝詔，徵為犍為太守〔4〕。肱得詔，乃告其友曰：「吾以虛獲實〔5〕，遂籍聲價〔6〕。盛明之世，尚不委質，況今政在私門哉〔7〕！」乃隱身遁命，乘船浮海，使者追之不及。再以玄纁聘，不就。即拜太中大夫〔8〕，又逃不受詔〔9〕，名振於天下。年七十七，卒於家。

伯淮英朗，經通緯治。四海摳衣〔10〕，多齊孔氏。

天使圖形〔11〕，幽房韜被〔12〕。碧海浮浮〔13〕，青州逃世〔14〕。

【注釋】

〔1〕彭城：西漢地節元年（前69）改楚國為彭城郡，治所在彭城縣（今江蘇徐州市）。黃龍元年（前49年）復名楚國。東漢章和二年（88年）改為彭城國。轄境相當今山東微山縣，江蘇徐州市、銅山縣，沛縣東南部、邳縣西

北部及安徽濉溪縣東部。南朝宋永初二年（421年）改爲彭城郡。　廣戚：
西漢置爲侯國，東漢爲廣戚縣，治所在今江蘇沛縣東南廣戚鄉。西晉因之，
東晉廢。縣西北二十里有灌城，相傳爲漢將灌嬰所築。

〔2〕甚相親友：很是相互友愛。范曄《後漢書・姜肱傳》章懷太子李賢注引謝
承《後漢書》曰：「肱性篤孝，事繼母恪勤。母既年少，又嚴厲，肱感《凱
風》之孝，兄弟同被而寢，不入房室，以慰母心也。」

〔3〕星緯：天文星象。亦指以星象占定人事吉凶禍福的方術。緯，讖緯。

〔4〕犍（qián）爲：犍爲郡，西漢建元六年（前135年）置，治所在僰（bó）
道（今重慶宜賓市西南）。昭帝時移治武陽縣（今彭山縣東）。南朝齊復移
治僰道縣，梁廢。隋大業初又改戎州爲犍爲郡。　太守：郡長官名。戰國
時諸國或置郡於邊地，以利攻防，所設長官稱「守」，即以其地爲郡，置守，
掌治其郡。漢初因之，景帝中元二年更名太守，一稱郡守，郡爲王國者則
置內史、相，並秩二千石。范曄《後漢書・百官志》本注云：「凡郡國皆掌
治民，進賢勸功，決訟檢奸。常以春行所主縣，勸民農桑，振救乏絕。秋
冬遣無害吏，案訊諸囚，平其罪法，論課殿最。歲盡遣吏上計，並舉孝廉。」
郡府屬吏皆由太守自闢，權任甚重，故朝廷以太守爲治民的根本，至漢末
常有擅權割據者。後世郡制多承漢制。

〔5〕以虛獲實：因虛浮之聲名而得位尊權重之太守之職。范曄《後漢書・姜肱
傳》：「中常侍曹節等專執朝事，新誅太傅陳蕃、大將軍竇武，欲借寵賢德，
以釋眾望，乃白徵肱爲太守。肱得詔，乃私告其友曰：『吾以虛獲實，遂藉
聲價，明明在上，猶當固其本志。況今政在閹豎，夫何爲哉！』乃隱身遁
命，遠浮海濱。」

〔6〕籍：通「藉」，助，擡高。

〔7〕私門：與「公門」（朝廷）相對，謂權貴之門。

〔8〕太中大夫：亦作「大中大夫」。秦、西漢初位居諸大夫之首，武帝太初元年
（前104年）以後次於當祿大夫，秩比千石，無員額。侍從皇帝左右，掌
顧問應對，參謀議政，奉詔出使，多以寵臣貴戚充任。名義上隸屬郎中令
（光祿勳）。東漢秩比千石，後期權任漸輕。

〔9〕逃不受詔：范曄《後漢書・姜肱傳》章懷太子李賢注引謝承《後漢書》
曰：「靈帝手筆下詔曰：『肱抗凌雲之志，養浩然之氣，以朕德薄，未肯
降志。昔許由不屈，王道爲化；夷齊不橈，周德不虧。州郡以禮優順，
勿失其意。』」

〔10〕摳衣：提裳而行，以示敬謹之意。《禮記・曲禮上》：「摳衣趨隅，必愼唯諾。」此處謂仰慕之意。范曄《後漢書・姜肱傳》章懷太子李賢注引謝承《後漢書》：「肱與季江俱乘車行，適野廬，爲賊所劫，取其衣物，欲殺其兄弟，肱謂盜曰：『弟年幼，父母所憐愍，又未聘娶，願自殺身濟弟。』季江言：『兄年德在前，家之珍寶，國之英俊，乞自受斃，以代兄命。』盜戢刃曰：『二君所謂賢人，吾等不良，妄相侵犯。』棄物而去。肱車中尚有數千錢，盜不見也，使從者追以與之，亦復不受。肱以物經歷盜手，因以付亭吏而去也。」

〔11〕天使圖形：天子派遣使者描繪他的形貌。范曄《後漢書・姜肱傳》：「桓帝乃下彭城，使畫工圖其形狀，肱臥於幽闇，以被韜面，言感眩疾，不欲出風，工竟不得見之。」

〔12〕韜：藏，遮掩。

〔13〕浮浮：盛大的樣子。《詩經・大雅・江漢》：「江漢浮浮，武夫滔滔。」

〔14〕青州：古「九州」之一。《尚書・禹貢》：「海、岱惟青州。」《周禮・職方》：「正東曰青州。」海指今渤海，岱指今山東泰山。《太平御覽》卷七二五引謝承《後漢書》曰：「姜肱，桓帝時再以玄纁聘，不就，即拜太史（當作『中』）大夫。詔書至門，肱使家人對云：『久病就醫。』遂羸服間行，竄伏青州界中，賣卜給衣，召命得斷。家亦不知其處，歷年乃還。」

【譯文】

　　姜肱，字伯淮，是彭城郡廣戚縣人。姜肱家世爲名門望族，弟兄三人都以孝敬而著名。姜肱年齡最長，與兩個弟弟仲海、季江同被而臥，很是友愛。長大後，三人各自娶了妻子，兄弟敬愛，不能分離。姜肱研習五經，兼通天文星象，門下弟子從遠方而來的有三千多人，在當時很有名聲。姜肱總共被一次辟舉爲孝廉，十次被公府徵辟，九次被薦舉爲有道、至孝、賢良，朝廷公車三次徵召，都沒有接受。仲海、季江也不願意響應徵辟。建寧二年（公元 169 年），漢靈帝下詔，徵召姜肱爲犍爲郡太守。姜肱接到詔書後，對朋友說：「我因虛名而得到實職，這是擡高了自己的身價。太平盛世尚且不願意出仕，何況而今國政在權貴私門之中呢！」於是隱居而逃避詔命，乘船泛遊東海，朝廷使沒有追上。朝廷又派使者以玄纁來征聘，姜肱仍然不接受，遂即任命爲太中大夫，又逃遁而不接受詔命，遂名揚天下。七十七歲時，姜肱

在家中去世。

　　姜肱聰明俊秀，博通經書，兼擅星象天文及緯書。姜肱品行高潔，天下仰慕，從學者甚眾，比之於孔子授徒。漢桓帝愛慕姜肱，命畫工描繪其形貌，而姜肱則住在暗室中以被子遮擋面目，不欲使畫工描繪。後來，姜肱隱居逃避徵，遂乘船浮於海上，最後隱居於青州。

管　寧

　　管寧，字幼安，北海朱虛人也〔1〕。靈帝末，以中國方亂，乃與其友邴原涉海〔2〕，依遼東太守公孫度〔3〕，虛館禮之〔4〕。其後中國少安，人多南歸，唯寧不還。黃初中〔5〕，華歆薦寧〔6〕，寧知公孫淵必亂〔7〕，乃因徵辭還。以爲太中大夫〔8〕，固辭不就〔9〕。寧凡徵命十至，輿服四賜。常坐一木榻上，積五十五年，未嘗箕踞，榻上當膝皆穿。常著布裙貉裘〔10〕，唯祠先人乃著舊布單衣〔11〕，加首絮巾。遼東郡國圖形於府殿，號爲賢者。

　　寧也何自，管仲之孫〔12〕。片金弗顧，割席遠歆〔13〕。

　　龍德既顯〔14〕，豹隱是徵〔15〕。甘心玄寞〔16〕，郡閣圖形。

【注釋】

〔1〕北海：漢景帝中元二年（前 148）分齊郡置北海郡，治所在營陵（今山東昌樂東南）。東漢改爲國，移治劇縣（今昌樂西）。魏晉時或爲國或郡，北齊改爲高陽郡。　朱虛：朱虛縣，西漢置。相傳爲帝堯之子丹朱之虛（墟，村落），故名。治所在今山東臨朐東南，南朝宋移治今臨朐縣東，北齊廢。

〔2〕邴原：《三國志・魏書・邴原傳》：「邴原，字根矩，北海朱虛人也。少與管寧俱以操尚稱，州府辟命皆不就。黃巾起，原將家屬入海，住鬱洲山中。時孔融爲北海相，舉原有道。原以黃巾方盛，遂至遼東，與同郡劉政俱有勇略雄氣。」後爲曹操辟爲司空掾，代涼茂爲五官將長史，閉門自守，非公事不出。曹操征吳，邴原從行，卒於道中。《太平御覽》卷四〇七引《魏略》：「華歆，字子魚，平原人。靈帝時與北海邴原、管寧俱游學，三人相善，故時人號三人爲龍。謂原爲龍腹，寧爲龍尾，歆爲龍頭。」

〔3〕遼東：戰國燕置，治所在襄平縣（今遼寧遼陽市老城區）。西晉改爲遼東國，

後復為郡。十六國後燕末地入高句驪。北燕又僑置遼東郡於今遼寧西部，
北魏廢。　公孫度：《三國志·魏書·公孫度傳》：「公孫度，字升濟，本遼
東襄平人也……度為郡吏，時玄菟太守公孫琙子豹年十八歲，早死。度少
時名豹，又與琙子同年，琙見而親愛之，遣就師學，為取妻。後舉有道，
除尚書郎，稍遷冀州刺史，以謠言免。同郡徐榮為董卓中郎將，薦度為遼
東太守。度起玄菟小吏，為遼東郡所輕。先時，屬國公孫昭守襄平令，召
度子康為伍長，度到官收昭，答殺於襄平市，郡中名豪大姓田韶等宿遇無
恩，皆以法誅，所夷滅百餘家，郡中震栗。東伐高句驪，西擊烏丸，威行
海外。」自立為遼東侯、平州牧。

〔4〕虛館以禮之：虛館，即準備賓館，謂誠摯歡迎之意。
　　《三國志·魏書·管寧傳》：「管寧，字幼安，北海朱虛人也。年十六喪父，
　　中表愍其孤貧，咸共贈賵，悉辭不受，稱財以送終。長八尺，美鬚眉。與
　　平原華歆、同縣邴原相友，俱游學於異國，並敬善陳仲弓。天下大亂，聞
　　公孫度令行於海外，遂與原及平原王烈等至於遼東。度虛館以候之。既往
　　見度，乃廬於山谷。時避難者多居郡南，而寧居北，示無遷志，後漸來從
　　之。」裴松之注：「《傅子》曰：寧往見度，語唯經典，不及世事。還，乃
　　因山為廬，鑿壞（即『坏』，土丘）為室。越海避難者，皆來就之而居。旬
　　月而成邑。遂講《詩》《書》，陳俎豆，飾威儀，明禮讓，非學者無見也。
　　由是度安其賢，民化其德。」

〔5〕黃初：三國魏文帝曹丕年號，凡七年（220年～226年）。

〔6〕華歆：《三國志·魏書·華歆傳》：「華歆，字子魚，平原高唐人也。高唐為
　　齊名都，衣冠無不遊行市里。歆為吏，休沐出府，則歸家闔門。議論持平，
　　終不毀傷人。」官至尚書令，後依附曹操，與郤慮同率兵入宮，收殺獻帝
　　伏皇后。曹丕稱帝後，官司徒。魏明帝時，遷太尉，封博平侯。《三國志·
　　魏書·管寧傳》：「黃初四年，詔公卿舉獨行君子，司徒華歆薦寧。文帝即
　　位，徵寧，遂將家屬浮海還郡。公孫恭送之南郊，加贈服物。自寧之東也，
　　度、康、恭前後所資遺，皆受而藏諸。既已西渡，盡封還之。」

〔7〕公孫淵：公孫康之子。《三國志·魏書·管寧傳》裴松之注引《傅子》曰：
　　「是時康又已死，嫡子不立，而立弟恭，恭懦弱，而康孽子淵有儁才。寧
　　曰：『廢嫡立庶，下有異心，亂之所由起也。』乃將家屬乘海即受徵。寧在
　　遼東，積三十七年乃歸，其後淵果襲奪恭位，叛國家而南連吳，僭號稱王，

明帝使相國宣文侯征滅之。遼東之死者以萬計，如寧所籌。」

〔8〕以爲太中大夫：任管寧爲太中大夫。

《三國志・魏書・管寧傳》：「明帝即位，太尉華歆遜位讓寧，遂下詔曰：『太中大夫管寧，耽懷道德，服膺六藝，清虛足以侔古，廉白可以當世。曩遭王道衰缺，浮海遁居，大魏受命，則繦負而至，斯蓋應龍潛升之道，聖賢用舍之義。而黃初以來，徵命屢下，每輒辭疾，拒違不至。豈朝廷之政，與生殊趣，將安樂山林，往而不能反乎！夫以姬公之聖，而耇德不降，則鳴鳥弗聞。以秦穆之賢，猶思詢乎黃髮。況朕寡德，曷能不願聞道於子大夫哉！今以寧爲光祿勳。禮有大倫，君臣之道，不可廢也，望必速至，稱朕意焉。』」

〔9〕固辭不就：堅決推辭而不就聘。

《三國志・魏書・管寧傳》裴松之注：「《傅子》曰：寧上書天子，且以疾辭，曰：『臣聞傅說發夢，以感殷宗；呂尚啓兆，以動周文。以通神之才，悟於聖主，用能匡佐帝業，克成大勳。臣之器朽，實非其人。雖貪清時，釋體蟬蛻。內省頑病，日薄西山，惟陛下聽野人山藪之願，使一老者得盡微命。』書奏，帝親覽焉。」

《世說新語・德行》劉孝標注：「《魏略》曰：寧少恬靜，常笑邴原、華子魚有仕宦意。及歆爲司徒，上書讓寧，寧聞之笑曰：『子魚本欲作老吏，故榮之耳。』」

〔10〕貉裘：用貉皮做成的衣服。此處泛指野獸皮，當爲夷狄之服飾。與下文「舊布單衣」、「絮巾」之中原服飾相對。

〔11〕祠：祭祀。《太平御覽》卷八一九引《管寧別傳》曰：「管寧性至孝，恒布裳貉裘，惟祠著單衣絮巾也。」

〔12〕管仲之孫：管仲，春秋齊潁上人，名夷吾，字仲。初事公子糾，後相齊桓公，主張通貨積財，富國強兵，九合諸侯，一匡天下，使桓公成爲春秋五霸之首。《三國志・魏書・管寧傳》裴松之注：「《傅子》曰：齊相管仲之後也。昔田氏有齊，而管氏去之，或適魯，或適楚。漢興，有管少卿爲燕令，始家朱虛，世有名節，九世而生寧。」

〔13〕割席遠歆：席，坐席。歆，華歆。《世說新語・德行》：「管寧、華歆共園中鋤菜，見地有片金，管揮鋤，與瓦石不異，華捉而擲去之。又嘗同席讀書，有乘軒冕過門者，寧讀如故，歆廢書出看。寧割席分坐，曰：『子非吾友也。』」

〔14〕龍德：潛龍飛升之德，謂曹丕即將稱皇帝。龍，比喻皇帝。《周易‧乾卦》：
「飛龍在天，大人造也。」孔穎達《疏》：「飛龍在天，猶聖人之在王位。」

〔15〕豹隱：比喻隱居伏處，愛惜其身，有所不爲。劉向《列女傳‧陶答子妻》：
「妾聞南山有玄豹，霧雨七日而不下食者，何也？欲以澤其毛而成文章也。
故藏而遠害。犬彘不擇食以肥其身，生而須死耳。」

〔16〕玄默：沉靜無爲。《淮南子‧主術訓》：「君人之道，其猶零星之尸也，儼然
玄默而吉祥受福。」《漢書‧刑法志》：「及孝文即位，躬修玄默，勸趨農桑，
減省租賦。」

【譯文】

　　管寧，字幼安，是北海國朱虛縣人。漢靈帝末年，因爲中原大亂，管寧
與朋友邴原渡海，依附遼東太守公孫度，公孫度很禮貌地接納了他們。後來，
中原地區稍稍安定，許多人紛紛南歸故里，只有管寧不回去。魏文帝黃初年
間，華歆舉薦管寧，管寧知道遼東公孫淵必然會發動叛亂，便借朝廷徵召，
辭別遼東而回到中原。擢拜爲太中大夫，管寧堅決推辭而不接受。管寧總共
接到朝廷十次徵召，四次賞賜車馬衣服。管寧經常坐在一個木榻上，達五十
五年之久，從來沒有隨意伸直腿坐，木榻上膝蓋常跪的地方都被磨穿了。管
寧經常穿著夷狄之人的粗布裙、貉皮衣服，只有在祭祀先人時，才換上中原
的舊布單衣，頭戴絮巾。遼東郡國將管寧的形貌繪畫在府殿牆壁上，稱爲「賢
者」。

　　管寧是何許人呢？他是管仲的後代。管寧鋤茶園見黃金，連看一眼都不
看，割坐席而疏遠不能專心讀書的華歆。曹魏建國，管寧被徵召。管寧甘心
於沉靜無爲而進德修道，遼東郡國懷念管寧而圖畫其形貌於府殿之牆壁。

鄭　玄

　　鄭玄，字康成，北海高密人也〔1〕。八世祖崇〔2〕，漢尙書。玄少好
學〔3〕，長八尺餘，鬚眉美秀〔4〕，姿容甚偉。習《孝經》《論語》〔5〕，兼
通《京氏易》、《公羊春秋》、《三正曆》、《九章算術》、《周官》、《禮記》、
《左氏春秋》〔6〕⑥。大將軍何進辟玄〔7〕，州郡迫脅，不得已而詣。進設
機杖之禮以待玄〔8〕，玄以幅巾見進，一宿而逃去。公府前後十餘辟，
並不就。

康成蕃穎，博極群典。得五馬門，大道是勉。

幾授尊高，盃崇溫儼。八尺之軀，終焉閉斂。

【注釋】

〔1〕高密：秦置縣，治所在今山東高密縣西南。北齊廢，隋開皇中復置，移治
今高密縣東南，隋末廢。唐武德三年（620 年）復置於今高密縣西北，六
年（623 年）又移治今高密縣。

〔2〕八世祖崇：鄭崇。《漢書・鄭崇傳》：「鄭崇，字子游，本高密大族，世與王
家相嫁娶……哀帝擢爲尚書僕射。數求見諫爭，上初納用之，每見曳革履，
上笑曰：『我識鄭尚書履聲。』」後因觸怒哀帝，下獄死。

〔3〕少好學：袁宏《後漢紀》卷二九：「玄，字康成，北海高密人也。爲嗇夫，
隱恤孤苦，閭瑞安之。家貧，雖得休假，常詣校官誦經，太守杜密異之，
爲除吏錄，使得極學。玄之右扶風，事南郡太守馬融。融門徒甚盛，弟子
以次相授，至三年不得見，玄講習彌篤，晝夜不倦。」

〔4〕鬚眉美秀：袁宏《後漢紀》卷二九：「玄身長八尺，秀眉朗目，造次顛沛，
非禮不動。」

〔5〕《孝經》：宣揚孝道和孝治思想的儒家經典。有今文、古文兩本。今文本稱
鄭玄注，分十八章；古文本稱孔字國注，分二十二章。孔注本亡於梁，隋
劉炫僞作孔注傳世。唐開元七年玄宗命諸儒鑒定古今文本，刻石太學。天
寶二年又生注刊行。今之通行《十三經注疏》本，即用唐玄宗注、宋邢昺
疏。

〔6〕《公羊春秋》：也稱《春秋公羊傳》。相傳爲戰國齊人公羊高所著。專門闡
釋《春秋》。最初只有口頭流傳，漢初才成書。漢何休作《解詁》十一卷，
多發明《春秋》微言大義，大張三世（據亂世、昇平世、太平世）之說，
又好引讖緯。有唐徐彥疏。《公羊春秋》是今文，盛行於漢武帝、宣帝之
間，自王莽時古文經大盛，《公羊春秋》漸少人鑽研。清代後期，又興起，
借用《公羊春秋》「微言大義」來說經，議論時政，對當時學術界影響很
大。　　《三正曆》：即《三統曆》。曆法名。漢劉歆就《太初曆》所造，
以解釋《春秋》。以經文於春三月每月書王，爲古之三統，即夏正建寅爲
人統，商正建丑爲地統，周正建子爲天統；故又稱《三正曆》。我國曆法，

完備見於史志者，以此爲最早。　《九章算術》：我國古代數學重要典籍。作者不詳，成書約在公元前三世紀到一世紀之間。漢張蒼、耿壽昌等曾據舊文遺殘刪補。流傳至今的是晉劉徽、唐李淳風注本。九卷。九章算術，就是九類問題的解法，分方田、粟、米、差分、少廣、商功、均輸、方程、贏不足、勾股等九章，共二百四十六則題。內容多數反映秦漢的社會生活，總結了勞動人民的數學知識。書中講的負數概念、最小公倍數和聯立一次方程的解法等，遠早於印度和歐洲。　《周禮》：書名，原名《周官》，也稱《周官經》。西漢末列爲經而屬於禮，故有《周禮》之名。分《天官》、《地官》、《春官》、《夏官》、《秋官》、《冬官》六篇。西漢時，河間獻王得《周官》，缺《冬官》，補以《考工記》。但《周官》與周時制度多不合，今文家以爲王莽時劉歆所僞作。今本四十二卷，漢鄭玄注，唐賈公彥疏。孫詒讓撰《正義》八十六卷，博採眾說，資料繁富，對文字音義，多有訂正。　《禮記》：西漢人戴聖編定，共四十九篇，採自先秦舊籍。有漢鄭玄注及唐孔穎達《正義》。以同時戴德別有《記》八十五篇，稱《大戴禮》，此書說稱《小戴禮》。《隋書‧經籍志》言二戴書皆取自劉向所校一百三十一篇，而戴聖又自戴德八十五篇中刪爲四十六篇。按劉向時代，遠在二戴之後，二戴書同異不一，皆不足信，清代經學家多已證其非。　《左氏春秋》：也稱《春秋左氏傳》、《左傳》，編年體《春秋》史。相傳爲春秋時魯左丘明所撰。記自魯隱公元年至魯悼公四年間二百六十年史事，也保存了一些古代傳說。漢初研究《春秋》的只有《公羊》《穀梁》二家，立於學官。東漢時逐漸通行《左傳》，賈逵、服虔並作訓解。《春秋》、《左傳》原分二書，至晉杜預始以《左傳》附於《春秋》，作《春秋經傳集解》，與《穀梁》范甯注、《公羊》何休注、《左氏》服虔注並立學官。隋時盛行杜預注。唐初編《五經音義》，其中《左傳》取杜預注，孔穎達作《正義》，即今通行的注疏本，與《公羊》《穀梁》合稱《春秋》三傳。

〔7〕大將軍：古代武官名稱。戰國時期楚國始設，漢初因之。武帝以後大將軍地位漸趨尊寵，位在三公之上，得干預朝政。東漢始置名號大將軍。歷代沿用，多置各類大將軍。至北周開始以大將軍爲勳官。　何進：范曄《後漢書‧何進傳》：「何進，字遂高，南陽宛人也。異母女弟選入掖

庭爲貴人，有寵於靈帝，拜進郎中，再遷虎賁中郎將，出爲潁川太守。光和二年，貴人立爲皇后，徵進，入拜侍中、將作大匠、河南尹。中平元年，黃巾賊張角等起，以進爲大將軍，率左右羽林五營士屯都亭，修理器械，以鎭京師。」靈帝崩，何進專權，謀誅宦官，事不諧，爲宦官所殺，遂引起漢末大戰亂。

〔8〕機杖：當爲「几杖」，古人居則憑几，行則攜杖，皆老者所用，常用以表示敬老。亦用以借指老人。幾，几案。《禮記·曲禮上》：「謀於長者，必操几杖以從之。」《史記·淮南衡山列傳》：「元朔三年，上賜淮南王几杖，不朝。」唐杜甫《回棹》詩：「几杖將衰齒，茅茨寄短椽。」

〔9〕一宿而逃去：范曄《後漢書·鄭玄傳》：「靈帝末，黨禁解，大將軍何進聞而辟之，州郡以進，權戚不敢違意，遂迫脅，玄不得已而詣之。進爲設几杖，禮待甚優，玄不受朝服，而以幅巾見，一宿逃去，時年六十，弟子河內趙商等自遠方至者數千。」

〔10〕五馬：漢時太守乘坐的車用五匹馬駕轅，因借指太守的車駕。《玉臺新詠·日出東南隅》：「使君從南來，五馬立踟躕。」五馬門，謂鄭玄居所以太守的品級而開門戶。范曄《後漢書·鄭玄傳》：「國相孔融深敬於玄，屣履造門。告高密縣爲玄特立一鄉，曰：『昔齊置士鄉，越有君子軍，皆異賢之意也。鄭君好學，實懷明德……然則公者，仁德之正號，不必三事大夫也。今鄭君鄉宜曰鄭公鄉。昔東海於公，僅有一節，猶或戒鄉人，侈其門閭，矧乃鄭公之德，而無駟牡之路。可廣開門衢，令容高車，號爲通德門。』」又，《太平御覽》卷一五七引《鄭玄別傳》曰：「國相孔文舉教高密縣曰：『公者，人德之正號，不必三事大夫也。今鄭君鄉，宜曰鄭公鄉。』」

〔11〕盃崇溫儼：盃（bēi），杯。溫儼，溫和莊重。

〔12〕閉斂：謂去世。范曄《後漢書·鄭玄傳》：「時袁紹與曹操相拒於官渡，令其子譚遣使逼玄隨軍，不得已，載病到元城縣，疾篤不進。其年六月卒，年七十四。遺令薄葬，自郡守以下嘗受業者縗絰赴會千餘人。」

【譯文】

鄭玄，字康成，是北海國高密縣人。八世祖先鄭崇，爲漢尙書。鄭玄少年時好學上進，身高八尺多，鬍鬚、眉毛秀美，容貌英偉。鄭玄研治《孝經》、《論語》，也精通《京氏易》、《公羊春秋》、《三正曆》、《九章算術》、《周官》、

《禮記》、《左氏春秋》等書。大將軍何進徵辟鄭玄，州郡長官敦促強迫，不得已，鄭玄只好前往。何進準備好几案、手杖以隆重的禮節迎接鄭玄。鄭玄頭戴普通人的幅巾謁見何進，住了一夜便逃走了。公府前後十多次徵辟，鄭玄都沒有去。

鄭玄很小就非常聰慧，博通群書。以其博學高才，而得以在門前開闢了寬闊的大道，以方便前來學習的人，目的在於勸勉士人努力研習經典。大將軍何進設几杖之禮以尊崇鄭玄，鄭玄溫和而莊重。巍巍儒師，衰極而終。

任　安

任安〔1〕，字定祖。少好學，隱山，不營名利，時人稱安曰「任孔子」。連辟不就。建安中〔2〕，讀《史記·魯連傳》，歎曰：「性以潔白為治，情以得志為樂。性治情得，體道而不憂。彼棄我取，與時而無爭。」遂終身不仕。時人號為「任徵君」云。

定祖儒流，世有贊言〔3〕。披求遷傳〔4〕，感激仲連〔5〕。

性情咸得，出去憂纏。清虛無染，珪組永捐〔6〕。

【注釋】

〔1〕任安：范曄《後漢書·任安傳》：「任安，字定祖，廣漢綿竹人也。少游太學，受孟氏《易》，兼通數經，又從同郡楊厚學圖讖，究極其術，時人稱曰：『欲知仲桓問任安。』又曰：『居今行古任定祖。』學終還家教授，諸生自遠而至。初仕州郡，後太尉再辟，除博士，公車徵，皆稱疾不就。州牧劉焉表薦之。時王塗隔塞，詔命竟不至。年七十九，建安七年卒於家。」

〔2〕建安：漢獻帝劉協年號，凡二十五年（196 年至 220 年）。

〔3〕世有贊言：即范曄《後漢書·任安傳》之「居今行古任定祖」。又，范曄《後漢書·董扶傳》：「蜀丞相諸葛亮問廣漢秦宓，董扶及任安所長，宓曰：『董扶褒秋毫之善，貶纖芥之惡。任安記人之善，忘人之過云。』」

〔4〕遷傳：謂司馬遷《史記》。

〔5〕仲連：魯仲連，亦稱魯連。戰國齊人，喜為人排難解紛。《戰國策·趙策三》、《史記·魯仲連列傳》載其事迹。

《太平御覽》卷五一〇引嵇康《高士傳》：「魯連者，齊人，好奇偉俶儻。嘗遊趙，秦圍邯鄲，連卻秦軍，平原君欲封連，連不受。平原君又置酒，以

千金爲壽，連笑曰：『所貴天下之人，有爲排患釋難而無取也，即有取，是商販之事，不忍爲也。』遂隱居海上，莫知所在。」

〔6〕珪組：玉圭與印綬。引申指爵位、官職。珪，爲帝王諸侯所執的長形玉版，上圓或尖，下方，表示信符。組，寬而薄的絲帶，多用以繫印信或佩玉。《晉書·張軌傳論》：「綰累葉之珪組，賦絕域之琛寶。」《文選·任昉〈王文憲集序〉》：「既襲珪組，對揚王命。」劉良注：「珪，諸侯所執也；組，綬，所以繫印者也。」

【譯文】

　　任安，字定祖。任安少年時喜好學習，隱居山林，不追求利祿功名，當時人稱爲「任孔子」。公府多次徵辟，任安都不接受。漢獻帝建安年間，任安讀《史記·魯仲連列傳》，歎息說：「人性以潔白純正爲最好，人情以得志暢達爲快樂，做到這兩個方面，就會體悟大道而沒有憂慮。他人所遺棄者則正是我所要汲取的，與世俗社會沒有爭執。」於是任安終身隱居而不仕，當時人稱爲「任徵君」。

　　任安乃大儒，當世就有稱讚之言，曰「居今行古任定祖」。任安曾經讀《史記》，而深深爲魯仲連的事跡所激勵，並體會到了「性以潔白爲冶，情以得志爲樂」，能夠體性得情，拋棄了憂患的糾纏，清眞虛靜，拋棄爵祿而終身隱居。

龐　公

　　龐公者〔1〕，南郡襄陽人也〔2〕。居峴山之南〔3〕，未嘗入城府。夫妻相敬如賓。荊州刺史劉表延請〔4〕，不能屈，乃就候之〔5〕，曰：「夫保全一身，孰若保全天下乎？」龐公笑曰：「鴻鵠巢於高林之上〔6〕，暮而得所棲；黿鼉穴於深淵之下〔7〕，夕而得所宿。夫趣舍行止〔8〕，亦人之巢穴也。且各得其棲宿而已，天下非所保也。」因釋耕於壟上〔9〕，而妻子耘於前〔10〕。表指而問曰：「先生苦居畎畝而不肯官祿〔11〕，後世何以遺子孫乎〔12〕？」龐公曰：「世人皆遺之以危，今獨遺之以安。雖所遺不同，未爲無所遺也。」表歎息而去。後遂攜其妻子登鹿門山〔13〕，因採藥不反。

　　龐公眞隱，志淩冰雪。弗慕榮華，自寧巢穴。

　　遺與人殊，身於世絕。茹秀鹿門〔14〕，欣怡雲月。

【注釋】

〔1〕龐公：范曄《後漢書・逸民傳・龐公》全錄此條文字。章懷太子李賢注：「《襄陽記》曰：諸葛孔明每至德公家，獨拜床下。德公初不令止。司馬德操嘗詣德公，值其渡沔，上先人墓，德操徑入其室，呼德公妻子，使速作黍。徐元直向云：『當來就我，與德公談。』其妻子皆羅拜，於堂下奔走共設。須臾，德公還，直入相就，不知何者是客也。德操年小德公十歲，兄事之，呼作龐公，故俗人遂謂龐公是德公名，非也。」《太平御覽》卷八二二引《襄陽耆舊傳》曰：「龐公，襄陽人，居沔水上，至老不入襄陽城。躬自耕耔，其妻相待如賓，休息則整巾端坐，以琴書自娛，覩其貌者肅如也。」

〔2〕南郡：戰國秦昭王二十九年（前 278 年）置，治所在郢（今湖北江陵縣西北紀南城），不久遷治江陵（今湖北江陵縣）。三國吳遷治公安（今湖北公安縣西北）。西晉時又遷治江陵。隋開皇初廢，大業時又曾改荊州爲南郡。　襄陽：襄陽縣，西漢置，治所在今湖北襄陽縣。

〔3〕峴山：又名峴首山。在今湖北襄樊市南，東臨漢水，爲襄樊南面要塞。

〔4〕荊州：古「九州」之一。《尚書・禹貢》：「荊及衡陽惟荊州。」《爾雅・釋地》：「漢南曰荊州。」《周禮・職方》：「正南曰荊州。」荊指荊山，在今湖北南漳縣西；衡指衡山，《漢書・地理志》以爲即今湖南衡山縣西衡山；漢指今長江支流漢水。漢武帝置荊州，爲「十三刺史部」之一。東漢治漢壽縣（今湖南常德市東北），其後屢經遷移，東晉時定治江陵縣（今湖北江陵縣）。唐上元元年（760 年）升爲江陵府。　劉表：字景升（142 年～208 年），東漢山陽高平人，漢宗室魯恭王劉餘之後裔。與范滂、張儉等相交，號稱「八顧」。《三國志・魏書・劉表傳》：「長八尺餘，姿貌甚偉，以大將軍掾爲北軍中侯，靈帝崩，代王叡爲荊州刺史。」據有今湖南、湖北的大部份地區，成爲當時一股較大的割據勢力。劉表病死後，其子劉琮投降曹操。范曄《後漢書》、《三國志》均有傳。

〔5〕候：問候。《漢書・張禹傳》：「上臨候禹。」

〔6〕鴻鵠：鳥名，即天鵝。《管子・戒》：「今夫鴻鵠春北而秋南，而不失其時。」鴻鵠飛得很高，因常用來比喻志氣遠大的人。

〔7〕黿（yuán）：俗稱癩頭黿，即大鱉。　鼉（tuó）：即揚子鰐，又稱鼉龍、豬婆龍。《山海經・中山經》：「岷山，江水出焉，東北流注於海，其中多良龜，多鼉。」郭璞注：「似蜥易，大者長二丈，有鱗彩，皮可以冒鼓。」

〔8〕趣舍：趨向或捨棄。《荀子・修身》：「趣舍無定，謂之無常。」

〔9〕壟：田埂。

〔10〕耘：除去雜草。

〔11〕畎畝：田地；田野。畎，田間小溝。《國語・周語下》：「天所崇之子孫，
　　　或在畎畝，由欲亂民也。」韋昭：「下曰畎，高曰畝。畝，壟也。」《荀子・
　　　成相》：「舉舜畎畝，任之天下身休息。」

〔12〕遺（wèi）：贈送。范曄《後漢書・逸民傳・龐公》章懷太子李賢注：「《襄
　　　陽記》曰：德公子，字山人，亦有令名，娶諸葛孔明姊，爲魏黃門吏部郎。
　　　子渙，晉太康中爲牂牁太守。」

〔13〕鹿門山：舊名蘇嶺山，在湖北襄陽縣境。漢光武帝建武（25～56）年間，
　　　襄陽侯習郁立神廟於山，刻二石鹿，夾神道口，稱鹿門廟，遂以廟名山。

〔14〕茹秀：吃新鮮的芝草。茹，食，吃。秀，穀類作物抽穗開花。引申爲芝
　　　草，仙草。范曄《後漢書・張衡傳〈思玄賦〉》：「冀一年之三秀兮，遵白
　　　露之爲霜。」章懷太子李賢注：「三秀，芝草也。」

【譯文】

　　龐公，是南郡襄陽縣人。龐公居住在峴首山南麓，從未進過城市，夫妻倆人相敬如賓。荊州刺史劉表邀請他，不能使龐公屈就，於是親自前來問候，劉表問：「保全一個人，哪能比得上保全天下呢？」龐公笑著說：「鴻鵠把巢穴修築在高大的樹木上，傍晚飛回來棲息；黿鼉把洞穴修築在深水中，傍晚回去住宿。那麼，趨向或捨棄，行走或停止，這也就是一個人的『巢穴』啊，他們各自得到自己的棲息地罷了，天下不是我能保全的啊！」於是，龐公停止勞作，坐在田埂上，他的妻子在前面繼續除草。劉表指著田地說：「先生如此辛苦地在田地中勞作，而不肯做官得俸祿，那麼給子孫留下什麼遺產呢？」龐公說：「世人都給子孫留下危險，而我現在給他們留下安全。雖然所留的遺產不一樣，但不能說沒有遺產。」劉表搖頭歎息而去。後來，龐公帶著妻子登上鹿門山，靠採藥爲生，再沒有回來。

　　龐公是眞正的隱士，志向比冰雪還高潔。龐公從不羨慕榮華，自己甘心於所選擇的隱居深山的人生道路。他贈送給後代的遺產不同於世俗之人，出世隱居，吃著鹿門山新鮮的芝草，欣賞著美妙的雲和月而怡情悅性。

姜 岐

　　姜岐，字子平，漢陽上邽人也〔1〕。少失父，獨以母兄居。治《書》、《易》、《春秋》，恬居守道，名重西州〔2〕。延熹中〔3〕，沛國橋玄爲漢陽太守〔4〕，召岐，欲以爲功曹〔5〕。岐稱病不就。玄怒，敕督郵尹益收岐〔6〕，若不起者，趣嫁其母后殺岐〔7〕。益爭之，玄怒益，撾之〔8〕。益得杖且諫曰〔9〕：「岐少修孝義，棲遲衡廬〔10〕，鄉里歸仁，名宣州里，實無罪狀。益敢以死守之。」玄怒乃止。岐於是高名逾廣。其母死，喪禮畢，盡讓平水田與兄岑，遂隱居以畜蜂豕爲事，教授者滿於天下，營業者三百餘人。辟州從事，不詣。民從而居之者數千家。後舉賢良，公府辟以爲茂才〔11〕，爲蒲敘令〔12〕，皆不就。以壽終於家。

　　子平幼孤，愈愈守道〔13〕。功曹爰致，託疾以報。

　　守計劫迫，尹郵宣救。牧豕調蜂，天涯嘯傲。

【注釋】

〔1〕漢陽：漢武帝元鼎三年（前 114）置天水郡，王莽曰塡戎，東漢明帝永平十七年（74 年）以天水郡改名，治所在冀縣（今甘肅甘谷縣東）。三國魏仍改名天水郡。　上邽：古縣名。秦以邽縣改置，治所即今甘肅天水市。北魏改名上封縣。隋大業元年（605 年）復改上邽縣。唐開元二十二年（734年）移治今甘肅秦安縣西北漢顯親故城，天寶元年（742 年）復還舊治，大中三年（849 年）又徙治漢顯親故城，後廢。

〔2〕西州：漢、晉時泛指涼州爲西州，相當今甘肅中部和西北部一帶。

〔3〕延熹：東漢桓帝劉志第六個年號（158 年至 166 年）。

〔4〕沛國：當作「梁國」。沛國，西漢高帝改泗水郡置沛郡，治所在相縣（今安徽濉溪縣西北）。東漢改爲沛國。三國魏移治沛縣（今江蘇沛縣）。西晉還舊治，後復爲郡，又移治沛縣。據范曄《後漢書·橋玄傳》：「橋玄，字公祖，梁國睢陽人也。」　梁國：西漢高帝五年（前 202 年）改秦之碭郡置，治所在睢陽縣（今河南商丘縣南）。三國魏改置梁郡，晉改梁國。南朝宋改梁郡，移治下邑縣（今安徽碭山縣）。　橋玄：字公祖，少爲縣功曹。曾任上谷太守、漢陽太守。范曄《後漢書·橋玄傳》：「桓帝末，鮮卑、南匈奴及高句驪嗣子伯固並畔爲寇，鈔四府，舉玄爲度遼將軍，假黃鉞。玄至鎮，休兵養士，然後督諸將守討擊胡虜，及伯固等皆破散退走。在職三年，邊

境安靜。靈帝初，徵入爲河南尹，轉少府大鴻臚。建寧三年，遷司空，轉司徒。」橋玄謙儉下士，有時譽，曾賞識曹操。

〔5〕功曹：即功曹史。王府、郡縣佐吏。秦及漢初縣有主吏，後稱功曹，郡縣並置功曹史，或又有功曹掾。省稱功曹。主選署功勞，職總內外，爲綱紀之任，位居佐吏之首，至有擅郡縣之政，名重一時者。

〔6〕督郵：郡佐吏。漢初郡國守相多以都吏巡行屬縣，中葉以後置督郵掾，或稱督郵書掾、督郵曹掾，簡稱督郵。因其督送郵書之職，遂擴大職權至主督察屬縣、奉宣教令、檢核非違、兼及訊捕稽案諸事。凡屬縣長吏、豪右、親貴的善惡及稱職與否，往往繫於其口，權任甚重，時人稱爲郡佐之極位、守相之耳目，亦頗有擾政虐民者。督郵多分部巡行，例不督本部，事務繁劇之郡至有分爲中東西南北五部督郵。　尹益：人名，事迹不詳。　收：拘捕。

〔7〕趣：趨。范曄《後漢書·橋玄傳》：「郡人上邽姜岐，守道隱居，名聞西州。玄召以爲吏，稱疾不就，玄怒，敕督郵尹益逼致之，曰：『岐若不至，趣嫁其母。』益固爭不能得，遽曉譬岐，岐堅臥不起。郡內士大夫亦競往諫，玄乃止。時頗以爲譏。」

〔8〕撾（zhuā）：打，擊。

〔9〕杖：刑杖，行杖刑的刑具。《隋書·刑法志》：「杖皆用生荊，長六尺。」

〔10〕棲遲：遊息。《詩經·陳風·衡門》：「衡門之下，可以棲遲。」朱熹集傳：「棲遲，遊息也。」晉袁宏《後漢紀·光武帝紀七》：「夫以鄧生之才，參擬王佐之略，損翮弭鱗，棲遲刀筆之間，豈以爲謙，勢誠然也。」元虞集《次韻杜德常博士萬歲山》：「玉幾由來常咫尺，衡門此日遂棲遲。」清劉大櫆《贈方抱之序》：「無亭臺苑囿以爲眺望之資，無梵宇琳宮之閒靚以爲棲遲之地。」　衡廬：衡門小屋，言其簡陋。多指隱者之居。

〔11〕茂才：即秀才，謂才能優異。漢代以後成爲薦舉人員的科目之一。東漢爲避光武帝劉秀名諱，改爲茂才。《漢書·武帝紀》「茂材異等」注：「應劭曰：舊言秀才，避光武諱，稱茂材異等者，超等軼群不與凡同也。」

〔12〕蒲敍：縣名。秦置，治所即今山西永濟縣西南蒲州鎮。西漢改爲蒲反縣，東漢復爲蒲敍縣。隋開皇十六年（596 年）移治蒲州鎮東，大業二年廢，併入河東縣。

〔13〕俞俞：從容自得的樣子。俞，通「愉」。《莊子·天道》：「無爲則俞俞，俞

俞者憂患不能處，年壽長矣。」成玄英疏：「俞俞，從容和樂之貌也。」陸德明釋文：「俞俞，羊朱反。」《廣雅》云：「喜也。又音喻。」

【譯文】

姜岐，字子平，是漢陽郡上邽縣人。姜岐少年時失去了父親，與母親和兄長生活在一起。姜岐研治《尚書》、《周易》和《春秋》，恬靜守道，在西州一帶很有聲望。漢桓帝延熹年間，梁國人橋玄出任漢陽太守，徵召姜岐，準備任命爲功曹，而姜岐聲稱有病，不去應徵。橋玄大怒，命令都郵尹益捉拿姜岐，如果不出任功曹，先將他的母親嫁人，然後殺死姜岐。尹益與橋玄爭辯，橋玄更加生氣，打了尹益。尹益受了刑杖，並且勸阻說：「姜岐少年時就研修孝義之道，居住在簡陋的衡門小屋，鄉里人在他的影響下都講究仁義，姜岐的聲名在州郡亦很有影響，而且確實沒有罪過，我敢以性命作擔保。」橋玄聽了，怒氣始消。姜岐的名聲從此影響更廣了。母親去逝，喪事結束之後，姜岐全部將平整的水田讓給哥哥姜岑，於是隱居，靠養蜂、養豬爲生，他教育的學生遍佈天下，專門從事學業的有三百多人。徵辟爲州從事，姜岐沒有去。百姓追隨姜岐而居住的，有數千戶人家。後來，又辟舉爲賢良，公府徵辟爲茂才，任命爲蒲敘縣令，姜岐都沒有接受。以盡天年而在家中去世。

姜岐幼年父親去世，很愉快地安貧守道。州府欲以功曹之職相聘，姜岐託病而不出仕。漢陽太守橋玄設計脅迫姜岐出仕，督郵尹益宣揚姜岐之德義來救護。最後姜岐隱居，以放豬養蜂爲生，得以自由自在地生活於山野之中。

荀　靖

荀靖，字叔慈，穎川人也〔1〕。少有雋才〔2〕，以孝著名。兄弟八人，號曰八龍〔3〕。闔門悌睦〔4〕，隱身修學，動止合禮。弟爽〔5〕，字慈明，亦以才顯於當時。或問汝南許章曰〔6〕：「爽與靖孰賢？」章曰：「皆玉也。慈明外朗，叔慈內潤。」太尉辟不就。及卒，學士惜之，誄靖者二十六人。穎陰令丘禎追號靖曰「玄行先生」，穎川太守王懷亦謚曰「昭定先生」〔7〕。

八龍矯首〔8〕，里署高陽〔9〕。叔慈撫化，物外遊翔〔10〕。

終身肥遁〔11〕，至寶含章〔12〕。玄昭二謚，永世遺芳。

【注釋】

〔1〕潁川：潁川郡，秦王政十七年（前 230 年）置，治所在陽翟縣（今河南禹縣）。晉移治許昌縣（今河南許昌市東）。范曄《後漢書・荀淑傳》：「荀淑，字季和，潁川潁陰人也。荀卿十一世孫也。少有高行，博學而不好章句，多爲俗儒所非，而州里稱其知人。」潁陰縣，西漢初置，治所在今河南許昌市。漢初灌嬰封潁陰侯，即此。

〔2〕雋：通「俊」。

〔3〕八龍：范曄《後漢書・荀淑傳》：「有子八人：儉、緄、靖、燾、汪、爽、肅、專，並有名稱，時人謂八龍。」

〔4〕悌睦：兄弟友愛和睦。

〔5〕爽：荀爽。范曄《後漢書・荀淑傳》附《荀爽傳》：「爽，字慈明，一名諝，幼而好學，年十二，能通《春秋》、《論語》。太尉杜喬見而稱之曰：『可爲人師。』爽遂耽思經書，慶弔不行，徵命不應。潁川爲之語曰：『荀氏八龍，慈明無雙。』延熹元年，太常趙典舉爽至孝，拜郎中。」「獻帝即位，董卓輔政，復徵之。爽欲遁命，吏持之急，不得去，因復就拜平原相。行至宛陵，復追爲光祿勳，視事三日，進拜司空。爽自被徵命及登臺司九十五日，因從遷都長安。爽見董卓忍暴滋甚，必危社稷，其所辟舉，皆取才略之士，將共圖之。亦與司徒王允及卓長史何顒等爲內謀，會病薨，年六十三。著《禮》、《易傳》、《詩傳》、《尙書正經》、《春秋條例》，又集漢事成敗可爲鑒戒者，謂之《漢語》；又作《公羊問》及《辨讖》，並它所論敘，題爲《新書》，凡百餘篇。今多所亡缺。」

〔6〕許章：汝南人，與范滂相交。

〔7〕謚：古代帝王、貴族、大臣死後依其生前事迹所給予的帶有褒貶意義的稱號。《說文》：「謚，行之迹也。」《禮記・樂記》：「故觀其舞，知其德；聞其謚，知其行也。」此處用作動詞，加給謚號。

〔8〕八龍矯首：八龍，謂荀靖兄弟八人。矯首，舉首。范曄《後漢書・荀淑傳》附《荀爽傳》：「潁川爲之語曰：『荀氏八龍，慈明無雙。』」

〔9〕里署高陽：里，居住之所。范曄《後漢書・荀淑傳》：「初，荀氏舊里名西豪，潁陰令渤海苑康以爲昔高陽氏有才子八人，今荀氏亦有八子，故改其里曰高陽里。」

〔10〕物外：世俗之外。謂超脫於塵世之外。漢張衡《歸田賦》：「苟縱心於物外，

安知榮辱之所如！」《晉書・藝術傳・單道開》：「（道開）後至南海，入羅浮山，獨處茅茨，蕭然物外，年百餘歲，卒於山舍。」唐許玫《題雁塔》詩：「暫放塵心遊物外，六街鐘鼓又催還。」

〔11〕肥逐：隱居避世。《周易・遁卦》：「上九，肥遁，無不利。」孔穎達疏：「《子夏》傳曰：『肥，饒裕也……最在外極，無應於內，心無疑顧，是遁之最優，故曰肥遁。』」

〔12〕至寶含章：至，極；最。至寶，極好的寶石。含章，包孕美質。

【譯文】

荀靖，字叔慈，是潁川郡人。荀靖少年時很傑出，以孝敬聞名於世。荀靖兄弟八人，號稱「八龍」，闔家兄弟友愛和睦，隱居鄉里，潛心研習，言行舉止符合禮制。弟荀爽，字慈明，也以俊才而顯揚於當時。有人問汝南人許章：「荀爽和荀靖哪一個最賢明？」許章說：「都是好玉啊，荀爽才華橫溢，荀靖很有內秀。」太尉辟舉，荀靖沒有去。荀靖去世後，學者們十分惋惜，寫誄文悼念者有二十六人。潁陰縣令丘禎追加荀靖諡號「玄行先生」，潁川太守王懷也追贈諡號「昭定先生」。

荀靖兄弟八人號稱「八龍」，都很傑特，其居住之里名曰「高陽」。荀靖安撫教化百姓，卻又能不為世俗所累，而遊翔於世外。荀靖終身隱居，實在是有著美麗文采的至寶。「玄行先生」和「昭定先生」兩個諡號，使其聲名永世流芳。

胡　昭

胡昭，字孔明，潁川人也。始避地冀州〔1〕，不應袁紹之命〔2〕。武帝亦辟昭〔3〕，昭自陳本志〔4〕。帝曰：「人各有志，出處不同。勉卒高尚〔5〕，義不相屈。」昭乃隱陸渾山中〔6〕，躬耕樂道，以經籍自娛〔7〕。至嘉平初〔8〕，年八十九，卒於家。

胡昭高尚，不事袁曹。陸渾之下，耕誦逍遙。

樂亭相誓〔9〕，由免奔騷。群賢遞薦〔10〕，已入冥寥〔11〕。

【注釋】

〔1〕冀州：古「九州」之一，相當於今山西、河北二省全境、河南黃河以北和

山東西北部、遼寧西南部一帶。漢武帝置冀州，爲「十三刺史部」之一。東漢治所在高邑縣（今河北柏鄉縣北），後移治鄴縣（今河北臨漳縣西南）。

〔2〕袁紹：東漢汝陽人，字本初。自袁安之後，四世三公。紹爲袁逢庶子，出嗣爲伯父成之子。靈帝時，爲佐軍校尉。靈帝死，勸大將軍何進誅宦官，何太后不從，何進密召董卓率兵入京。董卓未至而何進爲宦官所殺。袁紹率兵入宮盡殺宦官，董卓至，議廢立，袁紹不從，出奔冀州。獻帝初平元年，袁紹起兵討伐董卓，各州並推爲盟主。及董卓死，袁紹據河北，破公孫瓚，並其兵眾。獻帝建安七年與曹操大戰於官渡，兵敗，袁紹發病而死。范曄《後漢書》、陳壽《三國志》皆有傳。《三國志・魏書・胡昭傳》：「胡昭始避地冀州，亦辭袁紹之命，遁還鄉里。」

〔3〕武帝：魏武帝曹操。東漢沛國譙人，字孟德，小名阿瞞。年二十舉孝廉，除洛陽北部尉，遷頓丘令。靈帝中平元年，以騎都尉參加鎮壓黃巾起義。遷濟南相，後起兵討董卓，建安元年迎漢獻帝都許，先後擊滅袁術、袁紹、劉表，逐漸統一黃河流域。位至丞相、大將軍，封魏王。子曹丕代漢稱帝，追尊曹操爲太祖武帝。《三國志・魏書・武帝紀》有記載。

〔4〕本志：自己的志向。

〔5〕勉卒：努力完成。《三國志・魏書・胡昭傳》：「太祖爲司空丞相，頻加禮辟。昭往應命，既至，自陳一介野生，無軍國之用，歸誠求去。太祖曰：『人各有志，出處異趣，勉卒雅尚，義不相屈。』昭乃轉居陸渾山中，躬耕樂道，以經籍自娛，閭里敬而愛之。」

〔6〕陸渾山：《大明一統志》卷二九：「陸渾山，在嵩縣東北四十里，一名方山。漢末隱士胡昭隱居於此。隋因山置陸渾縣。又陸渾之山，伊水出焉。」

〔7〕以經籍自娛：《三國志・魏書・管寧傳》裴松之注引《傅子》曰：「胡徵君怡怡無不愛也，雖僕隸，必加禮焉。外同乎俗，內秉純潔，心非其好，王公不能屈，年八十而不倦於書籍者，吾於胡徵君見之矣。」

〔8〕嘉平：三國魏齊王曹芳年號，凡六年（249年～254年）。《三國志・魏書・胡昭傳》：「至嘉平二年，公車特徵，會卒，年八十九。」

〔9〕樂亭：長樂亭，在今河北冀縣境內。《三國志・魏書・胡昭傳》：「建安二十三年，陸渾長張固被書調丁夫，當給漢中，百姓惡憚遠役，並懷擾擾。民孫狼等因興兵殺縣主簿，作爲叛亂，縣邑殘破，固率將十餘吏卒依昭住止，招集遺民，安復社稷。狼等遂南附關羽，羽授印給兵，還爲賊寇，到陸渾

南長樂亭，自相約誓言：『胡居士賢者也，一不得犯其部落。』一川賴昭，咸無怵惕。」

〔10〕群賢遞薦：遞薦，交相薦舉。《三國志・魏書・胡昭傳》：「正始中，驃騎將軍趙儼、尚書黃休、郭彝、散騎常侍荀顗、鍾毓、太僕庾嶷、弘農太守何楨等遞薦昭曰：『天眞高潔，老而彌篤。玄虛靜素，有夷、皓之節。宜蒙徵命，以勵風俗。』」

〔11〕冥寥：幽深空曠。

【譯文】

胡昭，字孔明，是潁川郡人。胡昭當初因逃避戰亂而居住在冀州，沒有接受袁紹徵召之命。魏武帝曹操也徵辟胡昭，胡昭親自向魏武帝陳述了自己的志向。魏武帝曹操說：「人各有志，選擇出仕或隱居各不相同。努力完成你隱居的高尚行爲，決不強求出仕。」胡昭於是隱居在陸渾山，親自耕作而安貧樂道，以閱讀經書而自得其樂。齊王曹芳嘉平初年，胡昭八十九歲，去世於家中。

胡昭品行高尚，不降志屈節以事從袁紹、曹操。隱居於陸渾山下，躬耕田地、誦讀詩書，實在是逍遙自在。建安二十三年在陸渾長樂亭，寇亂賊眾相約「胡昭乃賢者，一概不得侵犯其部落」，因此而避免了奔波騷亂。後來群賢競相舉薦時，胡昭已經去世了。

焦　先

焦先，字孝然，世莫知其所出也〔1〕，或言生漢末。及魏受禪〔2〕，常結草爲廬於河之湄〔3〕，獨止其中。冬夏袒不著衣，臥不設席，又無蓐〔4〕，以身親土，其體垢汗皆如泥滓〔5〕。不行人間，或數日一食。行不由邪徑，目不與女子迕視〔6〕。口未嘗言，雖有警急，不與人語〔7〕。後野火燒其廬，先因露寢。遭冬雪大至，先袒臥不移，人以爲死，就視如故。後百餘歲卒。

孝然奇士，少避白波〔8〕。食草啜水，露寓於河。

色姝翳體〔9〕，伐國謬歌〔10〕。飢寒待盡，風節高峨〔11〕。

【注釋】

〔1〕世莫知其所出：《三國志・魏書・管寧傳》裴松之注：「時有隱者焦先，河東人也。」

〔2〕魏受禪：漢獻帝建安二十五年（220年）曹丕代漢稱皇帝，建立曹魏政權，年號爲黃初。

〔3〕常：通「嘗」，曾經。《三國志・魏書・管寧傳》裴松之注引《魏略》曰：「至（建安）十六年，關中亂，（焦）先失家屬，獨竄於河渚間，食草飲水，無衣履……然其行不踐邪徑，必循阡陌；及其捃拾，不取大穗，饑不苟食，寒不苟衣，結草以爲裳，科頭徒跣。每出，見婦人則隱蔽，須去乃出。自作一瓜牛廬，淨掃其中，營木爲床，布草蓐其上。至天寒時，構火以自炙，呻吟獨語。饑則出爲人客作，飽食而已，不取其直。」

〔4〕蓐（rù）：陳草復生。引申爲草墊子、草席。《太平御覽》卷七〇八引《魏略》曰：「焦先，字孝然，河東人也。高尚不仕，自作蝸牛廬，淨掃其中，榮木爲床，布褥其上，天寒構火以自炙。」

〔5〕垢污（gòu wù）：黏在身體上的污穢的東西。滓（zǐ）：液體裏面下沉的雜質，引申爲污黑。

〔6〕迕視：對視。迕（wǔ）：相逢；相遇。

〔7〕不與人語：《三國志・魏書・管寧傳》裴松之注引《魏略》曰：「又出於道中，邂逅與人相遇，輒下道藏匿。或問其故，常言『草茅之人，與狐兔同群』，不肯妄語。」

〔8〕白波：山谷名。在今山西曲沃縣侯馬鎮北。東漢靈帝劉宏中平五年（188年）二月，黃巾餘部郭泰等在此起義，舊史誣稱爲「白波賊」。事見范曄《後漢書・獻帝紀》及同書《董卓傳》。

〔9〕色姝：謂女子。姝，貌美，引申爲名詞，美女。　翳體：掩藏身體。

〔10〕伐國謬歌：謂曹操攻伐孫權、劉備時，焦先所唱歌謠。謬，有意謬誤，裝假。《三國志・魏書・管寧傳》裴松之注引《魏略》曰：「其明年，大發卒將伐吳。有竊問先：『今討吳何如？』先不肯應。而謬歌曰：『祝䃼祝䃼，非魚非肉，更相追逐，本心爲當殺牂羊，更殺其殽雒邪！』郡人不知其謂。會諸軍敗，好事者乃推其意，疑牂羊謂吳，殽雒謂魏，於是後人僉謂之隱者也。」

〔11〕高峨：巍峨，高高在上。

【譯文】

焦先，字孝然，人們不知他從何而來，有人說他生於漢朝末年。曹魏建立後，焦先在黃河之濱搭起茅草屋，一個人居住其中。不論是隆冬還是盛夏，袒露全身，不穿衣服，睡臥不鋪席子，又沒有草墊，以身體貼臥於土地，身上的汗水垢污如同泥滓一樣。焦先不與人世來往，有時幾天才吃一頓飯，只走大道而不走邪僻之路，眼睛也不和女子對視，從來不開口講話，即使有緊急事情，也不和人說話。後來，野火燒了他的茅草房，焦先便露天而眠。冬天逢大雪，焦先裸露著身子睡在雪地一動不動，人們以為他已經死去，走近看看，還活著。後來，焦先活到一百多歲才去世。

焦先乃奇異之人，少年時規避白波之亂，隱居於黃河之濱，食草飲水，露天而眠。焦先遇見女子則隱蔽自身，必須等女子走後才出來。當魏伐吳時，焦先唱謬歌，結果似乎一一應驗了。焦先遭受飢寒，似乎快要凍餓而死了，他的風節巍峨，讓人欽佩。

佚　文

（一）

老子爲周柱下史，及周衰，乃以官隱，爲周守藏室史，積八十餘年。好無名接〔1〕，而世莫知其眞人也。（《水經注》卷一七）

【注釋】

〔1〕無名接：謂藏眞守拙，以無名而與世人交往。

【譯文】

老子爲周朝的柱下史，到周朝衰弱時，就以任小官吏來隱居，作了周朝的守藏室史，前後達八十多年。喜歡藏眞守拙，以無名而與世人交往，而世人卻沒有人瞭解老子是得道眞人。

（二）

亥唐者〔1〕，晉人也。晉平公時〔2〕，朝多賢臣，祁奚、趙武、師曠、叔向皆爲卿大夫〔3〕，名顯諸侯。唐獨善不官〔4〕，隱於窮巷。平公聞其賢，致禮與相見而請事焉。平公待於門，唐曰：「入！」公乃入。唐曰：「坐！」公乃坐。唐曰：「食！」公乃食。唐之食公也，雖蔬食菜羹，公不敢不飽。（《太平御覽》卷四七四）

【注釋】

〔1〕亥唐：《太平御覽》卷五〇九引嵇康《高士傳》：「亥唐，晉人也。高恪寡素，

晉國憚之。雖蔬食菜羹，平公每爲之欣飽。公與亥唐坐，有間，亥唐出，叔向入，平公伸一足曰：『吾向時與亥子坐，腓痛足痹，不敢伸。』叔向勃然作色不悅。公曰：『子欲貴乎？吾爵子；子欲富乎？吾祿子。夫亥先生乃無欲也，吾非正坐，無以養之，子何不悅哉？』」

〔2〕晉平公：名成，晉共公少子，在位四十四年。

〔3〕祁奚：春秋時晉人。晉悼公時爲中軍尉，年老請退；悼公問可代者，初舉其仇解狐，將任之而解狐死；又問，薦舉其子祁午，衆人稱讚所舉得人，因有「外舉不隱仇，內舉不隱子」之稱。見《左傳》襄公三年、《國語・晉語七》。　趙武：即趙氏孤兒，趙朔之子，復興趙氏。晉平公十二年，趙武爲正卿，《史記・趙世家》：「十三年，吳延陵季子使於晉，曰：『晉國之政，卒歸於趙武子、韓宣子、魏獻子之後矣。』趙武死，謚爲文子。」　師曠：春秋晉樂師，字子野。生而目盲，善辨聲樂。《孟子・離婁上》：「師曠之聰，不以六律，不能正五音。」其事迹散見於《逸周書・太子晉》、《左傳》襄公十四年、《國語・晉語八》。　叔向：春秋晉大夫羊舌肸（xī），字叔向。後以其字爲姓。

〔4〕獨善：獨善其身。

【譯文】

亥唐是晉國人。晉平公時，朝廷多有賢臣，如祁奚、趙武、師曠、叔向等都爲卿大夫，聲名顯赫於諸侯之間。只有亥唐獨善其身而不出仕，隱居於幽僻的小巷。晉平公聞知他的賢明，奉獻厚禮而請與亥唐見面，要有所請教。晉平公在亥唐門外等候，亥唐說：「進來。」晉平公才進入。亥唐說：「坐下。」晉平公才坐下。亥唐說：「吃飯。」晉平公就吃飯。亥唐招待晉平公，雖然是蔬菜和菜羹，晉平公不敢不吃飽。

（三）

趙惠文王好劍士〔1〕，夾門而客三千人〔2〕。太子悝患之，募有能止王者，與千金〔3〕，左右曰：「莊子必能。」太子使人奉周〔4〕，周見王曰：「臣有三劍，唯所用焉：天子之劍，賓諸侯，正天下；諸侯之劍，如雷霆之威震，四封之內〔5〕，無不賓服；庶人之劍，上絕頸領，下脫肺肝，而此無異於鬥雞，而爭一旦之命也。今大王有天子之位，

而好庶人之業，臣竊爲大王薄之。」王不出宮三月，劍客皆伏〔6〕。（《太平御覽》卷四六四）

【注釋】

〔1〕趙惠文王：名何，趙武靈王之子，武靈王二十七年傳位於何，是爲惠文王。勵精圖治，任用廉頗、樂毅，使趙國強盛。在位三十三年。

〔2〕夾門：謂門兩側。夾，在兩邊，分列兩邊。

〔3〕與：賞賜。

〔4〕奉：進獻禮物。

〔5〕四封：四境。封，邊界。《管子・戒》：「如此而近有德，而遠有色，則四封之內，視君其猶父母邪。」

〔6〕伏：潛伏。此處謂四散消失。

【譯文】

趙惠文王喜好劍士，分列門兩邊的劍客有三千人。太子悝很是擔憂，招募有能力勸阻趙惠文王的人，賞賜千金。手下人說：「莊子一定有這個能力。」太子悝派人邀請莊子。莊子見趙惠文王說：「我有三柄劍，願意讓您使用：天子之劍，使諸侯臣服，糾正天下不良之事；諸侯之劍，如同雷霆震怒一樣，侯國之內，沒有不敢臣服的；平民之劍，用來砍殺腦袋，剖開肺肝而已，而這和鬥雞的遊戲沒有什麼兩樣，只是爭奪一時之性命而已。現在大王您有天子之尊位，而喜好平民之作爲，我私意有點看不起大王了。」因此，趙惠文王三個月不出宮門，門下劍客皆悄悄地溜走了。

（四）

黔婁先生者〔1〕，齊人也。修清節，不求進於諸侯。及終，曾參與門人來弔〔2〕，曾參曰：「先生終，何以爲謚？」妻曰：「以康爲謚〔3〕。」曾子曰：「先生存時，食不充膚，衣不蓋形，死則手足不斂，傍無酒肉，生不得其美，死不得其榮，何樂於此而謚爲康哉？」妻曰：「昔先生，君嘗欲授之國相，辭而不爲，是所以有餘貴也；君嘗賜之粟三十鍾，先生辭不受，是其有餘富也。彼先生者，甘天下之淡味，安天下之卑位，不戚戚於貧賤，不遑遑於富貴，求仁而得仁，求義而得義，其謚爲康，

不亦宜乎！」(《文選》李善注卷五四、劉孝標《辯命論》卷五七、顏延年《陶徵士誄》注引皇甫謐《高士傳》。)

【注釋】

〔1〕黔婁先生：《文選》卷二九張景陽《雜詩十首》李善注引皇甫謐《高士傳》曰：「黔婁先生者，齊人也。修清節，不求進。」又同書卷五四劉孝標《辨命論》注：「皇甫謐《高士傳》曰：黔婁先生，修清節，不求進於諸侯。」

〔2〕曾參：即曾子，公元前505年至前435年。春秋魯南城人，名參，字子輿。孔子弟子。事迹散見於《論語》各篇及《史記‧仲尼弟子列傳》。《文選注》卷五四劉孝標《辨命論》李善注：「皇甫謐《高士傳》曰：及終，曾參來弔，曰：『何以爲諡？』妻曰：『以康爲諡。』曾子曰：『先生有時食不充虛，衣不蓋形，死則手足不斂，傍無酒肉，何樂於此而諡爲康哉？』」又，同書卷五七顏延年《陶徵士誄》注：「皇甫謐《高士傳》曰：黔婁先生死，曾參與門人來弔。曾參曰：『先生終，何以爲諡？』妻曰：『以康爲諡。』曾子曰：『先生存時，食不充膚，衣不蓋形，死則手足不斂，傍無酒肉，生不得其美，死不得其榮，何樂於此而諡爲康哉？』妻曰：『昔先生，君嘗欲授之國相，辭而不爲，是所以有餘貴也；君嘗賜之粟三十鍾，先生辭不受，是其有餘富也。彼先生者，甘天下之淡味，安天下之卑位，不戚戚於貧賤，不遑遑於富貴，求仁而得仁，求義而得義，其諡爲康，不亦宜乎！』」

〔3〕康：安樂，豐盛。

【譯文】

　　黔婁先生是齊國人，修養清虛的節操，不在諸侯間求仕進。黔婁先生去世後，曾參和門人弟子來弔唁。曾參說：「黔婁先生去世了，給予什麼諡號呢？」黔婁先生的妻子說：「以『康』作爲先生的諡號。」曾參說：「黔婁先生活著的時候，食不裹腹，衣不蔽體；死後衣服都不能將手腳遮蓋住，旁邊連供奉的酒肉都沒有。活著時沒有得到富足的生活享受，死了之後又沒有得到應有的榮光，爲什麼津津樂道於此而以『康』爲諡呢？」黔婁先生的妻子說：「黔婁先生活著的時候，齊王曾經想拜他爲國相，先生辭卻而不作，這是因爲有比國相之尊位還更高貴者；齊王曾經賞賜給先生三十鍾（鍾，量器，六石四斗爲一鍾）的粟，先生辭而受，這是因爲有比三十鍾財物更多的富裕。

黔婁先生甘心於天下之淡泊，安心於天下之卑下之位，不急匆匆地追求所謂富貴，能夠求仁而得仁，求義而得義。贈予『康』的諡號，難道不也是應該的嗎？」

（五）

　　陳仲子，字子終，齊人。兄戴，相齊，食祿萬鍾。仲子以兄祿爲不義，乃適楚，居於陵。曾乏糧三日，匍匐而食井李之實，三咽而後能視。身自織屨，令妻辟纑〔1〕，以易衣食。嘗歸省母，有饋其兄生鵝者，仲子嚬顣曰〔2〕：「惡且此鶂鶂爲哉！」後母殺鵝，仲子不知而食之，兄自外入，曰：「鶂鶂肉耶！」仲子出門，哇而吐之。楚王聞其名，聘以爲相，乃夫婦逃去，爲人灌園。（《世說新語‧豪爽》劉孝標注。）

【注釋】

〔1〕辟纑：辟（bì），析，剝。纑（lú），練麻，即漂洗生麻。

〔2〕嚬顣：皺著眉頭。《孟子‧滕文公下》：「仲子，齊之世家也；兄戴，蓋祿萬鍾；以兄之祿爲不義之祿而不食也，以兄之室爲不義之室而不居也，避兄離母，處於於陵。他日歸，則有饋其兄生鵝者，已頻顣曰：『惡用是鶂鶂者爲哉？』他日，其母殺是鵝也，與之食之。其兄自外至，曰：『是鶂鶂之肉也！』出而哇之。以母則不食，以妻則食之；以兄之室則弗居，以於陵則居之，是尚爲能充其類也乎？若仲子者，蚓而後充其操者也。」

【譯文】

　　陳仲子字子終，齊國人。他的兄長陳戴，做齊國國相，俸祿有萬鍾之多。陳仲子認爲兄長陳戴的俸祿是不義之財，於是前往楚國，居住在於陵。曾經缺少糧食，三日未吃飯，爬過去吃井邊李樹上墜落的李子，吃了三口後，眼睛才能看見東西。陳仲子親自織鞋，讓妻子剝麻線，以此來換取衣食。曾經歸家看望母親，有人贈送給他哥哥陳戴一隻活鵝，陳仲子皺著眉頭說：「哪裏用得著這嘎嘎叫的東西呢？」其後，母親就殺了鵝，陳仲子不知情而吃了鵝肉，陳戴從外面回來，說：「這就是呀呀叫的鵝肉呀！」陳仲子出門，哇哇地將吃下去的鵝肉吐了出來。楚王聞知陳仲子的賢明，禮聘陳仲子爲國相，陳仲子夫婦逃避而去，隱居爲人澆灌菜園。

（六）

毛公、薛公，皆趙人也。遭戰國之亂，二人俱以處士隱於邯鄲市〔1〕。毛公隱爲博徒〔2〕，薛公隱於賣膠。（《太平御覽》卷八二八）

【注釋】

〔1〕邯鄲：春秋時晉地，戰國趙國都城，在今河北邯鄲市西南。秦置縣，漢因之。東魏天平初廢。隋開皇六年（586 年）改易陽縣復置，移治今邯鄲市。

〔2〕博徒：賭徒。《史記·魏公子列傳》：「今吾聞之，乃妄從博徒賣漿者遊，公子妄人耳。」唐白居易《悲哉行》：「朝從博徒飲，暮有倡樓期。」元辛文房《唐才子傳·高適》：「適字達夫，一字仲武，滄州人。少性拓落，不拘小節，恥預常科，隱跡博徒，才名便遠。」

【譯文】

毛公和薛公，都是趙國人。遭逢戰國之亂，二人皆以處士的身份隱居於邯鄲市井。毛公以賭徒的身份隱居，薛公以賣膠者的身份隱居。

（七）

東郭先生者，與其友梁石君俱修道，隱居不仕。曹參爲齊相〔1〕，尊禮士。范陽人蒯通爲參客〔2〕，入見參曰：「婦人有夫死三日嫁者，有幽居守寡不出門者，足下即欲求婦，何取？」參曰：「取不嫁者。」通曰：「然則求臣亦由是也。彼東郭先生、梁石君，齊之雋士也〔3〕，今隱，未嘗卑節下意以求仕〔4〕。願足下禮之也。」參遂致禮聘，二人亦終不仕。齊人美焉。（《太平御覽》卷五〇七）

【注釋】

〔1〕曹參爲齊相：《漢書·蒯通傳》：「至齊悼惠王時，曹參爲相，禮下賢人，請（蒯）通爲客。初，齊王田榮怨項羽，謀舉兵畔之，劫齊士，不與者死。齊處士東郭先生、梁石君在劫中，強從。及田榮敗，二人醜之，相與入深山隱居。客謂通曰：『先生之於曹相國，拾遺舉過，顯賢進能，齊國莫若先生者。先生知梁石君、東郭先生世俗所不及，何不進之于相國乎？』通曰：『諾。臣之里婦，與里之諸母相善也。里婦夜亡肉，姑以爲盜，怒而逐之。婦晨去，過所善諸母，語以事而謝之。里母曰：「女安行，我今令而家追女

矣。』即束縕請火於亡肉家，曰：『昨暮夜，犬得肉，爭鬥相殺，請火治之。』亡肉家遽追呼其婦。故里母非談說之士也，束縕乞火非還婦之道也，然物有相感，事有適可。臣請乞火於曹相國。』乃見相國曰：『婦人有夫死三日而嫁者，有幽居守寡不出門者，足下即欲求婦，何取？』曰：『取不嫁者。』通曰：『然則求臣亦猶是也。彼東郭先生、梁石君，齊之俊士也。隱居不嫁，未嘗卑節下意以求仕也。願足下使人禮之。』曹相國曰：『敬受命。』皆以爲上賓。」

〔2〕蒯通：西漢范陽人，本名徹，以避武帝劉徹諱，故《史記》《漢書》作「通」。楚漢時以善辯著名，有權變，武臣（武信君）用其策，降燕、趙三十餘城；漢將韓信用其計，遂定齊地。後勸韓信叛漢，韓信不用，乃佯狂遁去。漢高祖欲烹蒯通，以善辯得免。著有《雋永》八十一首，論戰國時說士權變，並自序其說。已佚。《漢書》有傳。

〔3〕雋士：才智出眾的人。雋，通「俊」。亦作「俊士」。《荀子・大略》：「天下國有俊士，世有賢人。」《漢書・蒯通傳》：「彼東郭先生、梁石君，齊之俊士也，隱居不嫁，未嘗卑節下意以求仕也。」清唐甄《潛書・養重》：「駱殷二子，蜀之雋士也，吾懷其人久矣。」

〔4〕卑節下意：降低操守，低聲下氣。

【譯文】

　　東郭先生和他的朋友梁石君共同修道，隱居不出仕。曹參爲齊國丞相，尊禮賢士。范陽人蒯通是曹參的門客，謁見曹參，說：「假如有這樣的女人：一個是丈夫死後才三天就要出嫁者，一個是閉門深居矢志守寡不出嫁者，如果您要娶妻，迎娶哪一個呢？」曹參說：「當然要迎娶矢志守寡不出嫁者。」蒯通說：「如果是這樣，那麼尋求臣屬也是這個道理。東郭先生、梁石君是齊國傑特人才，現在隱居，他們未曾降低自己的操守卑辭以求出仕。希望您能夠禮聘他們，請其出仕。」於是曹參以重禮來聘，東郭先生和梁石君卻最終也沒有出仕。齊國人都讚美兩位隱士和曹參。

（八）

　　安丘望之病，弟子公沙都來看之，舉之於庭樹下。安丘曉然有瘳〔1〕，

開目見雙赤李著枯枝，都仰手承李〔2〕，安丘食之，所苦盡除。（《太平御覽》卷七三九）

【注釋】

〔1〕曉然：明白的樣子。《荀子・王制》：「百姓曉然皆知夫爲善於家而取賞於朝也。」

〔2〕承：摘。

【譯文】

安丘望之病重，弟子公沙都前來看望。公沙都把安丘望之抱於庭院中大李樹之下。安丘望之明顯地感到好了一些，睜開雙眼看見在李樹的枯枝上有兩個紅紅的李子，公沙都伸手摘下李子，安丘望之吃下後，身子所有的苦痛全去除了。

（九）

嚴君平既卒〔1〕，蜀人至今稱之。（《史通・因習》。）

【注釋】

〔1〕嚴君平：嚴遵，字君平。

【譯文】

嚴君平去世後，蜀地之人到今天還在稱頌他。

（十）

隱德容身〔1〕，不求名利。避遠亂害，安於賤役。（《史通・浮詞》。）

【注釋】

〔1〕此條指絳父、楚老。劉知幾《史通・浮詞》：「夫詞寡者，出一言而已周；才蕪者，資數句而方浹。案《左傳》稱絳父論甲子，隱言於趙孟；班《書》述楚老哭龔生，莫識其名氏。苟舉斯一事，則觸類可知。至嵇康、皇甫謐撰《高士記》各爲二叟立傳，全採左、班之錄。」浦起龍《史通通釋》曰：「絳父，即絳縣老。見《二體》篇。《漢書・兩龔傳》：兩龔皆楚人也，勝，字君賓；舍，字君倩，世謂之楚兩龔。王莽既篡國，遣使者奉璽書，即拜，

勝不復開口飲食死。有老父來弔哭甚哀，既而曰：『嗟虖，熏以香自燒，膏
以明自銷。』遂趨而出，莫知其誰。按嵇康、皇甫謐作二叟傳，皆採左、
班語也。」《太平御覽》卷二五九引《漢書》：「龔勝，楚人也。哀帝以勝守
右扶風，數月，上知勝非撥煩吏，遷勝光祿卿。」

《太平御覽》卷五一○引嵇康《高士傳》：「龔勝，楚人。王莽時遣使徵聘，
義不事二姓，遂不食而死。有父老來弔，甚哀，既而曰：『嗟乎！薰以香自
燒，膏以明自消。龔先生竟夭天年，非吾徒也。』趨而出終，莫知其誰也。」

【譯文】

絳父、楚老二叟隱於德而容身以安，不追求聲名勢利，避免了禍亂和危
害，安心於做一些低賤的工作。

（十一）

孫期〔1〕，濟陰人。少爲諸生，治《京氏易》、《古文尚書》〔2〕。家
貧，事母至孝，牧豕於大澤中，以奉養焉。遠人往從其學者〔3〕，皆執
經壟畔以追之，里落化其仁讓。黃巾賊起〔4〕，過其里陌，相約「不犯
孫先生舍」。辟舉方正〔5〕，遣吏齎羊酒請期〔6〕，期驅豕入草不顧。司徒
黃琬特闢〔7〕，不就，終於家。（《藝文類聚》卷九四。又《太平御覽》卷
九○三文字稍異。）

【注釋】

〔1〕孫期：《太平御覽》卷九百三引皇甫謐《高士傳》曰：「孫期，字仲彧，濟
陰人。」范曄《後漢書·儒林傳·孫期》作「孫期，字仲彧，濟陰成武人
也。」　濟陰：西漢建元三年（前 138 年）改濟陰國爲濟陰郡，治所在定
陶縣（今山東定陶縣西北）。甘露二年（前 52 年）改爲定陶國，後復爲濟
陰郡。北魏移治左城（今山東曹縣西北）。　成武：縣名，秦置，治所在今
山東成武縣。

〔2〕《古文尚書》：尚，通「上」。《尚書》是現存最早的關於上古時典章文獻的
彙編。古籍中也稱《書》，相傳曾經由孔子編選，儒家列爲經典之一。其中
也保存了商及西周初的一些重要史料。有「今文尚書」和「古文尚書」之
別。漢代伏生傳《尚書》二十九篇，用當時隸書書寫，故稱今《尚書》或
《今文尚書》。漢武帝時在孔子故宅壁中發現《尚書》，比《今文尚書》多

十六篇。因用蝌蚪古文書寫，所以稱《古文尚書》。魏晉時惟秘府有之，至永嘉之亂亡佚。晉元帝時，豫章內史梅賾獻奏上孔安國傳古文《尚書》，比今文多二十五篇。唐孔穎達作疏，即今存《十三經注疏》中的《書經》。對梅賾所獻《古文尚書》二十五篇，宋人開始懷疑，清人閻若璩作《古文尚書疏證》，列舉一百多條證據，證明乃偽作；丁晏著《尚書餘論》，考定為出於三國魏王肅之手。

〔3〕往從：《太平御覽》卷九〇三作「從」。

〔4〕黃巾：東漢末太平道首領張角等於靈帝中平元年發動農民起義，倡言「蒼天已死，黃天當立，歲在甲子，天下大吉」。徒眾達數十萬人，皆以黃巾裹頭，稱為黃巾軍，或稱黃巾。被統治者誣衊為「黃巾賊」。范曄《後漢書·靈帝紀》、同書《皇甫嵩傳》有記載。

〔5〕方正：漢朝選舉科目。始於漢文帝前二年（前 178 年），始詔舉「賢良方正能直言極諫者」，多為舉薦，兩漢因之，多與賢良並稱賢良方正。後成為制科之一，如唐有「賢良方正直言極諫科」，清代有「孝廉方正科」，有舉薦和自薦之別，先薦，後廷試。以德行方正為取士的主要標準。

〔6〕齎（jī）：贈送。　羊酒：羊和酒，饋贈之禮物。《史記·盧綰列傳》：「盧綰新與高祖太上皇相愛，及生男，高祖、盧綰同日生，里中持羊酒賀兩家。」

〔7〕黃琬：字少琰，江夏安陸人，司徒黃瓊之孫。為五官中郎將，與陳蕃友善，坐朋黨，被廢棄幾二十年。後遷青州刺史、侍中，董卓擅權，以黃琬名族，徵為司徒，遷太尉，封陽泉鄉侯。與司徒王允謀誅董卓，為董卓將李傕、郭汜所殺害，時年五十二。事迹見范曄《後漢書·黃琬傳》。

【譯文】

　　孫期，字仲彧，濟陰郡成武縣人。少年時為縣學諸生。研治《京房易》、《古文尚書》。家境貧困，侍奉母親非常孝順，在大野澤中放豬，以奉養母親。遠方前來師從孫期求學之人，皆手執經籍在田壟上追隨孫期請教，村裏皆被他的仁讓所教化了。黃巾軍起義，經過孫期所住村莊的道路，相約「不侵犯孫先生的住處」。朝廷辟舉孫期方正，派遣使者攜帶著羊和酒來征請孫期，而孫期驅趕著豬進入草野，都不回頭看一眼。司徒黃琬特別徵辟孫期，孫期不去，而卒於家中。

（十二）

許劭名知人〔1〕，歷客舍則知虞求賢，入酒肆則拔楚子昭〔2〕。（《太平御覽》卷八二八）

【注釋】

〔1〕許劭：字子將，漢平輿人。常評論鄉里人物，每月更換品題，故汝南俗有「月旦評」。曹操少時曾求為品評，許劭曰：「君清平之奸賊，亂世之英雄。」曹操大悅。司空楊彪辟舉方正敦樸，不就。范曄《後漢書》有傳。

〔2〕虞求賢：當作「虞永賢」。　楚子昭：當作「樊子昭」。《三國志‧魏書‧和洽傳》裴松之注引《汝南先賢傳》曰：「召陵謝子微，高才遠識，見（許）劭年十八時，乃歎息曰：『此則希世出眾之偉人也。』劭始發明樊子昭於鬻幘之肆，出虞永賢於牧豎，召李叔才鄉閭之間，擢郭子瑜鞍馬之吏，援楊孝祖，舉和陽士，茲六賢者，皆當世之令懿也。其餘中流之士，或舉之於淹滯，或顯之於童齒，莫不賴劭顧歎之榮。凡所拔育，顯成令德者不可殫記。」　入酒肆：影宋本《太平御覽》作「人幘肆」，「人」當為「入」之訛。

【譯文】

許劭有善知人的名聲，經過客舍則能夠賞拔虞永賢，進入酒店則賞拔了樊子昭。

（十三）

孔嵩〔1〕，字仲山。辟公府，之京師，道宿下亭，盜共竊其馬，尋問，知是嵩也，乃相責讓曰：「孔仲山善士〔2〕，豈宜侵盜乎？」於是遂以馬還之。（《太平御覽》卷四九九）

【注釋】

〔1〕孔嵩：《太平御覽》卷四○七引謝承《後漢書》曰：「范式為荊州刺史，友人南陽孔嵩貧居親老，乃變名姓，傭於新野縣。縣吏遣嵩為式導騶，式見而識之，呼嵩把臂，謂曰：『子非孔仲山耶？』對之歎息。式勅縣代嵩，嵩以傭未竟，不肯去。」又，《太平御覽》卷四八四引華嶠《後漢書》曰：「范式為荊州刺史，友人南陽孔嵩家貧親老，乃變名姓，傭為新野河里街卒。

式行部到野，而縣選嵩爲導騎迎式。式見而識之，呼嵩把臂，曰：『子非孔仲山耶？』對之歎息，語及平生，曰：『昔與俱曳長裾，遊集帝學，吾蒙國恩，致位牧伯，而子懷道隱身，處於卒伍，不亦惜乎！』嵩曰：『昔侯嬴長守於賤業，晨門肆志於抱關，子居九夷不患其陋。貧者，士之宜，豈爲鄙哉！』式勅縣代嵩，以爲先傭未竟，不肯去。」

惠棟《後漢書補注》卷一九《獨行傳・孔嵩》引嵇康《高士傳贊》：「贊曰：仲山通達，卷舒無方。屈身廝役，挺秀含芳。」

〔2〕孔仲山善士：范曄《後漢書・范式傳》：「嵩在阿里，正身屬行，街中子弟皆服其訓化，遂辟公府，之京師。道宿下亭，盜共竊其馬，尋問，知其嵩也，乃相責讓曰：『孔仲山善士，豈宜侵盜乎！』於是送馬謝之。嵩官至南海太守。」

【譯文】

孔嵩字仲山，被公府徵辟，前往京城，中途住在下亭，盜賊偷走了孔嵩所騎的馬。盜賊一打聽，知道是孔嵩，於是互相指責曰：「孔嵩是一個大好人，哪能盜竊他的東西呢？」於是就將馬還給了孔嵩。

（十四）

寧所居屯落〔1〕，會井汲者，或男女雜錯，或爭井鬥鬩〔2〕。寧患之，乃多買器，分置井傍，汲以待之，又不使知。來者得而怪之，問知寧所爲，乃各相責，不復鬥訟。鄰有牛暴寧田者〔3〕，寧爲牽牛著涼處，自爲飲食，過於牛主。牛主得牛，大慚，若犯嚴刑。是以左右無鬥訟之聲，禮讓移於海表。（《三國志・魏志・管寧傳》裴松之注引《高士傳》）

【注釋】

〔1〕屯落：村落。屯，聚集。

〔2〕鬩（xì）：相爭，爭鬥。《說文》：「鬩，恒訟也。」《詩經・小雅・常棣》：「兄弟鬩於牆，外禦其侮。」

〔3〕暴：損害。

【譯文】

管寧所居住的村落，有一口水井，有時男女雜錯，不識禮法；有時爲打

井水而爭鬥。管寧很憂慮，於是多買了一些盛水器皿，分別放在井的旁邊，打好水以等人來取，又不讓人們知曉。來打水的人感到很奇怪，打聽後才知是管寧所爲，於是互相自責，不再爭鬥訴訟了。鄰居有一頭牛損害了管寧的田苗，管寧將牛牽到蔭涼處，親自照料牛的飲食，超過了牛的主人。牛的主人得到牛後，非常慚愧，好像犯了嚴重的刑事一樣。因此，管寧的身邊再無爭鬥訴訟之聲，禮讓之風氣影響於海外。

（十五）

袁紹屯兵官渡〔1〕，謂玄隨營。不得已，帶病至魏郡元城〔2〕，病篤，卒，葬於劇東〔3〕。後以墓壞，歸葬之礪阜〔4〕，郡守以下縗絰者千餘人〔5〕。（《太平寰宇記》卷二四）

【注釋】

〔1〕官渡：在今河南中牟縣東北，臨古官渡水。東漢建安五年（200 年）曹操與袁紹「官渡之戰」，即此。

〔2〕魏郡：西漢高帝十二年（前 195 年）置，治所在鄴縣（今河北臨漳西南鄴鎮）。北周大象二年（580 年）移治安陽縣（今河南安陽市）。隋開皇初廢，大業初復置。唐武德初改名相州。　元城：縣名，西漢置，治所在今河北大名縣東。

〔3〕劇：劇縣，西漢置，治所在今山東壽光縣南紀臺村。東漢廢，改劇侯國爲劇縣，治所在今山東昌樂縣西。

〔4〕礪阜：即礪阜山。《大清一統志》卷一三四：「礪阜山，在安邱縣東五十里，接萊州府高密縣界。《水經注》：『濰水西有雁阜。』《太平寰宇記》：『高密縣西北有礪阜山。』葢雁、礪字相近而訛也。」

〔5〕縗（cuī）絰（dié）：喪服。此處用作動詞，穿喪服。縗，古時用於服喪的粗麻布條，披於胸前。絰，服喪期戴在頭上或結在腰間的麻帶。

【譯文】

袁紹在官渡駐兵，要求鄭玄隨軍營行動。鄭玄不得已，帶病到魏郡元城縣，病情加重，去世了，遂葬於劇縣東邊。後來，墳墓毀壞，靈柩遷葬於礪阜（在高密城西北五十里），郡太守以下穿孝服送葬者有千餘人。

（十六）

　　初，晉宣帝爲布衣時〔1〕，與昭有舊。同郡周生等謀害帝，昭聞而步陟險，邀生於崤、澠之間〔2〕，止生，生不肯。昭泣與結誠，生感其義，乃止。昭因與斫棗樹共盟而別。昭雖有陰德於帝〔3〕，口終不言，人莫知之。信行著於鄉鄰。建安十六年〔4〕，百姓聞馬超叛〔5〕，避兵入山者千餘家，饑乏，漸相劫略，昭常遜辭以解之〔6〕，是以寇難消息〔7〕，眾咸宗焉。故其所居部落中，三百里無相侵暴者。（《三國志·魏書·管寧傳》附《胡昭傳》裴松之注引《高士傳》曰）

【注釋】

〔1〕晉宣帝：即司馬懿（公元 178 年至 251 年），三國魏河內郡溫縣人，字仲達。《晉書·宣帝紀》曰：「少有奇節，聰朗多大略，博學洽聞，伏膺儒教。漢末大亂，常慨然有憂天下心。」爲曹操父子所重用。曹丕時任大將軍，曹芳即位，他以太傅與丞相曹爽同輔政。嘉平元年，殺曹爽，自爲丞相，獨攬國政。其孫司馬炎代魏稱帝，建立晉朝，追諡爲宣帝。《太平御覽》卷四○三：「《高士傳》曰：『初，晉宣帝布衣時，與胡昭有舊。昭同郡周士等謀欲害帝，昭聞而涉險，邀士於齊（當作崤）、澠之間，止士，不肯，昭泣以示誠，士感義乃止。昭雖有陰德於帝，口終不言。」

〔2〕邀：半路攔截。《莊子·寓言》：「陽子居南之沛，老聃西遊於秦，邀於郊；至於梁，而遇老子。」　崤：崤山。在河南洛寧縣北，西北接陝縣界，東接澠池縣界。山分東西二崤。東崤長阪峻阜，車不得並行。相傳周文王曾避風雨於此。西崤多石板，險絕不異東崤，相傳爲夏帝桀之祖皋墓所在。澠，澠池縣。漢置縣，屬弘農郡。治所在今河南澠池縣。

〔3〕陰德：暗中施德於人。《淮南子·人間訓》：「有陰德者必有陽報，有隱行者必有昭名。」《漢書·于定國傳》：「我治獄多陰德，未嘗有所冤，子孫必有興者。」

〔4〕建安十六年：即公元 211 年。

〔5〕馬超：字孟起（176 年至 222 年），三國右扶風茂陵人。隨父馬騰起兵，後領馬騰部曲。爲曹操所敗，因投張魯，終附劉備。累遷驃騎將軍，領涼州牧。《三國志·蜀書·馬超傳》：建安十六年，「超既統眾，遂與韓遂合從，及楊秋、李堪、成宜等相結進軍至潼關。曹公與遂、超單馬會語，超負其

多力，陰欲突前捉曹公……超果率諸戎以擊隴上郡縣，隴上郡縣皆應之，殺涼州刺史韋康，據冀城，有其眾。超自稱征西將軍，領并州牧，督涼州軍事。」

〔6〕遜辭：謙和之言辭。《晏子春秋・雜上三十》：「不以己之是駁人之非，遜辭以避咎，義也夫。」《漢書・韓王信傳》：「（韓增）爲人寬和自守，以溫顏遜辭承上接下，無所失意。」《資治通鑑・晉海西公太和四年》：「世子令請曰：『今欲保族全身，不失大義，莫若逃之龍城，遜辭謝罪，以待主上之察。』」

〔7〕消息：停止；平息。《後漢書・蔡邕傳》：「又尚方工技之作，鴻都篇賦之文，可且消息，以示惟憂。」《三國志・魏志・胡昭傳》「閭里敬而愛之」裴松之注引晉皇甫謐《高士傳》：「（胡）昭常遜辭以解之，是以寇難消息，眾咸宗焉。」宋歐陽修《答西京王相公書》：「災沴消息，風雨既時，耕種既得，常平之粟既出而民有食。」

【譯文】

當初，晉宣帝司馬懿是一介布衣之時，胡昭和司馬懿就有交情。胡昭同郡人周生想謀害司馬懿，胡昭聽到後步行涉險，在崤山、澠池之間攔截周生，勸阻周生，周生不肯答應。胡昭流著眼淚，願意和周生赤誠結交，周生被胡昭的大義所感動，於是停止了行動。胡昭於是和周生斫砍棗樹，盟誓而別。胡昭雖然對司馬懿暗中施予了恩德，卻從來沒有講過，沒有人知道這一情況。胡昭的信義、行爲在鄉里很有聲名。建安十六年，百姓聽說馬超反叛，逃避兵禍而逃入深山的有一千多家，飢餓，物資匱乏，逐漸地百姓開始搶掠了，胡昭常常以謙和之辭來勸解，於是寇難逐漸平息，大家都聽從胡昭的。因此胡昭所居住的部落，三百里內沒有發生過欺凌、搶掠之事。

（十七）

幽州刺史杜恕嘗過昭所居草廬之中〔1〕，言事論理，辭意謙敬，恕甚重焉。太尉蔣濟辟〔2〕，不就。（《三國志・魏書・管寧傳》附《胡昭傳》裴松之注引《高士傳》）

【注釋】

〔1〕幽州：古「九州」之一，在今河北北部及遼寧一帶。漢武帝置「十三刺史

部」之一，東漢時治所在薊縣（今北京城西南）。　杜恕：《三國志・魏書・杜恕傳》：「恕，字務伯，太和中爲散騎黃門侍郎。」後任幽州刺史，爲人所劾，免爲庶人，時嘉平元年也。　過：過訪，探望。《史記・魏公子列傳》：「臣有客在市屠中，願枉車騎過之。」

〔2〕蔣濟：《三國志・魏書・蔣濟傳》：「蔣濟，字子通，楚國平阿人也。仕郡計吏、州別駕。」後官至太尉。

【譯文】

　　幽州刺史杜恕曾經過訪胡昭所居的草廬，胡昭談事論理，文辭意理都很謙遜敬愼，杜恕很看重胡昭。太尉蔣濟徵辟，胡昭不去。

（十八）

　　世莫知先所出，或言生乎漢末。自陝居大陽〔1〕，無父母兄弟妻子。見漢室衰，乃自絕不言〔2〕。及魏受禪，常結草爲廬於河之湄，獨止其中，冬夏恒不著衣，臥不設席，又無草蓐，以身親土，其體垢污，皆如泥漆，五形盡露〔3〕，不行人間。或數日一食，欲食則爲人賃作，人以衣衣之，乃使限功受直〔4〕，足得一食輒去，人欲多與，終不肯取。亦有數日不食時。行不由邪徑，目不與女子逆視。口未嘗言，雖有驚急，不與人語，遺以食物皆不受。河東太守杜恕嘗以衣服迎見，而不與語。司馬景王聞而使安定太守董經因事過視〔5〕，又不肯語，經以爲大賢。其後野火燒其廬，先因露寢。遭冬雪大至，先袒臥不移，人以爲死，就視如故，不以爲病，人莫能審其意度。年可百歲餘，乃卒。或問皇甫謐曰〔6〕：「焦先何人？」曰：「吾不足以知之也。考之於表，可略而言矣。夫世之所常趣者榮味也，形之所不可釋者衣裳也，身之所不可離者室宅也，口之所不能已者言語也，心之不可絕者親戚也。今焦先棄榮味，釋衣服，離室宅，絕親戚，閉口不言，曠然以天地爲棟宇，闇然合至道之前，出群形之表，入玄寂之幽，一世之人不足以掛其意，四海之廣不能以回其顧，妙乎與夫三皇之先者同矣〔7〕。結繩已來〔8〕，未及其至也，豈群言之所能彷彿〔9〕，常心之所得測量哉！彼行人所不能行，堪人所不能堪，犯寒暑不以傷其性，居曠野不以恐其形，遭驚急不以迫其慮，離榮愛不以累其心，損視聽不以污其耳目，舍足於不損之地，居身於獨

立之處，延年歷百，壽越期頤〔10〕，雖上識不能尙也〔11〕。自義皇已來〔12〕，一人而已矣！」（《三國志・魏書・管寧傳》附《胡昭傳》裴松之注引《高士傳》）

【注釋】

〔1〕陝：陝縣。秦置，治所即今河南三門峽市西舊陝縣。　大陽：大陽縣，西漢置，治所在今山西平陸縣西南平陸城。北周天和二年（567 年）廢。

〔2〕自絕：自動脫離、斷絕原有的關係。《尙書・泰誓下》：「自絕於天，結怨於民。」

〔3〕五形：指頭和四肢。泛指身體。《黃庭內景經・隱藏》：「逸域熙眞養華榮，內盼沉默鍊五形。」《太平御覽》卷六九六引晉裴啓《裴子語林》：「桓宣武性儉，著故褌，上馬不調，褌敗，五形遂露。」

〔4〕限功受直：根據勞作而接受報酬。功，工作，包括農事、勞役、文事、武事等。直，通「值」，報酬。

〔5〕司馬景王：指司馬師。公元 207 年至 255 年，司馬懿長子，字子元。司馬懿死後，司馬師繼任魏大將軍，專國政。魏帝曹芳嘉平六年，司馬師廢曹芳，立高貴鄉公曹髦。次年病死，由其弟司馬昭執政。司馬昭之子司馬炎廢魏，建晉朝，追謚司馬師爲景帝。《晉書》有紀。　安定：安定郡。西漢元鼎三年（前 114 年）置，治所在高平縣（今寧夏固原縣）。東漢移治臨涇縣（今甘肅鎭原縣東南）。西晉移治安定縣（今甘肅涇川縣北涇河北岸）。　董經：事迹不詳。

〔6〕或問皇甫謐曰：此句以下至文末，嚴可均《全晉文》卷七一作《高士傳焦先論》。

〔7〕三皇：皇甫謐《帝王世紀》以爲三皇是伏羲、神農、黃帝。

〔8〕結繩：文字產生之前的一種記事方法。用繩打結，以不同形狀和數量的繩結標記不同事件。《周易・繫辭下》：「上古結繩而治，後世聖人易之以書契。」《周易集解》引《九家易》曰：「古者無文字，其有約誓之事，事大大其繩，事小小其繩，結之多少，隨物眾寡，各執以相考，亦足以相治也。」

〔9〕彷彿：類似，約略的形迹。

〔10〕期頤：稱百歲之人。百年爲生民年數之極，故曰期。此時起居生活待人養護，故曰頤。《禮記・曲禮上》：「百年曰期頤。」

〔11〕尙：上達，超越。

〔12〕羲皇：伏羲氏。曹植《漢二祖優劣論》：「敦睦九族，有唐虞之稱；高尙純樸，有羲皇之素。」皇甫謐《帝王世紀》：「故號曰庖犧氏，是爲犧皇。」

【譯文】

世上沒有人知道焦先是從哪裏來的，有人說焦先生於漢末。從陝縣遷居大陽縣，沒有父母兄弟妻子和子女。焦先看到漢王朝衰微，於是不再講話。到曹魏受漢禪讓，建立魏政權，焦先在黃河邊以茅草建成草廬，獨自居住其中。冬天、夏天常常不穿衣服，睡臥不鋪席子，又沒有草墊，以身體臥躺在土地上，身體污垢就像泥漆一樣，形體全都裸露，不在人世中走動。有時幾天吃一次飯，想吃飯則給別人做傭工，別人給衣服讓其穿上，於是焦先根據勞作而接受報酬，足夠得到一頓飯食則離去，別人想多給一些，焦先終究不肯接受，也有幾天不吃飯的時候。焦先走路只走大道，不走偏僻小路，眼光從不與女子對視。從不講話，即使有驚慌、緊急之事，也不和人講話。贈送食物都不接受。河東太守杜恕曾經以贈送衣服的方式來迎見焦先，焦先卻不與他講話。司馬師聽到後，讓安定太守董經借辦事而順道過訪焦先，焦先仍不肯說話，董經認爲焦先是大賢。後來野火燒了他的茅草屋，焦先於是睡在曠野。到了冬天大雪到來，焦先赤裸躺臥，一動也不動，人們都以爲他死了，到近前看，仍然活著，焦先也不認爲不好，無人能知道焦先的意思。估計年齡約一百多歲才去世。有人問皇甫謐說：「焦先是什麼人？」皇甫謐說：「我沒有能力來瞭解他。考察焦先所表現出來的，大約可以說一說吧。世人常常追逐的是榮耀和滋味，形體所不能脫去的是衣裳，身體所不能離開的是房屋，口所不能離開的是言語，心所不能斷絕的是親人戚友。現在，焦先拋棄榮耀和滋味，脫去衣裳，離開房屋，斷絕親人戚友，閉口而不說話，曠達地以天地作爲他的房屋，悠然地合於大道，出離萬物之表，進入高深寂寞的幽深之處，世上所有的人都不足以讓其掛念，四海之廣大也不能讓其頭看一下，高妙啊，他的精神與三皇之前的太古時代相融合。從結繩記事以來，還沒有人能夠達到他的這一高度，難道這是繁冗的言辭所能約略描述出來、平常之心所能測量出來嗎！焦先做別人所不能做的，忍受別人所不能忍受的，經歷寒暑卻不足以夠傷害他的天性，居住在曠野卻不足以驚恐他的形體，遭遇驚慌和緊急卻不足以亂其心思，脫離榮愛卻不足以勞累他的心靈，損害視覺、聽

覺卻不足以傷害他的耳目，焦先立足於不損之地，安身於獨立之處，年歲超過百年，壽命超越期頤，即使是最高的知慧也不能超過他。從伏羲以來，只有焦先一個人達到了這樣的境界！」

校勘記

序

① 「自三代秦漢，達乎魏興受命，中賢之主，未嘗不聘岩穴之隱，追遁世之民」，據《御覽》卷五〇一引皇甫謐《高士傳序》補。

卷　上

① 「味」原作「位」，依《說郛》（明刻一百二十卷本。下不注明者，皆此本。）卷五七，及《漢魏叢書》、《龍溪精舍叢書》（下簡稱「龍溪本」。）本校改。

② 「矣」原作「也」，依《說郛》卷五七及《龍溪》本校改。

③ 「杞子」原作「祀於」，形近而訛，依《龍溪》本校改。

④ 「及」原作「反」，形近而訛，依《太平御覽》卷五〇六及《龍溪》本校改。

⑤ 「杞子」原作「祀於」，依《龍溪》本校改。

⑥ 「穰」原作「壤」，依《莊子・庚桑楚》、《說郛》卷五七及《龍溪》本校改。

⑦ 「宮」原作「官」，形近而訛，據《太平御覽》卷五〇六、《說郛》卷五七及《龍溪》本校改。

⑧ 「華」原作「韋」，據《莊子・讓王》及文淵閣《四庫全書》本《高士傳》校改。

卷　中

①「無物」,《列子‧仲尼篇》作「無故」,是也。

②「已」,原作「巳」,形近而訛,校改。

③「犢」,原作「豚」,文淵閣《四庫全書》本作「犢」,《莊子‧列禦寇》亦作「犢」,據以校改。

④「侯」,原作「候」,據《漢魏叢書》本校改。

⑤「竿」,原作「芊」,據《太平御覽》卷五○七及《龍溪》本改。

⑥「獨」,原脫,依《太平御覽》卷五○七補。

⑦「汩」,原作「汨」,形近而訛;王逸《楚辭章句》作「淈」。據以校改。

⑧「于」,《龍溪》本作「干」,亦通。

⑨「遵」,原作「導」,依《龍溪》本校改。

⑩「過」,原作「退」,依《太平御覽》卷五○七及《龍溪》本校改。

⑪「橋」,原作「驕」,據《漢書‧儒林傳》校改。

⑫「爲」,原作「謂」,據《太平御覽》卷五○七及《龍溪》本校改。

⑬「大」,原作「太」,義同,據《太平御覽》卷五○八及《龍溪》本校改。

⑭「大」,原脫,據《太平御覽》卷四七四校補。

⑮「詔」,原脫,據《太平御覽》卷四七四校補。

⑯「王汲」,范曄《後漢書‧耿弇傳》作「王伋」。

⑰「羅沖」,《太平御覽》卷六○九引皇甫謐《高士傳》作「羅仲」。

⑱「尙暝皆興」,此四字原無,據《說郛》卷七校補。

⑲「仲」,原脫,據《龍溪》本校補。

⑳「檄」,原作「撽」,據《龍溪》本校補。

卷下:

①「名」,原脫,據《龍溪》本、文淵閣《四庫全書》本、《東觀漢記》校補。

②「季眞」,據上文「任棠,字季卿」,當作「季卿」。

③「上黨」,原作「止鄉」,據《太平御覽》卷五○八及《龍溪》本校改。

④「宋仲」,原作「宗仲」,據袁宏《後漢紀》校改。

⑤「司徒黃瓊」,原作「司徒」,據范曄《後漢書‧郭太傳》及文意校補。

⑥「京氏易」,原作「京氏」,據范曄《後漢書‧鄭玄傳》校補。